Peter Schmidt
Kein Anschluss unter diesem Kollegen

Peter Schmidt

Kein Anschluss unter diesem Kollegen

Ein Autist im Job

Peter Schmidt

22.09.2014

Patmos Verlag

VERLAGSGRUPPE PATMOS

PATMOS
ESCHBACH
GRÜNEWALD
THORBECKE
SCHWABEN

Die Verlagsgruppe
mit Sinn für das Leben

FSC
www.fsc.org
MIX
Papier aus verantwortungsvollen Quellen
FSC® C014496

Für die Schwabenverlag AG ist Nachhaltigkeit ein wichtiger Maßstab ihres Handelns. Wir achten daher auf den Einsatz umweltschonender Ressourcen und Materialien.

Bibliografische Information der Deutschen Nationalbibliothek
Die Deutsche Nationalbibliothek verzeichnet diese Publikation in der Deutschen Nationalbibliografie; detaillierte bibliografische Daten sind im Internet über http://dnb.d-nb.de abrufbar.

www.patmos.de

Umschlaggestaltung: Finken & Bumiller, Stuttgart
Druck: GGP Media GmbH, Pößneck
Hergestellt in Deutschland
ISBN 978-3-8436-0517-5 (Print)
ISBN 978-3-8436-0518-2 (eBook)

»Wir wissen nicht so genau,
ob Sie nun die Kapazität oder der Widerstand
im System sind, Herr Schmidt!«
»Das hängt von der Frequenz ab, Herr Professor!«

Für alle, die mir halfen, helfen und helfen werden,
Visionen wahr werden zu lassen.
Für alle Menschen, die mit mir zusammengearbeitet haben, aktuell
zusammenarbeiten und noch zusammenarbeiten werden, die mir die
Chance gaben, mich mit dem weiterzuentwickeln, was ich
anzubieten habe, die an mich glaub(t)en und die mich im Rahmen
ihrer Möglichkeiten förder(te)n.

Und natürlich für die Papamamas, meine Eltern,
und natürlich für mein Gnubbelchen, die Mau, meine Frau,
sowie für meine Tochter und meinen Sohn.

Hinweis zum Persönlichkeitsschutz: Alle im Buch im geschäftlichen Kontext vorkommenden Namen von lebenden Personen wurden anonymisiert.

Inhalt

OPENING WARM-UP 9
Der nicht mit den Wölfen heult 9

VON DER ARBEIT BIS ZUM ABI 13
Bir, iki, üç – Geburt einer vulkanischen Sehnsucht 13
... und plötzlich blaut das Rot 18
Rätselhaftes Pflichtcasting 27

STUDENT SEIN, WENN DIE VEILCHEN BLÜHEN 35
Aufbruch ins Ungewisse 35
Das Amen im Hörsaal 41
Goethes Werke sind keine Fabrik! 44
Ski, Schein, Schnee und Sein 46
In einer geophysikalischen Firma arbeiten nur Geophysiker! .. 52
Vordiplom am Vesuv 57
Zipfeltausch an einem korngoldgelben Tag 62
Diplom im Labor der Petrophysik 68

ALS GEOPHYSIKER IM DIENSTE DER WISSENSCHAFT 77
Die Meteor-Boje überm Atlantis-Seamount 77
Die Entdeckung vollster Zufriedenheiten 88
Ganz legale Bestechung 93
Zug verpasst!(?) 98
Die »goldene« Stelle 103
Traumjob in der Südsee 113
Abgeforscht! 118

MEINE KARRIERE ALS SAP-EXPERTE IM PHARMAKONZERN .. 127
Arbeitsloses Intermezzo 127

Peter Schmidt relaunched 133
Im Zeichen von Tor, Turm und Brücke 136
Manchmal muss man das Rad neu erfinden! 140
Hinter den Kulissen des Informationswürfels 145
Die Ablöse 149
Angekommen in der Hierarchie 153
Endlich Prozessverantwortung 159
Im Zeichen des gespaltenen Golfspielers 169
»Da fehlen Ihnen Basics, Herr Schmidt, Basics!« 176
Lost at Sea 183
Endlich Gestaltungshoheit 189
EH&S – Current Progress 194
Im Zeichen der großknorrigen, dickbäumigen Allee 200
C'est la vie à Paris 209
Der Architekt im Leuchtturmteam 215
Als Gastarbeiter in Deutschland 218
Der Berg ruft zum Tanz mit DJ Ötzi 222
Die Urlaubsblockade 225
How to work with Peter 230
An der Pagode des Lichts 233
Der nicht ins Schema passt 238

CLOSING COOL-DOWN 243
Nachwörternde Nimm-mits 243
Danke dafür, dass ich meine Ziele erreichen durfte 245

OPENING WARM-UP

Der nicht mit den Wölfen heult

Wüstenhaft trockene Vorträge sind meist perfekte Einschlafhilfen. Ich will aber keinen langweiligen, zum Gähnen animierenden Vortrag halten, sondern eine Performance abliefern, die das Publikum berührt. Dass ich keine trockenen Vorträge mag, hat offenbar auch der Wettergott mitbekommen. So liefert er pünktlich zum Veranstaltungsbeginn ein wolkenwasserfallreiches, schweres Gewitter.

»Durchgang zum Vielleicht«, so heißt die Veranstaltung 2011 in Bremen, auf der ich zu meinen Erfahrungen als Autist im Beruf referiere. Starke, symbolische Bilder aus meinem Fotoarchiv stützen meinen Vortrag wie Brückenpfeiler. So erkläre ich am Beispiel der wirr wirkenden, aber dennoch sehr strukturierten Gleisspaghetti des Gleisvorfeldes am Frankfurter Hauptbahnhof, wie Wege in und durch das Berufsleben funktionieren oder auch nicht. Ich titele meine Präsentation über meine Abenteuer auf steinigen Wegen durch das Arbeitsleben mit »Der nicht mit den Wölfen heult«.

Wenige Tage später kontaktieren mich gleich mehrere Menschen. Mein Vortrag habe sie sehr beeindruckt und nun wolle man auch das zugehörige Buch kaufen, könne es aber nirgendwo finden. Man habe vergeblich im Internet gesucht und beim örtlichen Buchhandel nachgefragt. Ja, sogar ein Weihnachtsgeschenk solle es werden, schreibt eine verzweifelte Mutter. Beim Recherchieren, warum die alle nach einem Buch fragen, das es doch noch gar nicht gibt, stoße ich im Internet auf einen großen, aussagekräftigen Zeitungsartikel über meinen Auftritt, in dem ich als Autor des Buches »Der nicht mit den Wölfen heult« vorgestellt werde.

Aber erst wenn der Weg auf den Gipfel vollendet oder zumindest eine Passhöhe mit wichtigem Meilensteincharakter erklommen ist, lassen sich aus der Adlerperspektive die Zusammenhänge der Wege tief unten im Tale, wo alles begann, verstehen. Es liegt in der Natur der Sache, dass man nur mit dem Erreichen von Aussichtspunkten viele Lebenserfahrungen aus der Distanz in nie vorher gesehenen Zusammenhängen begreifen kann. Die Zeit, darüber zu berichten, ist gereift.

Dieses Buch zeigt, wie ein offenkundig autistischer Mensch Karriere machen kann. Denn das kommt selten vor. Die Schwierigkeit liegt darin, dass Autismus nicht unbedingt auf den ersten Blick zu sehen ist. Die Unsichtbarkeit ist in der Undeutbarkeit oder Fehldeutung von Auffälligkeiten begründet, die von anderen wahrgenommen werden. So wie unsichtbare Radioaktivität, die aber dennoch durch ihre Wirkung auffällt! Während bei einem Rollstuhlfahrer sofort einsichtig ist, wo er Unterstützung braucht und was von ihm nicht verlangt werden kann, ist es bei einem autistischen Menschen für Außenstehende viel schwieriger, zwischen dem Nichtkönnen und dem Nichtwollen zu unterscheiden.

Schon immer habe ich gespürt, dass ich anders als andere Menschen funktioniere. Meine Stärken waren mir immer bewusst. Aber erst 2007, als ich im Alter von 41 Jahren die Diagnose Autismus erhielt, habe ich erfahren, worin genau meine größten Schwächen liegen. Ich habe Schwierigkeiten mit dem Deuten nonverbaler Kommunikationssignale und kann keine Emotionen aus Gesichtern lesen. Außerdem kann ich mich nicht intuitiv in andere hineinversetzen, so dass mir aus Sicht anderer mangelnde Empathie vorgeworfen wird, ich somit immer wieder soziale Situationen nicht verstehe und Irritationen nahezu täglich meinen Alltag bestimmen. Auch panikartige Zustände und Blockaden, die immer dann aufkommen, wenn ich mich um vieles gleichzeitig kümmern soll oder es anders kommt als geplant, sowie starre Rituale und stereotype Handlungen machen es nicht gerade leichter.

Heute bin ich stolz darauf, dass es mir dennoch gelungen ist, viele Bereiche in der Arbeitswelt kennenzulernen. Ich sammelte Erfahrungen bei meiner Ausbildung an der Uni als Student, bei meiner Tätigkeit als wissenschaftlicher Angestellter in einer großen Behörde, in Zeiten von Arbeitslosigkeit und als Experte für SAP-Software in unterschiedlichsten Funktionen bei verschiedenen Firmen in der freien Wirtschaft.

Ich wünsche Ihnen, liebe Leserin und lieber Leser, nun viel Spaß auf meiner von Rückschlägen und Erfolgen bestimmten Achterbahnfahrt durch mein Berufsleben.

VON DER ARBEIT BIS ZUM ABI

Bir, iki, üç – Geburt einer vulkanischen Sehnsucht

Es duftet nach Braten, belegten Brötchen und Bier. Nach Schnaps, Schinken, Schwein und Schweiß. Und es riecht nach Käseplatten, Knabberkram und Korn. Nicht das Korn, das auf dem Felde wächst, nein, den Korn, den die Leute trinken: »Proooost! Auf dein 25-Jähriges!«, hallt es im April 1975 durch das leutevolle, essensatt tischgedeckte, persisch geteppichte und schrankwandig braune Wohnzimmer.

Ich bin jetzt neun Jahre alt. In einer Zeit vor meiner Zeit hatte der braune Brummelbär, mein braunstoffhosig brummelnder Vater, angefangen zu arbeiten. 25 Mal hat die Erde seither die Sonne umrundet. Deswegen sind heute die ganzen Leute da. Und die reden auch alle nur über die Arbeit. Genauer: über Probleme »auf der Arbeit«, wie die das nennen. Über Autos, Hausbaustellen und Leute, die gar nicht da sind. Die am Tisch fehlen.

Arbeiten tut man auf der Hütte. Genauer: auf der »Ilseder Hütte«! Das ist da, wo schlanke schlotige Schornsteine zwischen braundreckigen Backsteinhäusern riechend rauchen. Da, wo das flüssige, heiße Eisen gemacht wird. Da, wo es immer wieder faucht und zischend glüht. Diese Hütte steht mitten zwischen den Dörfern Gadenstedt, Groß Ilsede und Ölsburg hinter einem endlos langen Bretterzaun.

Wenn die gelbrot glühend heiße Soße aus den Öfen kommt, fließt sie in riesige Kippeimer, die auf Eisenbahnwaggons montiert sind. Wenn diese Kippeimerwaggons über den Bahnübergang beim Groß Ilseder Schloss fahren, dann sieht man durch einen Schlitz unterm

Deckel die gelb glühende heiße Hölle blitzen, die im Innern dieser Waggons herrschen muss.

Rauchend rollen die riesigen, mit tränigem, gefrostetem Roheisen verdreckten Kippeimer nach Peine. Dort fahren sie auf einer hohen und langen, stahlträgerreichen Bogenbrücke über alle stolpersteinenden Peiner Südstadtstraßen hinweg. Ins Walzwerk, wo das aus Ilsede kommende, nun langsam erstarrende Eisen fauchend weiterglüht und zu langen grellheißen Eisenbahnschienen geformt und gezogen wird, die dann immer rotschwarzdunkler werden. Auch da arbeiten viele Leute.

Direkt neben dieser Fabrik, in der Braunschweiger Straße, die an der hohen Fabrikmauer entlangführt, wohnt der Onkel Willi. Er arbeitete im Walzwerk. Und ist jetzt abgearbeiteter Rentner. Er besucht uns häufig zusammen mit Tante Else, die mich immer sehr mag. Manchmal kommt er auch dann, wenn ganz viele andere Leute da sind. So wie jetzt.

Bei uns gibt es immer wieder viele Leute. Vor allem, wenn einer Geburtstag feiert. Und es gibt dann meist viele schöne Dinge zu essen, die sonst leider nie auf dem Tisch stehen. Und solange das leckere Essen auf dem Tisch steht und ich Hunger habe, sitze ich mit den ganzen zwatschernden Leuten zeitweise zusammen am weißgetischdeckten, essplattenvollen Tisch.

Aber auch wenn die Leute sich ausnahmsweise mal für Astronomie interessieren. Oder einer von denen mal wieder irgendwo im Urlaub war, wo wir leider nie hinfahren. In Spanien zum Beispiel. Auf den Kanarischen Inseln. Oder am Gardasee. Dann spaßen auch die Leute, nicht nur das Essen. Aber meistens nervt das zwitschernde und zwatschernde Blabla nur. Wozu machen und brauchen die Leute das bloß?

Ich brauche es nicht und verschwinde dann im Kinderzimmer. Dort bin ich zwar allein, aber es herrscht Ruhe. Schöpferische Ruhe. Mein Blick fällt auf ein dunkelrotes, heftartiges Büchlein. Es enthält Wörtertabellen. Zwei Spalten. Deutsch und daneben Türkisch. Banjo Odassi. Welch schönes wellig volles Wort! Noch besser gefallen mir die Zahlen, denn die haben auf einmal ganz andere Farben:

Bir, iki, üç, dört, beş, altı, yedi, sekiz, dokuz, on! 1, 2, 3, 4, 5, 6, 7, 8,

9, 10! Und 11 ist dann »on bir«! Klingt bayrisch wie »oan Bier«, »ein Bier«! Heißt aber »zehn-eins«. Das ist eigentlich doch auch viel logischer als »elf«. Warum deutscht es »elf« statt »einundzehnzig« wie bei »einundzwanzig«? So viele Fragen, die mir keiner der Zwatschernden da unten im Wohnzimmer beantworten kann. Ich spreche lieber schweigend. Mit den Büchern. Sie erzählen mir viel. Vielleicht beantworten sie mir auch irgendwann einmal das. So spaßt es, in diesem Buch »Deutsch-Türkisch – Türkisch-Deutsch« mit den geordneten Wörtern zu schmökern.

Das mit den ganzen Leuten da in der Stube, das gehört komischerweise auch noch zur Arbeit des braunen Brummelbären. Weil es oft auch Arbeitskollegen sind. Und da gibt es auch jede Menge Türken. Einer von denen hat uns sogar eingeladen, mal zu seiner Familie in die Türkei zu kommen.

Ich schaue mir den Weg im Atlas an. Mehrere tausend Kilometer mit dem Auto. Viele neue Straßen würde ich sehen. Und endlich mal andere Länder: Österreich, Jugoslawien, Bulgarien, Türkei! Ich bin begeistert. Doch graudicke Wolken der Enttäuschung verdrängen die wolkenlosblaue Begeisterung schnell, als die Antwort der Locken, wie ich still meine Mutter nenne, kommt: »Was soll'n wir'n da? Da gibt's doch nichts! Da sind doch nur ein Paar Schafe und ein Haufen Steine! Wenn's da was anderes geben würde, wären doch die ganzen Türken nicht hier! Da haben wir es doch in unserm Garten vieeeel schöner!«

Natürlich ist der Garten bei uns ein schöner Baumpark. Aber ich will ja auch nicht da wohnen, nur einfach mal hinfahren, sehen und erleben – und dann wiederkommen. Es ist doch was anderes, dort Straßen zu besuchen, als dort zu wohnen! Schade, dass meine Papamamas das wohl leider doch nicht machen werden. Da es scheint, als könne sich der braune Brummelbär so eine Reise eventuell doch vorstellen, ergänzt die Locken nach einigen Minuten der Stille laut bastaschlussend: »Das kostet 'nen Haufen Geld! Werner, das geht nich' an! Basta!«

Ach ja, wir haben ja immer kein Geld. »Was das alles kostet, darüber macht ihr euch alle keine Gedanken!« Das hat die Locken schon so oft zu vielem gesagt. Da immer noch denkende Stille im Raum herrscht, kommt von der Locken noch etwas hinterher: »Und außerdem verstehe ich da kein einziges Wort! Da brauch'n wir nun wirklich nich' hin! Da kann ich mich mit denen ja überhaupt nicht unterhalten!«

In diesem Moment muss ich an das Wörterbuch denken. Die Tabellenbrücke zwischen Deutsch und Türkisch. Und an Omma Liesbeth, die längst tot ist, wie sie mich früher mal in ihrem großschnörkelig verspiegelten Schlafzimmer im alten Haus fragte: »Was willste denn mal werden?« Damals war es das erste Mal, dass ich mir Gedanken machte, ja machen musste, was ich mal arbeiten will, um ihr eine Antwort zu geben. Denn schon damals stand für mich irgendwarum feinfühlig fest, dass ich niemals »auf der Hütte« arbeiten könnte.

Das und die Sache mit dem »Nichtunterhalten« stimmen mich nun sehr nachdenklich. Da ich mir nach wie vor nicht vorstellen kann, so zur Arbeit zu gehen wie der braune Brummelbär. Mit all diesen ganzen Leuten, die man dann immer einladen muss. Und in so einer lauten und dreckigen Fabrik. Wie halten die Leute das da bloß aus? Lieber würde ich sterben, als da zu arbeiten.

Es gab Kinder aus dem Kindergarten, die wollten Lokomotivführer werden. Wie langweilig. Immer nur in einer Lok im Kreis herumzufahren. Oder zwischen Peine und Ilsede glühendes Eisen fahren. Manche wollten auch Astronaut werden. Ja, den Mond oder andere Sterne und Planeten zu sehen, das wäre schon toll, aber in so einem engen Fernseheranzug durch die Gegend zu humpeln, nein, das ist nichts für mich.

Bereits zu Omma Liesbeths Zeiten, lange vor der Schule, brachte mir das tabellarisch geordnete, rote Büchlein »Deutsch-Türkisch« beim Lesenlernen viel Freude. Auf die Frage, wozu man das gebrauchen kann, lernte ich, dass man damit helfen könne, andersartige Menschen wie die Türken zu verstehen. Und dass man das »Dolmetscher« nennt! Fortan wollte ich Dolmetscher werden. Arbeiten, indem ich Wörtertabellenbücher auswendig lerne und dann dafür sorge, dass sich alle verschiedensten Leute der Erde gut miteinander verstehen.

Schnell sortieren sich die Gedanken. Es kommt mir eine geniale Idee. Ich gehe zur Locken, um ihr klarzumachen, dass das mit dem

Verstehen der Leute kein Grund ist, nicht in die Türkei zu fahren: »Ich mache das mit dem Verstehen! Dann bin ich eben euer Dolmetscher!«

»Aber mein Goldfasan, du kannst doch auch kein Türkisch!«, meint die Locken nur. »Aber das lässt sich doch ändern! Ich habe ja schon längst angefangen zu lernen: Bir, iki, üç und einige Wörter mehr kenne ich schon! Bis wir da sind, kann ich genug Türkisch!«

Die Reise wird dennoch niemals stattfinden. Und ich lerne, dass wir immer zu wenig Geld haben, weil der braune Brummelbär immer noch nur Schlosser ist. Ein Maschinenschlosser. So nennt man diese Leute auf der Hütte also. Hüttenleute.

Wenn ich mal arbeiten werde, dann jedenfalls nicht in so einer Hütte oder in Räumen, in denen viele Menschen zwatschern! Ich hoffe, dass man auch einmal etwas ganz anderes arbeiten kann, denn mich faszinieren keine Maschinen und Leute, sondern ferne Gegenden. Ich will wissen, was das hier für eine Welt ist. Schon als ich vier Jahre alt war, wollte ich vom braunen Brummelbären wissen, wie es hinter dem Horizont aussieht. So träumte ich von fantastischen Landschaften jenseits der Morgenröte, die von mir einmal entdeckt werden sollen. Straßen werden mich einmal dahin führen. Ich will wissen, wie es da aussieht. Nach der Kurve ist vor der Kurve. Bis zum Ende der Straße.

Und vor wenigen Monaten sah ich in einem Fernsehfilm eine geheimnisvoll gelbbraunschwarze Insel mit merkwürdigen Blitzen oben auf einem kahlen Berg mit Loch. Seitdem will ich alles wissen über diese Berge mit den Löchern: Vulkane! Die Faszination für Vulkane und wüstenartige, leere Landschaften, die übersichtlich sind und Ruhe ausstrahlen, packt mich. Lebenslänglich!

Diese allbestimmende Sehnsucht, die gegen alle Unwägbarkeiten des alltäglichen Lebens befriedigt werden will, setzt in mir ungeahnte Kräfte frei. Dieses vulkanische Feuer gibt mir die Energie, neue Wege zu finden, noch wegelose Routen in meiner Lebenslandschaft zu wagen, um dort Spuren zu hinterlassen, denen andere dann folgen können. Der Nutzen des Entdeckens. Doch nicht nur auf der Erde.

Denn seit ein Freund des braunen Brummelbären bei einem Grillabend zu mir sagte, dass die Sterne am Himmel viele, viele langnullige Zahlen weit weg sein sollen, will ich alles wissen über Sterne, Planeten und Galaxien. Klirrender Frost, knirschender Schnee und knackendes Eis bei minus 13 °C können mich nicht davon abhalten, den kristallklaren, dunklen, funkelnden Sternenhimmel mit meinem Tasco-Spiegelteleskop zu erforschen. Immer öfter stelle ich mein Teleskop auf einen kantigen Betonweg, der durch ein kälteerstarrtes Kartoffelfeld führt, und gebe mich den augenscheinlich unendlichen Weiten des Alls hin.

So schaue ich besonders im Winter über das »Woher komme ich?« sinnierend in den eisig kalten Himmel, das Oben voller leuchtender Sterne. Wenn ich mal groß bin, werde ich Geoforscher oder Astronom. Auf jeden Fall etwas, das mir Spaß macht, bei dem ich beobachten, entdecken, analysieren, gestalten und präsentieren darf. Und damit ich die fernen Länder erleben kann, muss ich einmal ganz viel Geld verdienen, jedenfalls deutlich mehr als der braune Brummelbär.

... und plötzlich blaut das Rot

Am Gymnasium wird einige Jahre später plötzlich die alltägliche stundenplanhafte Unterrichtsordnung gestört. Der Klassenlehrer kündigt unüblichen, fachnamenlosen Unterricht an, der nicht einem der Fächer auf dem Stundenplan zuordenbar ist. Es werden mintfarbene »Step«-Hefte ausgeteilt. Darin sind viele Fragen enthalten, die auswählbare Antwortalternativen enthalten. Und je nachdem, was man da auswählt, erhält man Punkte in verschiedensten Berufskategorien wie »künstlerisch«, »sprachlich« oder »naturwissenschaftlich«.

Es gibt eine Vielzahl von Berufen. Alle Menschen sind verschieden. Der Unterricht soll vor allem denjenigen, die noch keine Vorstellungen über ihre bald kommende Zeit nach der Schule haben, helfen, geeignete berufliche Ziele zu finden. Und denjenigen, die schon Vorstellungen haben, soll das Heft Erkenntnisse bringen, ob die eigenen Vorstellungen von einem bestimmten Beruf auch mit den dort verlangten Fähigkeiten übereinstimmen.

Was kann ich? Was kann ich nicht? Was wird in welchem Beruf

erwartet? Was nicht? Wo liegen meine Stärken? Wo meine Schwächen? Abgefragt werden weniger Fachkenntnisse, sondern mehr allgemeine Anforderungen wie »kreatives Arbeiten«, »logisches Denken«, »strukturiertes Arbeiten«, »eher zurückgezogen arbeiten« oder »viel mit Menschen zu tun haben« und Ähnliches.

Einige Mitschüler stellen merkwürdige Fragen, für die das Buch überhaupt keine Antworten enthält: »Wie viel Urlaub bekommt man da? Wird man da auch verbeamtet? Wie viel Geld verdient man da? Muss man da oft Überstunden machen? Wann habe ich da Feierabend? Muss man in Schichten arbeiten? Ist man da jeden Abend auch zu Hause, um in den Sportverein zu gehen? Kann man die Welt sehen? Im Büro arbeiten? Draußen arbeiten? Wird man damit berühmt? Kommt man damit auch mal ins Fernsehen? Geht das mit einer Ausbildung oder muss man da studieren?«

Was für Fragen! Die anderen müssen alle ganz anders ticken als ich. Als ich mir überlegt habe, dass ich wohl einmal Geoforscher werden will, habe ich mir solche Fragen überhaupt nicht gestellt. Ich habe einfach danach entschieden, was ich kann, was ich weiß und was mich fachlich fasziniert. Mathematik, Physik, die Erde und Astronomie. Ganz toll wäre es, ein Geophysiker zu werden, der selbst bestimmen kann, was zu erforschen ist. So wie Jacques Cousteau, der auch selbst entscheidet, wohin er mit seiner »Calypso« fährt.

Beim Durcharbeiten der Berufsfindehefte fällt mir auf, dass ich zum Beispiel kreativ bin, aber nicht spontan. Aber diese Kombination von Eigenschaften soll es anscheinend gar nicht geben. Denn kreative Berufe scheinen automatisch immer Flexibilität und Spontanität vorauszusetzen. Diese stehen aber wiederum meinem Bedürfnis nach Planbarkeit entgegen. Es wird verlangt, dass ein guter General auch schießen können muss, ein toller Sänger auch Noten lesen können muss oder man niemals ein guter Bergsteiger und Weltenbummler sein kann, wenn man seinen Rucksack nicht vernünftig packen kann. Da gibt es konkurrierende Anforderungen. Ein Schema, in das ich nicht passe.

So geht aus den ganzen Anforderungsprofilen hervor, dass ich eigentlich nicht für das Arbeiten als Angestellter geeignet zu sein scheine. Das kann doch aber gar nicht sein! Denn es werden doch wohl nicht alle Arbeiten so lärm- und leutevoll sein wie die des braunen Brummelbären. Einerseits bin ich guter Dinge und gehe davon aus, dass es da Plätze für mich gibt. Andererseits erscheint mir das Kommende irgendwie diffus ungreifbar.

Nach der Schule brauche ich immer erst eine Auszeit von ein bis zwei Stunden, um mich von dem ganzen sozialen Stress zu erholen. Denn in der Schule muss man in der Klasse lernen, es gibt keinen Einzelraum. Im Beruf gibt es später angeblich nur Achtstundentage und oft auch Überstunden. Das würde mit mir nur funktionieren, wenn ich immer genau das machen kann, was zu mir passt. Wenn sozusagen genau mein Angebot nachgefragt wird. Denn nur für das, was auch gefragt ist, gibt es Geld. Nicht für das, was man macht, wenn das keiner haben will. Ich muss es also schaffen, die Schnittmenge zwischen dem, was ich kann, und dem, was andere haben wollen, möglichst groß zu machen.

Trotz aller Widersprüche meint allerdings auch das »Step«-Heft, dass »Wissenschaftler« noch am ehesten das Richtige für mich sein könnte. Also wische ich alle Bedenken und Zweifel, die das Heft aufkommen ließ, wieder weg. Es bleibt dabei: Geophysik studieren, promovieren, um viel Geld zu verdienen oder Professor zu werden, um die Welt zu entdecken, zu erforschen und kennenzulernen. Dann kann ich bestimmen, wo es langgehen muss, und es auch vermeiden, andauernd mit Menschen arbeiten zu müssen. Mein Plan. Meine Vision.

Um ein wenig zu überprüfen, was wir Schüler über das Arbeitsleben herausgefunden haben, müssen wir auch noch ein mehrwöchiges Betriebspraktikum machen. Wo soll ich denn bloß ein Praktikum als Geophysiker oder Astronom machen? Da ideet es in mir: die Wilhelm-Förster-Sternwarte in Berlin. Von denen kriege ich seit geraumer Zeit immer Informationen zugeschickt.

Noch bevor ich da überhaupt eine Bewerbung hinschicke, erfahre ich, dass der Praktikumsplatz leider unbedingt in der Nähe der Schule sein müsse. Weil die Schule Aufsicht führe, also die Lehrer den Platz auch erreichen können müssen. Schade, ich bin noch nie in Berlin gewesen. Und so eine richtige Sternwarte hätte ich auch gern endlich mal gesehen.

Stattdessen finde ich mich einige Monate später in einem rohrvollen chemischen Labor wieder, das zu der fauchend rauchenden, schornsteinreichen Fabrik gehört, in der hier in der Gegend so viele Menschen arbeiten, auch der braune Brummelbär. In Peine. In der Nähe von Onkel Willi. In einem Ausbildungslabor des Peiner Walzwerks. Keine Sternwarte, keine Vulkane. Sondern Chemie, die nicht nur im Reagenzglas, sondern auch zwischen den Leuten stimmen muss.

In einem Labor müssen wir Versuche machen. Messen. Analysieren. Titrieren. Tröpfchenweise gieße ich eine weitere Flüssigkeit bekannter Zusammensetzung in ein Röhrchen, in dem bereits eine rote Flüssigkeit unbekannter Zusammensetzung ist. Geduldig warte ich Tropfen für Tropfen, dass da irgendwas passiert. Ganz plötzlich, bei einem einzigen Tropfen, blaut das Rot. Die ursprünglich rote Flüssigkeit ist auf einmal blau. Staunend stehe ich davor.

Es kann also im Leben passieren, dass sich ein Zustand urplötzlich total verändert. Wegen eines einzigen, einzelnen, winzigen Tropfens. Tausende Tropfen taten nichts. Und dann das! Aufgrund der verbrauchten Menge der zugekippten Flüssigkeit lässt sich nun die Zusammensetzung der ehemals roten Flüssigkeit berechnen.

Man kann also einem System etwas beständig hinzufügen, ohne dass sich was ändert – nach außen. Und ganz plötzlich ändert sich alles auf einmal – hin zu einem neuen Gleichgewichtszustand. Sehr interessant. Höchst interessant! Denn das kenne ich auch von mir selbst. Früher hatte ich stets große Angst vor einem Gewitter, bis diese bei einem wasser- und blitzreichen Unwetter schlagartig in Faszination umkippte. Genauso ging es mir mit den Vulkanen. Was hatte ich für eine Angst, als ich als Siebenjähriger in der Tagesschau die Lavafontänen von Heimaey sah! Ich glaubte tatsächlich, dass auch in unserem Garten urplötzlich so eine Fontäne austreten könnte. Und als dann zwei Jahre später der abenteuerige Film »Die geheimnisvolle Insel« im Fernsehen lief, kippte diese Angst in eine Sehnsucht um. Ich wollte Vulkane besteigen. Immer wieder gab und gibt es Situationen, da drehe ich mich in meiner Einstellung um 180 Grad, da kommt es durch Erfahrungen zu einem abrupten Perspektivwechsel, der sich aber schleichend anbahnte.

So faszinierend das alles ist, so schlimm ist für mich die Erkenntnis, dass ich in so einem Labor niemals dauerhaft arbeiten könnte. Dort hätte ich kein Büro, dessen Tür ich hinter mir zumachen kann. Kein Büro, in dem nur ich alleine sitze. In das ich mich zum Erholen zurückziehen kann. Wo ich denken kann. Kreativ sein kann. Nichts dergleichen. Irgendwie ist das Labor zwar sauber und nicht so dreckig wie die Orte, an denen der braune Brummelbär arbeitet, aber in so einem großen Raum, in dem ständig irgendwas summt und klackert, in dem alle kantinenähnlich durcheinanderreden, da würde ich eingehen wie ein Kaktus, den man zu viel gießt. Das geht gar nicht!

So hoffe ich, dass ich nach einem Studium so schnell wie möglich Wissenschaftler in meinem eigenen Büro werden kann. Nur so kann ich arbeiten. Wie Heinz Haber Bücher schreiben. Oder so wie Jacques Cousteau auf meiner eigenen »Calypso« forschen. Ich brauche einen Raum, in dem meine Regeln gelten, wo ich das Sagen habe und bestimmen kann, wann Ruhe herrscht.

Das Praktikum bestätigt, was ich schon immer gespürt habe. Betonfest steht: Niemals werde ich in so einer rohrvollen Fabrik arbeiten können wie der braune Brummelbär!

Weil ich nicht so viel mit Leuten von der Schule zusammen bin, kriege ich zu Hause immer wieder schallplattenartige Ratschläge zu hören: »Du musst viel mehr mit den Wölfen heulen! Viel mehr aus dir rauskommen, vor allem viel, viel menschlicher werden!«

Warum sollte ich in den Wald gehen, um mit Tieren zu weinen? Außerdem gibt es doch gar keine Wölfe mehr, oder vielleicht ja doch, wenn man tief genug in den Wald geht? Und wie wo raus soll ich da kommen? Ich bin doch ein Mensch, habe doch Arme und Beine, wie alle Menschen. Vielleicht meinen die ja die Mauer, die ich in mir spüre. Die mich gläsern von den anderen trennt. So wie ein Fenster, das das Innen vom Außen abgrenzt. Unsichtbar. Aber dennoch wirksam. Diese Mauer habe ich schon, so lange ich denken kann.

Und wo ich schon darüber nachdenke, da gibt es noch etwas, womit ich Schwierigkeiten hätte: Im Jahreskalender des braunen Brummelbären hat fast jeder Tag einen Buchstaben: F, M oder N. Sie alle stehen für anderszeitiges Arbeiten: Frühschicht, Mittagschicht und Nachtschicht. Zwischen N und F gibt es Tage, die haben keinen Buchstaben. An denen muss der braune Brummelbär nicht auf Arbeit. Und dann gibt es da noch Tage, die haben ein U. Diese Tage sind genauso wie die Tage ohne F, M oder N.

U steht eigentlich für Urlaub. Was so viel bedeutet wie Ferien. Keine Arbeit. Aber immer wenn ein U in seinem Kalender steht, dann wird bei uns irgendwas renoviert oder gebaut. Oder im Garten gearbeitet. Nur alle zwei Jahre gibt es wirkliche Wegfahrferien. Dann geht es an die See. Oder in die Berge. Viele in der Klasse müssen wie ich auch zu Hause bleiben, aber es gibt einige, die zu tollen, fernen Inseln fliegen dürfen.

Immer wenn die Locken sich darüber aufregt, dass sie ja nur noch für die Kinder und den Garten da sei, sage ich ihr: »Dann geh doch endlich wieder arbeiten! Dann haben wir vielleicht auch endlich nicht mehr zu wenig Geld!« Und jedes Mal mühlt es die gleiche Antwort aus ihrem Mund: »Da macht man und tut man, und was ist der Dank dafür, 'nen Tritt innen Arsch! Wenn ich noch berufstätig wär, dann würdet ihr euch hier aber alle ganz gewaltig umkucken! Dann wär das hier aber nicht mehr so schön! Dann würde der Dreck drei Meter hoch liegen! Und eure Wäsche könntet ihr dann selber machen! Essen kochen, einkaufen! Und wer macht den ganzen Garten, füttert die Karnickel, die Hühner, pflückt die vielen Äpfel und Birnen, damit wir im Winter was zu essen haben? Wer mäht den Rasen und, und, und?«

Ja, das kostet dann also das Geld, das die Locken nicht verdient. Wenn das alles jemand für uns machen würde, dem wir dann das Geld geben müssten, bleibt die Frage, ob es mehr oder weniger kosten würde als das, was die Locken kriegen würde, wenn sie wieder auf Arbeit geht. Würde sie weniger kriegen, lohnt es sich nicht, arbeiten zu gehen. Würde sie dagegen mehr kriegen, würde es sich lohnen. Wir hätten alles schön und mehr Geld. Doch dies wird nie weiter diskutiert. Anscheinend möchte sie gerne zu Hause arbeiten, vermisst aber dabei, mal rauszukommen. Oder es ist tatsächlich doch deutlich teurer, jemand anders die ganze Arbeit machen zu lassen.

Wie auch immer, auch wenn ich nicht arbeiten kann wie die ganzen anderen, ich will Geld haben! Und die Vulkane sehen. Die Welt kennenlernen. Die Panamericana abfahren. Um meine Sehnsüchte zu befriedigen, werde ich arbeiten, um Geld zu verdienen! Das muss doch gehen! Irgendwie!

Am 6. April 1984, einem wirrgrünen Tag, besuche ich mit dem Physikleistungskurs die Hannover-Messe. Bereits beim Betreten des Messegeländes geht meine hautige Sprinkleranlage an. Der Schweiß des Stresses quillt aus allen meinen Poren und führt zur Überflutung meiner Haut. Zum Glück habe ich zur Jacke eine Jeans angezogen, die den amazonigen Schweißfluss tarnt, der die Hosengegend um die Gesäßnaht mit der Haut am Hintern verklebt.

Beim Betreten der menschenvollen Hallen verkrampft sich schließlich mein ganzer Hals. Ich kriege vor lauter Eindrücken und Elektronikgeruch, der in der Luft hängt, zum allerersten Mal im Leben Kopfschmerzen. Alles im Nacken versteift. Ein völlig neues Gefühl.

Am liebsten hätte ich, dass jemand meinen Kopf in den Schwitzkasten nimmt. Ihn so richtig allseitig drückt, damit er weiterhin zusammenhält. Denn mein Kopf fühlt sich an, als wolle er gleich in alle Richtungen auseinanderplatzen. Es kommt mir so vor, als würden ölig verschmierte, gliedreiche, gigantische Eisenketten den ständig steigenden Innendruck aus den Ohren herausziehen. Aber die Gliederkette ist eisenschwer und endlos. Leider habe ich daher kaum Kapazitäten im Kopf frei, um das zu empfangen, was ich hier sehen kann.

Nach gefühlten endlosen Hallenfußgängerstaukilometern kommen wir an einen Stand, dem unsere ganze Faszination gilt. Mäuse! Ein Stand mit Mäusen. Computermäusen. Die Tastatur der Zukunft soll eine so akustisch wörtlich »Körrser-Führung durch die Maus« bekommen. Man könne dann durch simples »Anklicken« ein »Menü« aufrufen. Eine Revolution!

Es gibt etliche Bildschirme, an denen wir das ausprobieren können. Bisher war und ist es so, dass man nur mit Hilfe der Pfeiltasten auf der Tastatur den Cursor, die aktuelle Eingabe- und Schreibposition auf dem Bildschirm, genau da hinstellen kann, wo er hinsoll. Das mit der Maus, wenn das wirklich mal richtig gut gehen sollte, wäre natürlich genial, hyperobergenial!

Für einen kurzen Moment bin ich kopfschmerzfrei, bis in mir die Erkenntnis aufsteigt, dass ich angesichts der vielen Sachen, die es hier gibt, trotz der schulischen »15-Punkte-Eins« von wirklicher Informatik da draußen im Arbeitsleben noch gar nichts begriffen habe. Ja, PASCAL-Programme, die kann ich schreiben. Und mit Schildkröten-Grafik auf dem Bildschirm farbige, logoartige Flächen wie einfache Staatsflaggen erzeugen. Aber um ganze, große Roboter zu steuern, da muss man wohl noch viel mehr können.

Trotz oder gerade wegen der Kopfschmerzen spüre ich, dass dieser Technologie die Zukunft gehört. Dass sich mein Leben mit dem Verarbeiten von Masseninformationen beschäftigen wird. Dass diese Sachen faszinierend und bedrohend zugleich sind. Faszinierend, weil sich ungeahnte Möglichkeiten der Datenverarbeitung auftun, die den Alltag erleichtern werden. Bedrohend, weil damit die Zukunft absolut unplanbar wird.

Was würde die Lufthansa machen, wenn plötzlich das Beamen erfunden wird? Sie wäre überflüssig. Auch bräuchten wir dann alle keine Straßen mehr. Wir könnten auf einer Karibikinsel wohnen und arbeiten. Per Leitung. Oder ferngesteuert. Da weht der Orkan der Veränderung, er zieht auf. Es wird darauf ankommen, in den aufziehenden Wind der Veränderung geeignete Windmühlen zu stellen und sich nicht zu verkriechen.

Kaum bin ich wieder zurück, muss ich darüber mit Katrin, einer Mitschülerin in meinem Jahrgang, sprechen. Sie ist in den letzten Monaten so eine Art Freundin geworden, weil auch sie so wie ich in der Vergangenheit eine Außenseiterrolle innehatte, wenn auch aus ganz anderen Gründen. Mit ihr kann man sich ganz gut über philosophische Dinge austauschen.

Als ich Katrin, die sich unter anderem für Sprachen interessiert, sage, dass man zukünftig vielleicht gar keine Dolmetscher mehr braucht, weil man einfach einen Text in den Computer eingeben kann und dann auf Knopfdruck eine fast perfekte Übersetzung erhalten könnte, meint sie: »Peter, du spinnst, Computer können rechnen, Statistiken erzeugen, aber doch keine Texte verarbeiten.«

»Doch, alles, was irgendwie logisch abläuft oder sonst wie geregelt ist, kann man automatisieren. Auch Sprache. Glaube mir! Du wirst sehen. Sehr bald. Dazu braucht man nur das weiterzudenken, was ich da auf der Messe in Hannover gesehen habe.«

Ich kann zwar nicht Fußball spielen, aber mir spaßt es, Bundesligatabellenstatistik zu machen. So entwickle ich im Informatikunterricht mit einem Apple IIe ein PASCAL-Programm, bei dem man den Spielplan und die Spielergebnisse eingeben kann. Und als Auswertung die aktuelle Bundesligatabelle erhält. Denn die Tabellenberechnung folgt klaren, programmierbaren, logischen Regeln – im Gegensatz zu dem Spiel, das oft nicht so klar geregelt wird, wenn man sich die Schiedsrichterentscheidungen anschaut.

Und da ich mit der Aufgabe weit vor dem verabredeten Abgabezeitpunkt fertige, programmiere ich gleich noch eine viel spannendere Schülerdatenverarbeitung. Damit kann man dann alle möglichen Statistiken über Mitschüler und deren Noten auswerten. Damit automatisiere ich mir das Erkennen von Strukturen in Zahlensammlungen. Das, was ich früher mühsam aus dem Klassenbuch in meinen eigenen »Lehrerkalender« übertragen und zu Hause ausgewertet habe, geht jetzt per Knopfdruck. Man muss nur einmal die Auswertelogik programmieren und dann kann man das immer wieder anwenden, auf alle in derselben Struktur eingegebenen Daten. Juchzig, herrlich juchzig!

Zur Belohnung meiner Aktivitäten bekomme ich zusammen mit einem Klassenkameraden ein Stipendium am Kerschensteiner Kolleg am Deutschen Museum in München. Dort bewundere ich die vielen komplexen Maschinen und verblüffe, was passiert, wenn man irgendwelche Details wegnimmt. Denn erst dann merkt man, wofür die eigentlich da sind. So als wenn man bei einem Haus die Dachrinne abmontiert und sich beim nächsten Regen über das Geschmier und Gepladder an der Hauswand ärgert. Ach, dafür haben die dieses Ding in die Maschine eingebaut! Genauso leuchtet auch unmittelbar die Entwicklung der heute hochkomplexen Computer ein. Die einzelnen Entwicklungsschritte erscheinen rückblickend nur logisch.

Rätselhaftes Pflichtcasting

Doch bevor ich mich weiter mit Computern befassen kann, bevor ich Geophysik studieren kann, wartet leider noch die Bundeswehr auf mich. Alle Jungen müssen »dienen«, entweder bei der Bundeswehr oder beim Zivildienst, heißt es. Dabei kursieren an der Schule diverse Gerüchte über das Leben bei der Bundeswehr. Und demnach ist die Bundeswehr genauso wie die Hütte kein wirklicher Ort für mich. Der insgeheime Wunsch, von der Bundeswehr schlicht vergessen zu werden, erfüllt sich für mich leider nicht. Auch ich finde wie etliche meiner Klassenkameraden vor mir die Einladung zum »Kreiswehrersatzamt« im Briefkasten.

Obwohl ich so ein komisches Gefühl habe, dass die Bundeswehr nichts für mich ist, will ich doch lieber zur Bundeswehr, als Zivildienst zu machen. Denn der dauert ja noch länger! Dann könnte ich ja erst noch später mit dem Geophysikstudium beginnen.

Ich werde darauf achten müssen, dass ich nicht alles mitmachen kann und brauche. So werde ich hoffentlich mit T3 gemustert. Auf keinen Fall werde ich mir gruppendynamische Rituale gefallen lassen, die irgendwelche erniedrigenden Hänseleien zum Inhalt haben. Niemals darf auf Kosten meiner Intimität Spaß bei anderen entstehen!

So fahre ich wie verlangt mit allen noch verfügbaren Dokumenten potentiell relevanter ärztlicher Berichte aus der Kindheit in der Hand am 24. Januar 1985, einem weinrot-grünem Tag, nach Braunschweig zur Bundeswehr, genauer: zu der runden Ausweichstelle der Feuerwehr, dem Kreiswehrersatzamt. Wie überall beginnt der Arztbesuch mit Warten, obwohl man einen genau einzuhaltenden Termin hat. Terminpanikentwarnung! Nach einigen Minuten werde ich doch gleich aufgerufen – ohne langes Warten:

»Herr Schmidt, bitte!«

Ich trete in den altbacken aussehenden und riechenden Raum ein, in dem mich ein arztartiger Mensch fragt:

»Wie war die Anreise? Haben Sie uns leicht gefunden?«

»Ja, das war ganz leicht. Man musste einfach nur geradeaus und dann an der dritten Ampel rechts und schon straßte ich richtig. Und eine Parkung lückte auch.«

Es folgt eine stille Gesichtsmusterung, bevor er antwortet:

»Sprechen Sie immer so?«

»Nein, normalerweise nicht, das kommt bei Anspannung vor, wenn mir einfach die richtigen Wörter nicht schnell genug einfallen oder noch unsortiert sind!«

Nach einigen weiteren normalen ärztlichen Blabla-Wortwechseln fragt er mich:

»Hhm, na ja, was wollen Sie denn bei der Bundeswehr mal machen, vorausgesetzt ihr Tauglichkeitsgrad passt?«

»Irgendwas beim Luftwaffen-Bodenpersonal!«

»Haben Sie denn vor, mehr als nur den Grundwehrdienst zu leisten?«

»Nein, ich möchte im Oktober 1986 anfangen zu studieren. Geophysik. Und damit das klappt, bitte ich auch darum, mich bereits zum 1. Juli 1985 einzuberufen. Nur so passt das mit den 15 Monaten lückenlos wie ein Puzzleteil in meinen Lebensplan!«

»Dann müssen Sie aber einen Antrag auf ›Zurückstellung‹ stellen!«

»Wieso denn das? Ich will mich doch nicht zurückstellen lassen, sondern gleich drankommen!«

»So nennt man das! Das ist ein Formblatt für alle, die zu einem bestimmten Termin einberufen werden wollen. Wir können nichts versprechen!«

»So ein merkwürdiges Blatt glaube ich schon ausgefüllt zu haben!«

Nach dem interviewartigen Auftakt folgt eine körperliche Untersuchung. Dazu fordert mich der Arzt auf:

»Dann wollen wir Sie mal genauer anschauen. Machen Sie sich bitte mal frei!«

Der Arzt untersucht Blutdruck, Puls, tastet mich ab und geht dann zu seinem Schreibtisch.

Einige Minuten später kommt er zurück und sagt:

»So, Englisch und Französisch können Sie sprechen. Das klingt interessant. Und zur Luftwaffe möchten Sie, hmmm.«

Er schaut sich meine Bauchnarbe an, die von der operativen Entfernung großer Teile des Dickdarms wegen meiner Hirschsprungschen Krankheit in der Babyzeit stammt, und fragt:

»Haben Sie noch Probleme mit dem Morbus Hirschsprung?«

»Grundsätzlich nicht«, antworte ich, »aber bei bestimmten Essenskombinationen bekomme ich sehr schnell Durchfall, zum Beispiel wenn ich zu viel Obst esse oder wenn …«

»Haben Sie damit sonst noch weitere Probleme?«

»Ich müsste jederzeit die Möglichkeit haben, auch eine Toilette aufsuchen zu können, weil es bei mir schnell mal dringend werden kann! Entweder wird mir dann komisch, das heißt, ich kann mich kaum noch bewegen, oder es geht dann irgendwann in die Hose. Und mit dreckiger Hose möchte ich auf keinen Fall erwischt werden.«

»So, so, es kann also in die Hose gehen!«

»Also zum Beispiel möchte ich auch niemals in einem Panzer sitzen müssen. Das geht nicht gut, höchstens mal zum Kennenlernen, aber nicht dauerhaft. Dadrin ist es für mich viel zu eng und laut. Deswegen will ich ja auch zur Luftwaffe. Da brauchen die bestimmt Leute wie mich, und da kann ich auch jederzeit aufs Klo gehen.«

Im Untersuchungszimmer kehrt für einige Sekunden sinnierende Stille ein. Dann fährt der Arzt forsch fort:

»Hhmmm … Stellen Sie sich doch endlich mal richtig gerade hin, ein bisschen ordentlich!« Ich mache dies, so gut ich kann. Da schaut er auf meine Füße und murmelt vor sich hin: »Wissen Sie was, Sie stehen da wie ein Pinguin, und Plattfüße haben Sie auch!«

Da ich auf genau solche Anspielungen überhaupt keine Lust habe, muss ich das von Beginn an schon hier klarstellen und ergreife aus reiner Überlebensstrategie heraus das Wort:

»Sollte ich irgendwann einmal von einem Vorgesetzten in unangemessener Weise behandelt werden oder von meinen Kameraden über Gebühr hinaus veräppelt, gehänselt oder verarscht werden, werde ich diese Vorfälle in jedem Falle der Öffentlichkeit zugänglich machen, weil ich mir vorstellen kann, dass eine Meldung beim Vorgesetzten, der dann mit unangenehmen Kameraden sozusagen ›unter einer Decke steckt‹, auch nicht reicht, um Abhilfe zu schaffen. Das kenne ich schon von woanders her. Chefs decken auch Fehltaten und unfähige Mitarbeiter, habe ich von meinem Vater gehört. Ich werde es mir niemals gefallen lassen, dass irgendwelche Leute sich über mich mehr als nötig lustig machen, mir zum Beispiel zwischen die Beine grapschen oder an der Hose herumfummeln, mich am besten vielleicht noch gegen meinen Willen ausziehen oder mich in den Dreck schmeißen, wo es nicht nötig ist!«

Nach diesem Kurzvortrag über die »No-Gos« schaut mich der Arzt plötzlich ganz komisch gesichtig an. Ich habe keine Ahnung, ob und gegebenenfalls was das bedeuten soll, aber seine Fratze kommt mir auf einmal unheimlich vor. Sie ist deutlich anders als vorher. Schließlich setzt er ermahnend das Gespräch fort:

»Sie können nicht den Befehl verweigern!«

»Doch, wenn ich nach dem Grundgesetz der Bundesrepublik Deutschland, für die ich ja hier dienen soll, meine Würde verletzt sehe. Und das kommt dann auch raus. Man hört halt so verschiedene Geschichten an der Schule, in die ich niemals verwickelt werden möchte! Auch müsse man seinen Verstand am Kasernentor abgeben, wird da gesagt, was mit mir kaum gehen wird. Da würde ich ausrasten. Panik kriegen! Ich weiß nicht, ob all diese Sachen, die da so erzählt werden, wirklich stimmen, aber wenn, dann nehme ich an, dass Sie wissen, was ich meine.«

Wieder Stille im Raum. So ergreife ich das Wort:

»Bei den Fliegern seien die etwas intellektuelleren Leute zu finden, deshalb möchte ich da auch hin! Und außerdem muss ein guter General nicht unbedingt sportlich sein oder gut schießen können!«

Nach einer weiteren Denkpause raschelt der Arzt in den Papieren, füllt einen Bescheidbogen aus und übergibt ihn mir mit den knappen Worten: »Tee fünf, Herr Schmidt! Ich wünsche Ihnen noch einen schönen Tag! Vergessen Sie die Zahlstelle nicht! Wegen der Fahrtkosten!«

Was ist los? Ich stehe da herum, um diese völlig überraschende, teeige Antwort zu verkraften. Als ich begreife, dass das »T5« heißen soll, erwidere ich laut denkend monologisierend:

»Warum das denn? Ich möchte aber zur Bundeswehr. Ich habe

keine Lust auf Zivildienst! Und was ist mit T3? Warum kann ich das nicht kriegen?«

»Herr Schmidt, es bleibt dabei, Sie bekommen T5, das bedeutet, dass wir Sie leider nicht gebrauchen können, basta! Sie wollen ja zur Luftwaffe. Dort benötigen Sie sowieso T1 oder zumindest T2.«

»Ich glaube, ich bin T3, das heißt, ich brauche nicht alles mitzumachen, aber für das Büro müsste das doch reichen! Dann brauche ich wenigstens keinen Zivildienst zu machen. Im Krankenhaus arbeiten, das ist noch viel weniger geeignet für mich als das hier.«

»Mit T5 brauchen Sie auch keinen Zivildienst zu leisten!«, versucht er klarzustellen. Ich bin überrascht, denn damit habe ich nicht gerechnet. Das wäre ja auch voll ungerecht! So frage ich:

»Wieso nicht?«

»Weil das so ist! Andere kommen hier rein, strengen sich nach Strich und Faden an, um T5 zu kriegen, obwohl bei denen alles richtig gewachsen ist, auch im Kopf, und Sie wollen unbedingt T3 haben, damit Sie keinen Zivildienst machen müssen. Das habe ich auch noch nicht erlebt!«

»Wirklich keinen Zivildienst, Ehrenwort?«

Die forschen Worte werden weicher: »Ehrenwort. Es bleibt bei T5! Noch mal für Sie: Vergessen Sie die Zahlstelle nicht, um Ihre Fahrtkosten erstattet zu bekommen. Ich wünsche Ihnen noch einen erfolgreichen Lebensweg – ohne Bundeswehr – und ohne Zivildienst!«

Kaum bin ich zurück zu Hause, will die Locken natürlich gleich wissen, wie es war. So antworte ich:

»Ich brauch da nich' hin!«

»Wie – nich' hin?«

»T5 – ausgemustert!« Ich reiche ihr den Musterungsbescheid.

»Und nun?«, fragt sie.

»Jetzt kann ich schon dieses Jahr im Oktober anfangen zu studieren!«

»Da müssen wir erst mal sehen, ob wir dafür schon genug Flöhe haben!«

Flöhe, ein neues Wort der Locken für Geld. Geld hat offenbar ganz viele Namen: Schotter, Asche, Kohle, so nennt es Tantchen, meine

Schwester. Auch Tiere vergelden sich immer mehr: Kröten und Mäuse nannten es die Omas, Mücken der braune Brummelbär. Wieso gibt es so viele Wörter für Geld? Es gibt nur eine Erklärung: Geld ist der Joker für eine Sache. Und die Sache, die ich jetzt angehen kann, ist die mit dem Studium. Noch dieses Jahr!

»Auf jeden Fall werde ich mich sofort um einen Studienplatz kümmern!«, stelle ich gegenüber der Locken klar.

Das mit den Flöhen wird sich schon irgendwie finden. Notfalls gibt es BAföG.

Am nächsten Tag in der Schule erwarten mich die Klassenkameraden schon ganz neugierig, um zu wissen, was denn bei deeeeehhm rausgekommen ist:

»Na, wie war's?«

»Gut – sehr gut – viel mehr als gut – ausgezeichnet!«, antworte ich.

»Was heißt das?«, wollen sie alle wissen, besonders Thomas, der als Einziger aus dem Jahrgang einen hochwertigen privaten Apple-Computer hat.

Ich sage nur knapp: »T5!«

»Teeeeee füüünnnnnf?? – EEEEiiihhhh, wie hast du dassssss denn geschafft?«

Ich muss gerade daran denken, dass ich ja auf der Erde eine Kolonie einer erdfernen Heimat habe, die auf dem Saturnmond Japetus liegt. Einst rief ich die »States of Japetus on Earth« als unabhängigen Staat aus. Meine rotblaue Staatsflagge mit dem aufgehenden Saturn als Logo kennen alle meine Mitschüler von meinen Schulheften. Insofern bin ich ja kein Bürger der Bundesrepublik Deutschland. Aber das dürfte nicht wirklich die Antwort auf seine Frage sein. So antworte ich ihm:

»Ehrlich gesagt, so genau weiß ich es nicht. Ich bin einfach so gewesen, wie ich nun mal bin. Aber so einen, der immer mit seinem neutrinogetriebenen Raumschiff vom Saturn kommt, den brauchen die da offenbar nicht.«

»Na, dann kannste ja gleich wieder mit deinem Neutrino zum Saturnsystem zurückfliegen!«, kommentiert Holger, der ebenfalls wie ich die Sprache der Formeln als die einzig ehrliche Sprache der Welt schätzt. An die anderen gegruppt stehenden Leute gewendet fährt er fort: »Der Typ schaffte mal fast 300 km an einem Tag mit dem Fahrrad, Kilometersammeln, wie er das nannte, und kriegt jetzt Tee fünnef – das gibt's doch gar nicht!«

»Tssssss – wo bleibt da die Wehrgerechtigkeit?«, wundert sich auch Thomas laut. »Da ist die Fünf mal ausnahmsweise die beste Note, schon kriegt er sie!«

Dass ich irgendwie anders bin, hat wohl auch die runde Ausweichstelle der Feuerwehr gemerkt. Ob es nun an dem Morbus Hirschsprung lag oder nicht, kann mir egal sein. Als auch einer der besten Sportler aus dem Jahrgang wegen anderer Banalitäten mit T5 ausgemustert wird, bin ich, was das angeht, rehabilitiert. Wann man wofür T5 kriegt, bleibt verrätselt.

Weil sich das mit der Bundeswehr überraschenderweise erledigt hat und auch die Umleitung mit dem Zivildienst nicht für mich gilt, kümmere ich mich nun um die konkrete Planung der Zeit nach dem Abitur. Dass ich Geophysik studieren will, weiß ich schon lange. Aber wo? Leider gibt es in Deutschland keine einzige Uni, die ausschließlich Schwerpunkte auf der Erforschung von Vulkanen und Erdbeben hat.

Für das Grundstudium, in dem es sowieso nur um die Vermittlung von Grundlagen geht, kommen bei mir die Unis in Hamburg, Heidelberg und Clausthal in die engere Wahl. Hamburg, weil es da die Möglichkeit gibt, auch Meeresgeophysik kennenzulernen. Heidelberg, weil mir der Ort sehr gefällt und es dort länger sommerlich ist. Und Clausthal, weil es nicht so weit weg von zu Hause, klein, übersichtlich und kostengünstig ist.

Clausthal liegt inmitten einer skandinavisch anmutenden, waldreichen, stillen Natur. Und außerdem kenne ich das Institut für Geophysik in Clausthal bereits. Vom Jugend-forscht-Wettbewerb. Vor zwei Jahren habe ich hier am Landeswettbewerb erfolgreich teilgenommen und bei der Gelegenheit das Institut besichtigt. Um Kosten zu sparen, entscheide ich mich schließlich für Clausthal.

Derweil steht am Gymnasium die letzte Abiturprüfung an. Kunsterziehung habe ich ausgewählt. Ein Fach, das mir lange Zeit eigentlich am wenigsten Spaß gemacht hat. Aber es gab da in der elften Klasse eine Klausur, die mich schließlich zu dieser Wahl gebracht hat. Wir sollten ein Plakat gestalten, auf dem steht: »Ein Plakat ist eine Fläche, die ins Auge springt.« Während alle anderen in wilder Aktionswut zur Tat schritten, fiel mir überhaupt nichts ein. Panik drohte aufzusteigen. Dann aber erinnerte ich mich, dass weniger manchmal mehr ist. Ich schnitt also Buchstaben aus schwarzem Tonpapier und klebte diesen Satz auf das weiße Zeichenblockblatt. Die i-Punkte gestaltete ich als rote, wild umherspringende Fußbälle. Dann stand ich auf, stellte das Werk auf und betrachtete es aus der fernstmöglichen Ecke im Klassenzimmer und war zufrieden. Man konnte es auf Anhieb von Weitem erkennen. So wie ein Autofahrer, der in Sekundenbruchteilen sehen können muss, was da auf der Litfaßsäule steht, ohne dass er dabei den Verkehr länger als nötig aus den Augen verliert.

15 Punkte, die Eins mit Sternchen, erhielt ich dafür. Es war für mich eine Bestätigung, dass ich das Prinzip Kunst endlich verstanden hatte. Auf die Botschaft, auf die Message kommt es an. Zum Abschluss meiner mündlichen Kunstprüfung im Abitur gibt mir einer der Lehrer noch eine mahnende Lektion mit auf den Weg: »Betrachten Sie Ihr Leben als offenes Kunstwerk, dann werden Sie Erfolg haben!«

Ja, früher plante ich jedes einzelne Werk akribisch im Voraus. Und an der Umsetzung haperte es meistens erheblich. Bis dieser Moment des Verstehens kam, wie bei der Titration. Plötzlich blaut das Rot! Mein Lehrer warnt mich davor, mein ganzes Leben zu planen. Aber muss man das denn nicht machen? Braucht man nicht ein Ziel? Und wenn man das hat, muss man doch den Weg dahin planen! Oder etwa nicht? Ich spüre, dass ich leider nicht planen kann, wie mich die anderen Menschen das machen lassen werden, was ich erreichen könnte und will. Am liebsten hätte ich, dass alle Signale vom Startbahnhof Abitur bis zum Zielbahnhof Geophysiker auf Grün stehen. Aber ich weiß auch, dass Züge den Bahnhof verlassen, ja verlassen müssen, obwohl mitnichten bereits die gesamte Strecke freigeschaltet ist. Oft steht nicht einmal der Weg zum Ziel fest. Denn da könnte es ja Streckensperrungen geben, zum Beispiel Prüfungen, die man nicht schafft. Ich muss also lernen, loszufahren, auch wenn das grüne Signal nur für den allerersten Streckenabschnitt einer langen Reise gilt.

STUDENT SEIN, WENN DIE VEILCHEN BLÜHEN

Aufbruch ins Ungewisse

Noch vor der amtlichen Entlassungsfeier am Gymnasium breche ich in meine Zukunft auf. Dazu fahrrade ich achtzig Kilometer nach Clausthal, um ein Zimmer zu finden. Dort klappere ich verschiedene Adressen ab, die ich auf Aushängen am Schwarzen Brett der Uni finde. Vor allem die, wo der Preis erschwinglich scheint. Seltsam, immer wieder stehe ich dann vor Häusern mit sehr schreibschriftigen Wappen mit einem großen Ausrufungszeichen. Das sind Verbindungshäuser. Studentenverbindungen. Einige davon sollen schlagend sein. Schlägertrupps unter Studenten. Davon habe ich noch nie vorher was gehört. Nein, zum Schlagen habe ich keine Lust.

Und was ich in vielen Häusern dieser Verbindungen sehe, sind filigran getürmte Geschirrstapel, die auf ihre Abfertigung für die Platzierung im Geschirrschrank warten. Alles nicht wirklich meine Welt.

Bei einer rüstigen alten Dame werde ich doch noch fündig. Ich habe Glück und kann da für nur 180 Mark monatlich so mollig warm wohnen, wie ich mir das vorstelle. Nämlich für mich allein. Ohne Störungen durch andere. Ohne eklige Abwaschberge. In einer Straße, deren eine Fahrbahn zwei Meter höher liegt als die andere, mit einem sehr seltsamen Namen: Sorge. Das passt irgendwie. Hier wird in einigen Monaten mein neuer Lebensmittelpunkt liegen.

Meine Zeit am Gymnasium Groß Ilsede gipfelt und endet mit der Entlassungsfeier in der Aula der Schule. Ein Abschied für immer. Ein prägendes Kapitel meines Lebens endet, ein anderes beginnt. Fröhlichkeit und Trauer quirlen sich zu einem Wirbel wechselnder Gefühle.

Ich bin gespannt auf das, was mich jenseits der Schulpforte erwartet. Einerseits bin ich froh, die Schulzeit (üb)erlebt zu haben, andererseits haucht die Sehnsucht nach Geborgenheit durch den Saal. Wehmut konkurriert mit dem wehenden Wind der Veränderung.

Zwei Tage später folge ich meiner anderen Sehnsucht: Vulkanlandschaften entdecken. »Island – Feuerinsel am Polarkreis«, oh wie oft habe ich in diesem Buch geblättert. Im Bibliotheksasyl. Wo ich Ruhe fand vor lärmenden Mitschülern, wo ich Schutz fand vor sozialem Druck auf dem Schulhof. Nun erwarten mich die fremdartig vertrauten Landschaften Islands. Finanziert mit dem Geld, das ich für gegebene, teure, nachhaltig erfolgreiche Nachhilfestunden erhalten habe. Sechs Wochen mit schwerem Rucksack wandere ich durch fantastische, arktisch-vulkanische, vegetationslose Mondlandschaften. Auf dem geologischen Grund des Atlantischen Ozeans. Der liegt in und mit Island oberhalb des Meeresspiegels. Vulkane, wo immer man hinschaut.

Die grandiose, kaltwindignasse Einsamkeit der Landschaft ist nachhaltig prägend. Ich bekomme davon nie gekannte Albträume. Eine gelbe, schwertstechende Lichtlinie durchzieht den dunkelnachtschwarzen Raum. Das Licht, das unter der Türe vom dahinterliegenden Flur durchschimmert. Ich bin in einem stangenbettigen Zimmer. Mit der Locken. Urplötzlich wird sie wie von einem Strudel in die gelbe Linie gezogen. In den Spalt unter der Tür durch fort.

Verzweifelt versuche ich sie festzuhalten, doch sie entschwindet schließlich. Dann herrscht grelle, dunkle Stille. Ich bin wieder allein. Ich fühle mich eingemauert. Im Dunkel des Raums. Ich schockerwache. Draußen hellt es. Weil es hier in Island Mitte Juli nächtlich nicht wirklich dunkel wird. Was war das? Warum habe ich das geträumt? Was soll das alles bedeuten?

Ich bin allein auf Island. Mit der Aussicht auf Rückkehr nach Hause. Aber nur für kurze Zeit. Dann folgt der eigentliche, endgültige Aufbruch ins Ungewisse. Das Verlassen der Heimat. Als würde ich in See stechen. Ohne zu wissen, was mich erwartet. Fast wie Kolumbus, der von der spanischen Krone auch nur ein Ziel gesetzt bekam: das jenseitige Ufer zu finden und zu erforschen. Doch wie weit ist es bis zum jenseitigen Land? Welche Route führt am schnellsten dahin? Und wenn es gar kein jenseitiges Land gibt? Was dann?

Eine Zeit, in der sich viele Gewohnheiten und Halt gebende Rituale ausgebildet haben, ist verloren und vergangen. Die Zeit, als Sohn bei den Papamamas zu wohnen. Ich war zwar schon öfter alleine unterwegs. Auf Reisen. Im tierisch spannenden Kenia, im superlativistischen Amerika, im wüstigen Tunesien, im kokospalmig paradiesischen Sri Lanka. Doch da kam ich stets nach Hause. In meine mir bekannte Basis. Genau das ist diesmal anders. Diesmal gibt es kein »Zurück nach Hause«.

Weil Peter Schmidt nicht mehr auf dem Radweg zum Gymnasium fahren wird, sondern neue Wege vom Studentenzimmer zur Uni führen werden. In Clausthal. Ein noch fremdes Zuhause erwartet mich. Ohne Papamamas.

Nach meiner Rückkehr wird das jetzige Noch-Zuhause tatsächlich von Tag zu Tag spürbar fremder. Unumkehrbar. Dort wird es immer mehr wie früher bei den Omas oder den Onkeln und Tanten, die wir besucht haben. Wo nur noch kräftig und regelmäßig tickende große Uhren die alternde Stille des Raumes takten. Wo die Zeit tot war.

So stirbt gerade mein Leben im heimatlichen Ort. Weil da mein Leben perspektivlos wäre. Weil da kein Platz mehr für mich ist. Du wirst und musst die Familie verlassen, der unaufhaltsam dahinfließende Strom der Zeit entzieht mir Familiengeborgenheit und Heimat. Du wirst das erst wiedererlangen, wenn du deine eigene Familie findest, die du selbst gründen musst. So sehe ich mich vor einem unermesslichen Ozean unbekannter Ausdehnung, den ich queren muss, um mein Land der Sehnsucht zu finden.

Wenn du aber dein eigenes Land, deine eigene Existenz hinterm Horizont des unendlich schillernden Ozeans finden willst, musst du aufbrechen, dich trauen, das vertraute Land außer Sichtweite zurückzulassen. Lange Zeit nur noch Wasser sehen können und stets daran glauben, dass du irgendwann dein Land, deine eigene Familie, dein eigenes verdientes Geld haben wirst, dass das alles kommt, bevor du an Skorbut sterben musst, bevor Lebens- und Liebesmangel dich dahinraffen.

Ende September bringen mich meine Papamamas mit meinen Büchern und den ganzen Klamotten nach Clausthal. In mein Zimmer in der Sorge Nr. 38, einem nussbaumschrankbraun gebretterten Haus. Zwei Stunden später ist es so weit. Lange schaue ich dem Wagen mit den Papamamas hinterher, wie er die steile Sorge hinunterfährt und schließlich unten an der Kurve verschwindet. Wie Land, das sich immer weiter entfernt. Schließlich umgibt mich nur noch weites Wasser.

Ich bin allein. Zurückgelassen und aufgebrochen. Zu meiner langen Reise ins Ungewisse. Steche in See. Fühle mich an Bord eines Schiffes, das meine Papamamas von Hamburg-City an die Elbmündung gelotst haben. Die nun mit einem »Allzeit gute Fahrt und immer eine Handbreit Wasser unter dem Kiel!« von Bord gehen und mich als Kapitän mit meinem Schiff seewärts segelnd allein lassen. Bei schlechtem Gesichtswetter.

Denn ein erstes, kurzes, aber heftiges Gesichtsgewitter zieht auf. Niemals wird es mehr so sein, wie ich es bisher gewohnt war. Einerseits bin ich stolz, endlich mich selbst organisieren zu dürfen. Andererseits merke ich schnell, was alles nicht mehr da ist. Da ist niemand mehr, der mich morgens weckt und zum Frühstück ruft. Da ist niemand mehr, zu dem ich einfach mal ins Wohnzimmer gehen kann. Da ist menschliche Leere, nur mein kleines Zimmer. Und das ist nur zum Arbeiten und Schlafen da. Diese Gedankenwolken in meinem Innern lassen es in meinem Gesicht nach außen regnen. Niemand sieht die kitzelnde Flüsseflutung auf der Haut. Die tropfenden Tränen, die auf meine horizontalen Hosenbeine fallen. Weil ich am Schreibtisch sitze. Auf dem Stuhl. Mit dem Blick auf einen geteerten Hinterhof vom Nachbarhaus.

Die erste Krise an Bord. Der erste Sturm auf dem offenen Meer. Mit mir als Kapitän. Ich will nicht untergehen in den Stürmen des Lebens und der Zeit. Sprichwörtlich bin ich ins kalte Wasser geschmissen worden, ohne jemals vorher geschwommen zu sein. Denn Schwimmen lernt man nicht an Land.

In einem anderen Bild meiner synästhetischen Lebenswahrnehmung führt meine Lebensstraße auf große Bergketten zu, die zu überwinden sind, um in meine eigene fruchtbare Ebene zu kommen. »The way to anywhere«, so titelte ich schon in der Schulzeit einen selbst geschriebenen Song. Eine Geschichte, die den ewigen Weg von Gebirgskette zu Gebirgskette beschreibt, immer auf der Suche nach dem Land der Sehnsucht.

Nur der radikale Bruch mit den alten Ritualen macht Platz für das Wachsen der Eigenständigkeit. Das Neue kann nur gedeihen, indem das Alte einfach nicht mehr da ist. So wie auf Island Lava fruchtbares Land überflutet und Platz für den Neuanfang schafft. Der Schmetterling tritt erst dann hervor, wenn die Raupe Geschichte ist.

Noch fühle ich mich als Fremder in einem fremden Land, das meine Heimat werden soll. Aber Clausthal wird und ist nun meine neue Basis. Ich gehe zum Einwohnermeldeamt. Und gehe zur Bank. Eröffne stolz mein erstes eigenes Konto. Allmonatlich wird er dort eintreffen, der elterliche Scheck, ergänzt um BAFöG.

Damit alles seine eigenstaatliche Ordnung hat, erweitere ich die States of Japetus on Earth, die bislang vor allem aus dem Grundstück um das Elternhaus, Andorra State genannt, bestanden, um »Sorge-38-State«, auch wenn dieser kleine Staat absehbar nur befristet existieren wird.

Im Haus wohnt noch ein anderer Student mit einer am Hintern glänzend glatten Wrangler-Jeans mit weiß abgewetzter Kappnaht sowie eine rockkittelige alte Dame, die Vermieterin.

Getragen von der Hoffnung, an der Uni endlich Menschen zu finden, die so ähnlich sind wie ich, breche ich auf, neue Freunde zu finden. Direkt hinter der Grenze meines Staates, im Nachbarhaus, werde ich bereits fündig. Dort wohnen zwei. Der eine studiert Geologie, der andere mit mir zusammen Geophysik. Beides Erstsemester. So wie ich. Schnell verbinden uns gemeinsame Wanderungen durch den schwedisch anmutenden Oberharzer Wald, geprägt durch die verflixte Wanderkarte, auf der so mancher Weg nicht korrekt eingetragen ist. Und mit zunehmend früher einsetzender Dunkelheit auch viele gemeinsame Diaabende.

An der Uni quatsche ich die Leute in den Vorlesungen an. Doch das führt nicht zu weiteren Freundschaften. Stattdessen erwarten mich dort viele formelvolle Tafeln und spaßender neuer Stoff. Fast alle

Fächer, die man in Clausthal studieren kann, fundieren auf Mathematik und Physik als gemeinsamer Grundlage. Das führt zu vollen, lärmstressreichen Hörsälen.

Stresssteigernd kommen Professoren hinzu, die die Zeit nicht einhalten. Denn ich muss oft über den ganzen Campus gehen, um zur nächsten Vorlesung zu kommen. Und dafür habe ich dann genau 15 Minuten Zeit. Inklusive eines Toilettenbesuchs. Die eine Vorlesung endet laut Plan zur vollen Stunde. Und die nächste beginnt zur selben Zeit c. t., wie es heißt. Das steht für cum tempore, »mit Zeit«, in der Regel eben genau diese 15 Minuten.

Anfangs kommt es vor, dass der Prof der Folgeveranstaltung meckert, wenn ich so spät noch die längst begonnene Vorlesung störe: »In Ordnung ist das nicht! Geht es bitte auch ein wenig disziplinierter und pünktlicher?« – »Das sagen Sie am besten Ihrem Kollegen, aber bitte nicht mir!«, rufe ich dann in den Saal.

In der anwesenheitspflichtenden Schule galten für mich Hausaufgaben, die nach dem Klingelzeichen aufgegeben worden sind, stets als »nicht fristgerecht gestellt« und waren demzufolge auch nicht zu machen.

Hier an der Uni klingelt es nur leider nicht. Die Uni ist freiwillig. Da ist niemand, den es interessiert, ob ich wirklich anwesend Zeit absitze oder stattdessen nach Hause gehe, um mich mit dem zu beschäftigen, was mich weiterbringt. Würde es zehn Minuten vor Ablauf einer Vorlesungsstunde klingeln, quasi als Warnschuss, jetzt mit dem Sagen der wirklich wichtigen Dinge zu beginnen, könnte ich immer rechtzeitig aufbrechen und rechtzeitig im nächsten Hörsaal ankommen, ohne etwas zu verpassen. Aber leider will das niemand organisieren, um mir Stress zu ersparen.

Und es gibt noch ein Problem, wenn ich nicht rechtzeitig in den Zielhörsaal komme: Mein gewohnter Sitzplatz ist oft belegt. Ärger mit Kommilitonen ist vorprogrammiert, weil die dann sagen: »Der Platz ist nicht für dich reserviert!«, oder: »Dann musste halt einfach mal 'nen bisschen eher kommen, dann kannste dir den Platz noch frei aussuchen!« Ganz tolllogische Vorschläge, nur nicht praktikabel!

Den ganzen Tag gibt es keine Pause. Mein in der Schulzeit energiespendender, gewohnter Nachmittagsschlaf, die Siesta, ist weg. Deswegen bin ich am Wochenende stets extrem spät dran, um den versäumten Schlaf aufzuholen.

Die Mittagspause ist für viele die Zeit in der Mensa. Aber nicht für mich. Diese Zeit ist noch anstrengender als die vollen Hörsäle! Alle pilgern zur gleichen Zeit dahin. Stammessen. Und immer Schlange stehen. Immer woanders sitzen. Es herrscht ein Raumwetter mit hallender und schallend schwirrend surrender Lärmverseuchung. Warum können die nicht einfach alle ganz ruhig essen? Warum müssen die beim Essen alle so viel rumquatschen? Wenn ich mal ausnahmsweise doch mit einem Kommilitonen am Tisch sitze, weiß ich immer gar nicht, was ich dem erzählen soll. Und wenn ich mal meinen Mund aufkriege, dann kommt kein echtes Gespräch zustande, sondern ein Monolog über meine letzte Reise, über Plattentektonik oder über das letzte Ärgernis. Und das kann ich mir auch sparen.

Jedes Mal, wenn ich nach dem Essen aufstehe, bleibt eine Wasserlache auf der Sitzfläche des Stuhls zurück. Ich kann deswegen überhaupt keine dünnen Hosen tragen, nur Jeans. Die tarnt den Schweiß.

Das Amen im Hörsaal

Die ersten Wochen des Studiums vorbeien schnell. Mein Blick fällt auf die riesigen weißen Flocken, die an der Fensterfront des Hörsaals von oben nach unten sanft schwebend vorbeiziehen. Draußen schneit es erhabene weiße Stille auf das grüne Gras. Drinnen schreibt es stressige weiße Stille. Der Professor kritzelt mit weißer Kreide einen wahren Formelroman voller Fleischerhakenformeln auf die tannendunkelgrüne, riesige, saalwandübergreifende Tafel.

Dort schreibt der Prof gerade das »o. B. d. A.« an. Es soll angeblich heißen: »Ohne Beschränkung der Allgemeinheit«. Dabei betont er, dass er einen Fall nicht zu erläutern bräuchte, weil die geltende Gleichung »trivial« sei. Für mich und andere steht hinter dem o. B. d. A. eher »ohne Bedenken des Autors«. Denn manches erscheint dem Neustudenten alles andere als trivial. Und manches, was trivial zu sein scheint, muss erst aufwendig bewiesen werden. Na, hoffentlich ist 1 + 1 wirklich 2 und nicht doch 3. Denn der Beweis steht noch aus.

Mein Blick schweift nachdenklich im Saal herum. Links neben mir sitzt ein Student mit einer hautengen hellblauen Jeans, die aussieht, als wenn sie gleich pellig platzen will. Weil die Fäden der Naht an seinen Beinen so deutlich sichtbar sind, als würden sie krampfhaft darum kämpfen, die Hose zusammenzuhalten. Und rechts sitzt jemand, der trägt immer Stoffhosen mit klar erkennbarer, Struktur und Ordnung gebender Bügelfalte. Solche Details fallen den anderen anscheinend nur selten auf, während ich die immer sofort sehe. Auf die Gesichter achte ich dagegen kaum, denn die sind für mich aussagelos.

Mein Blick geht wieder Richtung Tafel, als aus dem Mund des Professors das mathematische Amen unter einem formellangen Beweis bastaschlussend wörtert: »Q. e. d. – quod erat demonstrandum!« Was zu beweisen war.

Immer wenn diese drei abschlussgepunkteten Buchstaben dastehen, ist wieder eine lange Beweiskette gefertigt.

In einer Übung ist alles auf einmal verkehrt herum. Wir erhalten einen unfassbaren, bereits mit dem »q.-e.-d.«-Amen der Mathematik abgeschlossenen Beweis für die ungeheuerliche Behauptung, dass doch tatsächlich 3 = 2 sei.

Alles beginnt mit der harmlosen Addition zweier beliebiger Zahlen a und b. Das daraus resultierende Ergebnis c lässt sich mathematisch allgemeingültig in der Form schreiben: $a + b = c$.

Ich könnte auch schreiben: $1a + 1b = 1c$

Die 1 kann ich beliebig ausdrücken, zum Beispiel durch 3 – 2:

$(3 - 2)\,a + (3 - 2)\,b = (3 - 2)\,c$

Ich multipliziere die Klammern aus: $3a - 2a + 3b - 2b = 3c - 2c$

Durch Umstellen sortiere ich die Faktoren jeweils auf eine Seite des Gleichheitszeichens: $3a + 3b - 3c = 2a + 2b - 2c$

Nun lässt sich auf beiden Seiten des Gleichheitszeichens der jeweilige Faktor ausklammern, so dass wir völlig einsichtig sofort erhalten:

$3\,(a + b - c) = 2\,(a + b - c)$

Und diese Gleichung können wir nun natürlich kürzen, indem wir durch (a + b – c) teilen, und erhalten doch tatsächlich: 3 = 2.

Q. e. d., quod erat demonstrandum – was zu beweisen war.

Ich habe es in der Vorlesung doch geahnt! Die stellen hier noch glatt die Trivialität 1 + 1 = 2 in Frage!

Und nun sollen wir Studenten den Fehler in der Beweisführung finden, um bei eigenen Beweisführungen nicht durch kleinere Unachtsamkeiten große Missbeweise zu produzieren. Spielverderber ist das Nichts. Die Null, sie ist an allem schuld. Diese Zahl, die eine und doch keine natürliche ist. Diese tiefschwarze Zahl, für die immer und überall Sonderregeln gelten müssen. Meine Versuche als Schüler, diese Zahl mittels der uneigentlichen Zahlen in die Welt der Zahlen vollständig zu inkludieren und nicht nur mittels Sonderregelungen zu integrieren, faszinierten damals die Jury von »Jugend forscht« und reichten zum Sieg in der Disziplin Mathematik auf Regionalebene, waren an den Grenzübergängen zur liegenden Acht, der unheimlichen, ungreifbaren, der Null genau gegenüberliegenden Zahl, im Landeswettbewerb aber vorläufig gescheitert.

Während die Mathe-Vorlesungen vollen, sind wir in der Anfängervorlesung für Geophysik nur wenige Leute. Wie eine Schulklasse. Da diese Vorlesung mir nichts wirklich Neues bieten kann außer langsam mit der Zeit auch meine Mitstudenten im Fach kennenzulernen, kommt mir die Idee, einfach mal selber eine spannende Vorlesung anzubieten. So wende ich mich an den Betreuer der Geophysik, den leger gekleideten, weißhaarigen akademischen Rat Dr. Weiß. Seine Bürotür steht meistens offen. Er ist um das Wohl der Studenten bemüht. Ich frage ihn, ob es möglich sei, einen Vortragsabend zu gestalten, bei dem ich etwas über Island erzähle. Überraschenderweise stimmt er sofort zu, ohne dass ich weitere Überzeugungsarbeit leisten muss. Und wir finden sogar auch gleich einen Termin. Am 26. November präsentiere ich vor vollem Hörsaalpublikum in der Geophysik Island, die Vulkaninsel am Polarkreis, garniert mit Detailbeobachtungen. Eigene Dias, die den dortigen Kampf zwischen Hitze von unten und Kälte von oben belegen, die vergleichend zeigen, wie Tektonik größenübergreifend funktioniert. Risse in der Erde, die die ganze Insel durchziehen. Die geologische Grenze zwischen Amerika und Europa. An Land sichtbar.

Die kurzzeitige Begeisterung ist groß, aber das nachhaltige Interesse, das meiner Karriere als Wissenschaftler Nutzen bringen könnte, ist leider klein. Wer Peter Schmidt ist und was ihn begeistert, ist bekannt geworden. Immerhin, dieses Ziel habe ich erreicht. Mal schauen, ob mir das nicht doch noch einmal hilft, Leute kennenzulernen, die sich ebenfalls für meine Ideen interessieren.

Goethes Werke sind keine Fabrik!

Als jahrgangsbester Abiturient hat mich der Direktor des Gymnasiums als Stipendiat der Studienstiftung des deutschen Volkes vorgeschlagen. Die machen ein Casting in Form eines Auswahlseminars. Zur Vorbereitung und um zu wissen, was da auf mich zukommt, finde ich sogar einen Kommilitonen, der Mitglied dieser Stiftung ist. Von ihm erhalte ich ein Buch, in dem ich dann allerdings eine für mich höchst erschreckende Entdeckung mache: Da ist eine Tabelle drin, nach der die allermeisten Stipendiaten offenbar Kinder gut gestellter oder zumindest akademischer Eltern sind. Ein Stipendium von denen gibt es also nicht, um weniger gut Gestellte wie meine Eltern zu entlasten und um Menschen wie mir, die Aussicht auf eine gute Studienperformance haben, die Sache mit der Studienfinanzierung zu erleichtern.

Eine Woche später finde ich mich in schneereicher und stiller Umgebung südwestlich von Kassel wieder. Inmitten von Menschen, die die Locken immer gerne als Fatzken bezeichnete. Zu dieser Sorte Mensch gehöre ich leider nicht. Mal sehen, ob ich mich hier dennoch durchsetzen kann.

Für einen von Stiftungsjuroren beobachteten Gesprächskreis mit weiteren Stipendiatskandidaten habe ich einen Vortrag über die Antarktis vorbereitet, um über die konkurrierenden Interessen zwischen Rohstoffsuchern und Naturschützern diskutieren zu lassen. Ich bin zu diesem Zeitpunkt nicht der offensiv diskutierende Mensch.

Gerade eben habe ich in der Schule gelernt, überhaupt Referate zu halten. Und außerdem geht es schnell nicht mehr vordergründig um die Dinge, die mir wichtig erscheinen, sondern anscheinend eher darum, wer was wie gesagt hat. Für mich unwichtiger Beziehungskram also. Es ist so eine Art Spiel, wer ist die wichtigste Person in der Runde. Und wie immer liefert derjenige mit dem größten Maul die unqualifiziertesten Beiträge.

Aber die Diskussionsrunde ist nicht alles. In den Einzelgesprächen mit den Juroren kommt es faustdick. Goethes Leben und Werk. Als ich einmal in der Schule nach Goethes Werken gefragt wurde, habe ich als Erstes überlegt, in welcher Stadt die wohl stehen könnten. Der braune Brummelbär ging immer »aufs Werk«. Das Wort Werk war für mich ein Synonym für Fabrik. Es dauerte damals eine Weile, bis mir klar wurde, dass mit Goethes Werken wohl keine Fabrik, sondern seine Bücher gemeint waren.

Und nun wollen die hier von mir sogar wissen, wann Goethe was veröffentlicht hat. Keine Ahnung. So antworte ich der Jury: »Meine Herren, Sie fragen mich hier nach viel unnötigem Wissen. Unnötig deswegen, weil ich es bei Bedarf herausfinden und nachlesen kann, weil ich weiß, wo es steht, wo man es finden kann. Es auswendig zu wissen, bringt mich in dem, was ich mal werden will, nämlich Geophysiker, kaum weiter. Ich weiß auch nicht, warum das relevant sein soll, um als Stipendiat in der Stiftung aufgenommen zu werden. Ich werde mein Studium nicht schaffen, wenn ich weiß, wann Goethe genau wo gelebt hat und was er wann geschrieben hat, aber ich werde meine Prüfungen schaffen, wenn ich weiß, wie man ein Integral berechnet, wie das aktuelle Erdmodell aussieht, oder wenn ich eine Ahnung von physikalischen Zusammenhängen habe. All das, worin ich Ihnen zeigen könnte, was ich draufhabe, woraus Sie vielleicht schließen können, der wird sein Studium schon schaffen, also ein Stipendium nicht für die Katz erhalten, das darf ich Ihnen nicht zeigen. Das wollen Sie nicht wissen. Warum?«

Daraufhin endet zwar das quälende Lebensdatenquiz, aber es kommt auch nichts anderes.

Wenige Wochen später erreicht mich ein Brief. Darin steht, dass man mir leider kein Stipendium anbieten könne. Ich werde wohl nie erfahren, was letztendlich der Grund war, warum ich hier nicht weitergekommen bin. Schade. So bleibt für mich nur ein logischer Schluss: Du bist nicht dabei, weil du ja aus einem Haus kommst, in dem es »Armbrot« statt »Abendessen« gab. Es ist und bleibt so. In Deutschland zählen Zeugnisse und umgangsformenprägende Herkunft mehr als Können und Denken.

Aber Krise ist Chance! Enttäuschung lässt sich nur durch Resultate wegwischen. Jetzt erst recht! Jetzt musst du dir und denen in absentia beweisen, dass du sehr wohl so ein Stipendium verdient hättest. Wie ein schweres Flugzeug an der Startbahn gebe ich voll Schub. Ich tue alles, damit ich zügig abhebe und gut durch das Studium komme.

Ski, Schein, Schnee und Sein

Seit Beginn des Studiums wird es mit jedem Tag dunkler, kälter und immer stiller. Denn es schneit immer öfter und immer mehr, während drinnen im vollen Hörsaal weiterhin wichtige weißkreidige Romane voller Fleischerhakenformeln an der tannenbaumgrünen Tafel entstehen. Immer wieder muss ich daran denken, wie mich der Strom der Zeit immer weiter ins offene Meer hinauszieht. Und dass die Zeiten zu Hause nie mehr zurückkehren werden. Wann werde ich wohl mein Land finden? Alles ist anders. Auch die alljährliche weihnachtliche Passstraße zum Licht nimmt dieses Jahr erstmalig eine andere Route. Keine kerzigen, keksreichen Kaffeekränzchen zum Advent mehr. Stattdessen stures Studium, Seminare und Semester. Und gelegentliche, die Dunkelheit erleuchtende Diaabende bei den frischen Freunden im Nachbarhaus.

Kurz vor der Passhöhe kommt aus dem Dunklen ein Wagen aus Andorra State die Sorge raufgefahren. Pünktlich zu Heiligabend holen mich die Papamamas heim. Zwei Stunden später sitze ich allein in meinem alten Jugendzimmer. Ein völlig fremd gewordener Raum. Der Peter, der hier all die Jahre wohnte, ist auch nicht mehr da.

Stattdessen ist da ein anders werdender Peter. Ewig unerfüllte Kindheitssehnsüchte schießen mir durch den Kopf. Ich muss an die tolle Fleischmann-HO-Eisenbahn von Matthias, meinem ehemaligen Mitschüler aus der Grundschule, denken. Das ist es! Ich wünsche, kaufe und baue mir über Weihnachten eine eigene Fleischmann-HO-Eisenbahnanlage. Mit einem großen, rot glühende Lava spuckenden Vulkan mittendrin.

Der große Peter Schmidt ist irgendwie doch erst zwölf oder vierzehn Jahre alt. Es macht Spaß, wieder Kind zu sein. Oder bin ich es einfach noch? Mein altes Zimmer bekommt neues, nostalgisches Leben. Einen Grund, sich darin wieder wohlfühlen zu können.

Die Zeit der Ruhe vorbeit viel zu schnell. Es kommt der Tag, an dem mich meine Papamamas im neuen Jahr wieder nach Clausthal bringen. Dort geht das Lesen, Lernen und Leiden weiter.

Im Anschluss an eine Vorlesung kommt es zu einer regen Diskussion. Als ich über die Widersprüche in der Plattentektonik diskutiere, unterbricht mich einer meiner Kommilitonen: »Plattentektonik? Was ist das denn?« Ich bin überrascht und irritiert. Das ist ja so, als wenn jemand in der fünften Klasse fragt: Buchstaben, was ist das denn? So erwidere ich spontan:

»Wie? Du weißt nicht, was Plattentektonik ist? Und dann willst du das hier studieren? Wie willste denn das mal schaffen?«

»Muss man das wirklich wissen? Kann ja sein, dass duuuuuu schon alles weißt, aber ich bin hier, um das zu lernen, okay?!«

Am Tag drauf ist das für mich Anlass genug, um darüber mit Dr. Weiß zu reden.

»Herr Schmidt, Sie haben offenbar bereits große Vorkenntnisse. Und Sie haben was auf dem Kasten. Aber Sie haben offensichtlich erhebliche Schwierigkeiten, mit Ihren Kommilitonen behutsam umzugehen!«

»Was kann ich denn dafür, dass ich das meiste schon seit der Grundschule kenne? Da habe ich dann ja einen ziemlich großen Vorsprung! Wenn das so ist, dann würde ich den gerne nutzen!«

»Im Grundstudium werden aber erst mal die verschiedenen Leistungsniveaus, die von den Schulen mitgebracht werden, angeglichen, damit wir hier gleiche Chancen für alle haben. Dann sehen wir weiter!«

Na toll, wieder wird man ausgebremst. Beim Sport und in der Musik wird man gerne und früh gefördert. Aber wenn man für irgendwas talentiert ist, was in einen ordentlichen Beruf münden kann, dann wird man durch vergleiste Ausbildungswege am Ausbau vorhandener Stärken gehindert. Das war schon an der Schule so. Weil im Vordergrund steht, dass immer erst alle auf einen gleichen Stand gebracht werden sollen. Ich bin enttäuscht und frustriert.

Mein Vorsprung, den ich aus Kindertagen mit an die Uni bringe, wird mutwillig weggeschmolzen. Mein fachlicher Wettbewerbsvorteil zerstört, weil ich nicht wirklich weitermachen darf. Das sage ich auch Dr. Weiß, um durchzusetzen, dass er mich mit meinen Stärken besonders fördert. Doch der antwortet seltsam:

»Herr Schmidt, Sie verhalten sich vor allem gegenüber Ihren geophysikalisch noch unkundigen Mitstreitern wie ein Elefant im Porzellanladen.«

»Was soll'n das heißen?«

»Wenn jemand nicht weiß, was Plattentektonik ist, dann müssen Sie ihm ja nicht gleich Angst machen, dass er das hätte wissen müssen, um hier folgen zu können!«

»Mag ja sein, aber ich bin nun mal frustriert, dass ich hier fachlich auf der Stelle trete, nicht vorangebracht werde und es immer wieder dasselbe Spiel ist: die Menschen, die Menschen und nochmals die Menschen! Was habe ich denen getan? Ich verstehe das alles nicht! Mit Ihrer Porzellanladen-Sprache ausgedrückt sehe ich das so: Wenn ich mich aus Ihrer Sicht wie ein Elefant im Porzellanladen verhalten haben soll, dann verhalten sich die meisten Menschen in meinem Porzellanladen wie eine ganze Elefantenherde! Sie machen nicht nur einzelne Vasen kaputt, nein, sie ruinieren gleich meinen ganzen Laden!«

Den warmen Stress im Innern der Gebäude frisst die kalte Stille im Draußen. Welch herrlich entspannendes, stress- und lärmfressendes Flockenrieseln. Leise ist es geworden. Im Januar schneit es eine dicke Decke aus glitzerndem, glänzendem Weiß. Wie früher zu Hause schaufele ich gerne den ganzen gefallenen Schnee zusammen, um daraus einen Berg zu gewinnen, der möglichst hoch ist, so dass möglichst lange in den kommenden Frühling hinein Schnee liegt. Zu Hause war das Gras oft seit Wochen grün, bis der allerletzte Rest meines temporären Grundstücksgletschers im April dennoch unter der stetig höher steigenden, immer steiler stehenden Sonne schmolz. »Hillum Snow« nannte ich den jedes Jahr neu entstehenden und schmelzenden Eisberg. Ich genieße das Berieseln durch die frisch fallenden Flocken. Straßen, Bürgersteige, Pflanzen und schließlich sogar ganze Autos werden vom Schnee zusedimentiert.

In dieser schneeig stillen Zeit entdecke ich für mich den Skilanglauf. Ich nutze jede freie Zeit, solange es noch hell ist, um vor allem an den Wochenenden den herrlich verschneiten, stillen und weichschneeigen Winterwald kennenzulernen. Ein Hauch von Schweden oder Alaska. Derweil geht es an der Uni um Schein oder nicht Schein. Sein oder nicht Sein. Das erste Semester gipfelt in einem Klausurengebirge. Dieses Gebirge ist voller serpentiniger Erlebnisstraßen. Rechts und links lauern die Abgründe des Fallens. Des Durchfallens. Und ich bin mir nicht sicher, wie viel ich für welches Fach lernen soll. Als ich feststelle, dass der ganze Stoff im Detail bis zu den einzelnen Klausuren nicht in meinem Kopf Platz findet, höre ich auf zu lernen. Weil mich das kaputt machen würde. Das kann doch nicht Sinn der Übungen sein! Wenn du die Prüfungen nicht ohne nennenswertes Lernen schaffst, dann bist du eben für so ein Studium doch nicht geeignet, sage ich mir.

Eine Herausforderung der ganz anderen Art erwartet mich im Hörsaalgebäude des Instituts für Experimentalphysik. Dort findet der alljährliche Physiker-Fasching statt. Kommilitonen konnten mich überreden, mitzukommen. So finde ich mich zunächst im weiten Hörsaal wieder, in dem man seine Winterklamotten ablegen kann und wo man sich zu kleinen Grüppchen trifft. Im Vorraum zu dem Hörsaal, dort da-dufftata-da-tufftata datufftatat es. Da spielt die Musik. Da flimmert das Licht. Da ist los, was hier wirklich los ist: Disco. Ich erlebe heute meine allererste Disco. Fast drei Stunden lang ist die Startbahn. So lange stehe ich am Rand oder bin zurückgezogen im ruhigen Hörsaal. Nach drei Stunden endlich traue ich mich, die Tanzfläche zu betreten und überwinde endlich diese mysteriöse gläserne Mauer in mir. Und noch mal eine halbe Stunde dauert es, bis ich so einigermaßen begriffen habe, wie man sich da bewegen könnte. Denn bislang habe ich dieses Rumgehopse der Leute in den Discos im Fernsehen als vollkommen strukturlos wahrgenommen. Wie man sich nach Musik bewegt, weiß ich nicht wirklich. Irgendwie halt, sagen mir die anderen. Ich spüre, wie ich jede Hüftzuckung, jede Arm- und Beinbewegung bewusst setzen muss, wobei die anderen das irgendwie von innen heraus einfach so machen können. Na ja, die haben halt Erfahrung. Die sind bestimmt schon alle während der Schulzeit in die Disco gegangen. Ganze fünf Songs habe ich letztendlich betanzt. Viel einfacher als das Discogehopse sind für mich die Klausuren. Zum Semesterabschluss schaffe ich auf Anhieb alle Scheine. Ich darf sein!

Wieder werde ich von den Papamamas abgeholt. Aber nicht um bei ihnen zu bleiben, nein, um endlich dorthin zu fahren, wo ich schon immer mal hinwollte. Die Vulkane der Kanarischen Inseln erforschen. Lanzarote, Gran Canaria und vor allem Teneriffa.

Auf Lanzarote komme ich bei der verzweifelten Suche nach einer Bleibe in der Nähe von Arrecife zunächst unfreiwillig nach Mala. Inmitten von Kakteenfeldern wird die Stille zur größten Offenbarung meines bisherigen Lebens. Erst jetzt begreife ich, was ich wirklich brauche: die Oase der Ruhe. Ein ewiges Silencia. Es ist die allererste Ahnung, wohin ich mein Schiff des Lebens steuern muss. Egal durch welche Stürme. Egal wie weit.

Früher habe ich als Kind im Sandkasten den Ausbruch des Pico del Teide gespielt. Die Lava war dünnflüssig und durchsichtig: Wasser. Immer wieder hat es Ärger gegeben, wenn ich mit dem Wasser Lava spielte. Auf Teneriffa thront er nun endlich vor mir und will bestiegen werden: der echte Pico de Teide! Einige Tage später muss ich meinen ersten Marathon gehen. Untrainiert. Weil mich niemand mitnehmen will, erreiche ich mit den allerletzten Sonnenstrahlen nach 45 kurvenreichen Kilometern im joggigen Fußmarsch von La Laguna aus das Observatorio Izana. Ich stehe vor dem verschlossenen Tor. Es dauert eine Weile, bis ich Einlass erhalte. Aber wohl nur, weil man mich nicht mehr ins kalte dunkle Nichts hier oben auf den Bergen schicken kann.

Ich will den Halley'schen Kometen durch ein schickes Fernrohr sehen. Ausnahmsweise darf ich im Observatorium in meinen jeansigen Klamotten pennen. Noch vor Sonnenaufgang bewundere ich durch ein tolles Teleskop tatsächlich den Halley'schen Kometen.

Kaum bin ich zum Semesterstart wieder in Clausthal, da erreicht mich am 28. April 1986, einem schweinchenrosafarbenen Tag, Post in meinem Zimmer. Ein Brief von Katrin. Sie studiert jetzt evangelische Theologie in Göttingen. Pastorin ist ihr Berufswunsch. Irgendwie hat sie sich von den anderen Mitschülern unterschieden. Wir haben uns verstanden. Sachlich. Und pflegen unregelmäßigen Briefkontakt. Doch der Brief, den ich da jetzt von ihr lese, enthält sehr seltsame Sätze. So schreibt sie:

»… Wir leben offensichtlich in so verschiedenen Welten, dass es schwierig ist, ein Gesprächsthema zu finden. So weiß ich auch nicht recht, was ich Dir alles schreiben soll. Vermutlich langweilen Dich die Dinge, die mich bewegen, schrecklich.«

Was meint sie damit bloß, frage ich mich, bis ich weiterlese:

»… Vielleicht bin ich die Einzige, die ständig an Dir etwas auszusetzen hat, aber ich möchte mir nicht einmal vorwerfen müssen, Dich nicht auf eventuelle Schwierigkeiten aufmerksam gemacht zu haben … Gute Positionen werden zudem vielfach durch Beziehungen besetzt. Dabei zählen nicht nur Leistungen, sondern auch die Ausstrahlung eines Menschen, die Fähigkeit, sich in der Gesellschaft zu bewegen. Es ist genauso wichtig, dass man weiß, wie man sich bei Tische zu verhalten hat, wie dass man einer Frau in den Mantel hilft …«

Das soll alles wichtig sein? Ja, aber an der Schule war das doch völlig unwichtig! Die Eins hat's dort alleine für das Können gegeben, egal, welche Klamotten man anhatte, egal, ob man sich die Haare gewaschen hatte oder nicht, egal ob man geduscht hatte oder nicht. Aber vor allem, egal, was man von den anderen hielt und was die anderen von mir hielten! Es zählte allein das, was ich im Unterricht ablieferte. Fachliches Können und Wissen! Warum sollte das jetzt auf einmal anders sein? Dann wäre ja die Schule für mich kein brauchbarer Lebensvorbereiter!

Irgendwie hat Katrin ja recht, da scheint es eine Art unsichtbare, magnetisch abweisende Mauer zu geben. Die trennt meine Welt, wie sie es nennt, und ihre Welt.

Ein Brief, der mich ins Grübeln bringt. Worte von einem Menschen, der mich nicht beneidet, der einfach nur will, dass ich irgendwas begreife, irgendwas sehe, was ich irgendwarum aber nicht sehen kann. Jedenfalls bisher nicht. Wieder einmal versuche ich, endlich die Weltsicht der Menschen zu verstehen. Vergebens.

Was will man nur von mir? Warum brauche ich mein eigenes Land, die States of Japetus on Earth, und warum braucht das niemand sonst? Da ist etwas, das sich meiner Wahrnehmung entzieht. Das spüre ich. Etwas, das alle anderen sehen. Was anscheinend wichtig ist. So mehren sich langsam, aber sicher die Hinweise, dass es irgendetwas in meinem Leben gibt, das auf Entdeckung wartet. Aber was? Und warum?

In einer geophysikalischen Firma arbeiten nur Geophysiker!

Ich erfahre von der Möglichkeit, in den Semesterferien ein Praktikum als Werkstudent im Rahmen einer seismischen Messkampagne bei einer großen deutschen Geophysikfirma, der Prakla-Seismos, zu machen. Doch als ich da anrufe, sagt man mir, dass bereits alle Plätze belegt sind. Aber ich gebe mich noch nicht geschlagen. Wo ein Wille ist, ist ein Weg! Und wer neue Wege finden will, muss ohne Wegweiser auskommen!

Ich weiß, dass es doch noch eine winzige Chance gibt. So überwinde ich mich am Telefon, danach zu fragen, ob es so eine Art Warteliste gibt. So ähnlich wie beim Fliegen könnte man doch die Plätze »überbuchen«. Und wenn jemand seinen zugesagten Platz nicht pünktlich antritt, kann ich ihn haben. Ich schaffe es schließlich, mein Gegenüber in der Leitung vom Einrichten so einer Liste zu überzeugen. Und dass ich dann als Stand-by-Worker auf Platz eins der Liste stehe.

Pünktlich zu den Sommersemesterferien werde ich von den Papamamas wieder nach Andorra State geholt. Die einstige Heimat Gadenstedt hat sich mittlerweile völlig entfremdet. Das, was war, ist nicht mehr. Das ist nicht mehr das Gadenstedt, durch das ich früher täglich zum Gymnasium fuhr. Es ist ein fremder Ort geworden. Auch die Menschen, die ich kannte, sind nicht mehr da.

Auch die, die noch da sind, sind nicht mehr da! Denn die Locken sagt auf einmal Merkwürdiges zu mir: »Peter, auch wenn du jetzt hier nicht mehr wohnst, es gehört sich, die Leute im Dorfe noch zu grüßen!« Wie, manche der Leute sind noch da? Aber die sehen doch irgendwie anders aus als früher. Ich verstehe das nicht.

Anscheinend habe ich nicht nur Schwierigkeiten, neue Leute zügig kennenzulernen, sondern vergesse auch schnell die Gesichter der Leute, wenn ich sie länger nicht gesehen habe. Jedenfalls dann, wenn diese sich nicht an den früher üblichen Orten aufhalten und ihre Klamotten von damals anhaben. Da sich das aber nicht bessert, geht die Locken dazu über, den Leuten im Dorf zu sagen: »Der Peter kennt keinen mehr!« Was anscheinend keiner versteht, nicht mal ich. Aber es ist so.

Völlig überraschend ruft mich die Prakla-Seismos an. Meine Idee, eine Warteliste anzulegen, habe sich ausgezahlt. Es sei tatsächlich ein Platz frei geworden und ich dürfe als Nachrücker schon zu Beginn der nächsten Woche anfangen.

Am Montag sitze ich im Truppbüro, um die Formalien des Vertrages mit dem Truppleiter, dem stoffhosigen Herrn Wagner, zu erledigen. Anschließend zeigt er mir den Unimog, der für die nächsten Wochen tagsüber mein mobiles Zuhause werden soll. Als ich so auf die ganzen Unimogs und Lastwagen starre, stelle ich erst einmal öffentlich für alle arbeitshosig Umstehenden fest: »Wow, hier gibt es ja richtig viele Geophysiker!« Gelächter in der Gruppe. »Was gibt es da zu lachen?«, frage ich in die grinsende Menge.

»Wie kommst du denn dadrauf, dass wir hier alle Geophysiker sind?«

Das ist für mich ganz glasklar: »Bei einer geophysikalischen Firma arbeiten doch nur Geophysiker!«

Ohne das jetzt weiter zu vertiefen, werde ich einem bestehenden

Dreierteam als vierter Mann zugeordnet. Zu viert teilen wir uns einen Unimog. Obwohl ich gerne vorne sitzen möchte, damit ich die Strecken ganz genau sehen kann, komme ich auf die Rückbank. An meinem ersten Arbeitstag zeigen mir die Leute, was sie wie tun, damit ich später weiß, was ich wie warum wann tun muss. Nach Feierabend fahren wir zu einer lokalen Gaststätte, um dort für einige Tage mehrere Zimmer anzumieten. Wir verabreden uns noch zu einem gemeinsamen Abendessen, damit ich das Team besser kennenlernen kann. Dort wundere ich mich über das Niveau der Gesprächsinhalte. Es erinnert an die Bierpartys des braunen Brummelbären. So frage ich etwas irritiert in die Runde: »Ihr seid also gar keine Geophysiker?« Schließlich erfahre ich, dass die Leute in den Unimogs meist Techniker oder einfache Arbeiter seien, jedenfalls keine Akademiker und damit erst recht keine Geophysiker! Und zum Trupp gehört genau ein Geophysiker: der Chef. Als Geophysiker ist man also immer der Chef. Interessant!

Immer öfter fehle ich bei diesen Small-Talk- und Gemütlich-beisammen-sein-Abenden, die alltäglich nach Feierabend in den Kneipen der jeweiligen Gasthäuser stattfinden, in denen wir absteigen. Woche für Woche müssen wir umziehen, weil die zu vermessende Strecke nach und nach abgearbeitet wird. Je länger ich dabei bin, desto öfter fehle ich abends.

Hinzu kommt meine motorische Ungeschicklichkeit, die dem Team zu schaffen macht. Die macht sich am stärksten beim Einsammeln gesteckter und verkabelter Geophone bemerkbar. Da kommt es immer wieder zu Fehlaufwicklungen und ich brauche viel zu lange zum Aufwickeln.

Die Mannschaft des Unimogs, in dem ich sitze, meint, dass wir deswegen oft als Letzter fertig werden. Wir könnten allerdings viel schneller sein, wenn ich nach vorne dürfte und dafür zuständig wäre, die Routenoptimierung vorzunehmen. Weil ich viel besser weiß, wie man wohin am besten kommt. Deswegen melde ich mich von Tag zu Tag lauter von der Rückbank:

»Wir müssen jetzt da abbiegen, das ist der kürzeste Weg, um die Stelle zu erreichen, wo die Geophonkette ausgelegt werden soll!«

»Das Küken kann ja wohl nicht schlauer sein als die Henne. Wer hat denn hier jahrelang diesen Job gemacht, du oder ich? Kaum hier angefangen, schon die große Welle machen.«

Nach einigen Tagen sagt der neben mir zart nach vorne: »Wenn Peter nun recht hat, dann …«

»Ja, dann könnten wir jede Menge Zeit sparen! Vielleicht sind wir dann sogar die Ersten, die Feierabend machen dürfen!«, vervollständige ich, die Chance ergreifend, seinen angefangenen Satz.

»Quatsch, ich will auch gar nicht, dass du hier vorne sitzt. Das ist mein Platz, klar! Wenn du einfach ein bisschen schneller wärst, bräuchten wir nicht so viel Zeit!«

»Mag sein, vielleicht brauche ich 'ne halbe Stunde länger als ihr, aber wir könnten Stunden, ja Stunden sparen, wenn ich von da vorne bestimmen kann, wo es langgeht!«

Stille. Keine weiteren Kommentare kommen. Irgendwie scheint sich etwas zu bewegen. Denn schon am nächsten Tag darf und soll ich auf einmal auf dem Beifahrersitz mein Glück als Streckenfinder versuchen. Für die anderen im Team sind wir überraschenderweise fortan immer der erste Unimog, der sein Tagespensum erledigt hat. Wir bekommen ja unabhängig von der tatsächlich gebrauchten Zeit immer pauschal zehn Stunden bezahlt, arbeiten jetzt aber nur noch sechs bis sieben. Vorher waren es manchmal sogar elf bis zwölf wegen der Unfähigkeit der anderen, gleich die richtigen Wege zu finden, und weil ich zu langsam im Geophonestecken bin!

Wieder einmal erlebe ich das, was ich schon kenne: Man muss mich so annehmen, wie ich bin! Ich kriege meine Rolle, obwohl das Team eigentlich nicht gewillt ist, mir diese Rolle wirklich zu geben. Sie machen es nur deswegen, weil ich nützlich bin, weil sie von mir profitieren. Weil ich ihnen einen frühen Feierabend bescheren kann.

Irgendwann werde ich ins Truppbüro zitiert. Ich vermute, dass ich dort meine erste Lohntüte des Lebens bekommen werde, und frage daher: »Wo gibt es denn hier nun die Lohntüten?« Wie bereits nach der Feststellung, dass hier doch nur Geophysiker arbeiten, beantworten mir die Anwesenden meine Frage mit Gelächter. Schließlich erfahre ich, dass der Lohn auf das Konto überwiesen wird, man hier aber Bargeld für Fahrten, Essen und Übernachtungen erhält. In Umschlägen. Also doch Lohntüten?!

Denn immerhin lassen sich durch Nutzung preiswerter Pensionen dadurch zusätzlich zum guten Lohn noch fast 100 Mark pro Tag sparen. Somit stelle ich fest, dass ich hier in einem Monat mehrere tausend Mark verdiene. Der Job lohnt sich richtig! Davon werde ich nicht nur nach Amerika fliegen, sondern mir auch endlich ein eigenes Auto kaufen können. Es geht aufwärts. Geldglücklich will ich gerade das Truppbüro verlassen, da werde ich zurückgepfiffen: »Herr Schmidt, ich muss Sie dringend noch sprechen!«, meint der Truppleiter.

Da erfahre ich, dass ich den Arbeitsplatz im Unimog verlassen soll. Endlich habe ich mich eingewöhnt, endlich habe ich mich nützlich und einigermaßen beliebt gemacht, endlich habe ich Routine und weiß, was jeden Tag auf mich zukommt, da soll auf einmal wieder alles anders werden. Schade. Truppleiter Wagner ruft den Unimog-Fahrer hinzu:

»Wenn ihr da so ein Streckenfindegenie habt, dann geht der zu den Vermessern. Denn die wissen oft nicht, wo es langgehen soll. Die sind im Verzug!«

Die eben noch sich bedrohlich zusammenbrauende Wolke der Enttäuschung zieht ab und macht Platz für einen strahlend blauen Himmel.

Denn bei den Vermessern bekomme ich nicht nur den Beifahrersitz, nein, ich darf sogar das Fahrzeug selbst fahren! Wir werden zum Dreamteam. Auch hier werden zehn Stunden pauschal bezahlt. Innerhalb dieser Zeit holen wir die versäumten Strecken innerhalb einer Woche auf. Mehr noch, ab sofort arbeiten wir für das gleiche Geld nur noch vier Stunden täglich. Da uns andere Teams im Trupp unsere Performance neiden, versuchen sie, bereits eingemessene Punkte zu entfernen, damit wir da noch einmal hin ausrücken müssen. Doch wir sind schlauer. Weder Herr Wagner noch die anderen Truppmitglieder dürfen zukünftig wissen, was wir schon geschafft haben. So notieren wir auf Zetteln, die ein jeder von uns Vermessern mit sich führt, folgende Daten: »Ausgefallene Messpunkte: 2471 – Eisdiele Venezia,

2788 – Schwimmbad, 2804 – City und Einkaufen, 2903 – liege noch im Bett, 2917 – habe bereits Feierabend gemacht«.

Es kommt immer wieder vor, dass wir von Herrn Wagner oder den anderen per Funk gefragt werden, wo an der geophysikalischen Messlinie wir gerade sind. Da können wir dann je nach Sachlage antworten: »Geophonpunkt 2471!« Dann wissen alle Vermesser, dass wir gerade in der Eisdiele Venezia schlemmen. So macht Arbeiten Spaß, richtig Spaß! Herr Wagner ist zufrieden. Ich bin glücklich. Das Team ist glücklich.

Um viele, viele dankbare Erfahrungen und auch einiges an Geld reicher kehre ich Mitte Oktober an die hörsaalvolle Uni zurück, ohne dass ich einen echten Urlaub hatte. Der Mensastress geht wieder los. Und die Hetzerei von Gebäude zu Gebäude. Und die vielen Leute. Die fachlichen Anforderungen des Studiums erfülle ich weiterhin leicht. Aber ich spüre, dass ich bald zusammenbrechen werde, wenn das alles so weitergeht.

Vordiplom am Vesuv

Demnächst soll es eine tolle Messkampagne in Afrika geben. Im Rift Valley, wo man gut nach detailreichen Beobachtungen Ausschau halten kann, die meine Theorie der Frontentektonik, die ich mir schon als Siebzehnjähriger ausgedacht habe, vielleicht sogar eindrucksvoll bestätigen oder zumindest erhärten könnten. Daher erkundige ich mich, ob ich eine Chance habe, da mitzumachen. Dr. Weiß sagt mir, dass die studentische Teilnahme bereits einem Kommilitonen versprochen worden sei. Und das, obwohl nach meinem Island-Vortrag doch bekannt ist, was mich begeistert. Warum wurde ich nicht wenigstens gefragt? Warum bin ich nicht in die Auswahl einbezogen worden, obwohl ich hier nach meinem jetzigen Wissensstand der einzige Student bin, der eine umfangreiche Ahnung vom Rift Valley hat? Ich bin frustriert, enttäuscht vom System, ich fühle mich völlig unverstanden, zurückgesetzt und vorab abgelehnt. Warum bekommt nicht derjenige mit den meisten Vorkenntnissen zuerst die Chance angeboten, darauf aufbauend weitere Erfahrungen zu sammeln?

Darüber rede ich auch mit Dr. Weiß. Denn wenn nicht jetzt, wann und wie soll ich denn dann kundtun, was ich gerne hätte und warum. Bei der Gelegenheit fragt mich Dr. Weiß auch danach, was ich so in meiner Freizeit mache. So erzähle ich ihm, dass ich bereits seit letztem Winter begeisterter Skilangläufer bin. Daraufhin lädt er mich prompt zu einem gemeinsamen Skiausflug durch den tollen Oberharzer Winterwald mit seinen watteweiß tief verschneit herunterhängenden Tannenzweigen ein.

Bisher habe ich immer meine eigenen Wege durch den Wald gespurt, denen später andere folgten. Nun geht es auf professionell gespurten Loipen gleisartig durch den schneebeladenen Tannenwald. Herrlich! Ich habe Spaß an der zweibeinigen Zugfahrt als schlittenartige Skilok. An einer Aussicht erzählt mir Dr. Weiß, dass er fast ein professioneller Skilangläufer sei. Auch am Wasalauf in Schweden nehme er regelmäßig teil. Dann bin ich ja für ihn bestimmt eine ganz lahme Lok.

Wenige Tage später bietet mir Dr. Weiß überraschend das Du an: »Ich heiße Stefan!«

Das soll doch bestimmt heißen, dass wir jetzt mehr befreundet sind als vorher. So spreche ich Stefan noch einmal auf die Sache mit der anstehenden Messkampagne in Afrika an.

Er antwortet: »Peter, du hast offenbar einen hohen IQ, und du wirst die fachlichen Anforderungen des Studiums ganz sicher erfüllen. Was du hier allerdings noch lernen musst, ist, nicht zu vergessen, dass die Geophysik von Menschen gemacht wird. Ohne die Menschen gibt es keine Geophysik!«

Jetzt fängt der auch schon an, so wie die Locken, diese Geschichte mit der mir angeblich fehlenden dusseligen Menschlichkeit herunterzuleiern. Verdammt noch mal, warum? Was habe ich den Menschen bloß getan? Latenter Hass will sich ausbreiten, gegen unbekannt. So dass er auch gleich wieder verschwindet. Es ist nur so ein komisches Gefühl.

Die Menschen – die Menschen – die Menschen. Die Geophysik von

Menschen gemacht – so ein Schwachsinn! Naturgesetze sind nicht von Menschen gemacht. Den deutschen Paragraphendschungel, der keinen Raum für Individualität lässt, ja, den haben die Menschen gepflanzt – das stimmt! Aber doch keine Naturgesetze! Wenn überhaupt, dann hat die Gott gemacht. Oder Allah! Oder Manitu oder wie er auch immer heißen mag.

Und wieder stellt sich so das ewig selbe Gefühl wie am Gymnasium ein. Man kommt an eine neue Schule oder Stelle, alles ist erst neugut. Alle sind begeistert, finden mich toll und interessant. Und wenn es dann um die konkrete Zusammenarbeit geht, um soziale Situationen im Team, im Miteinander in der Gruppe, dann spielen bereits nach kurzer Zeit wieder irgendwelche für mich unkontrollierbaren menschlichen Verhaltensweisen eine Rolle, die ich nicht sehe und bei denen ich nicht punkten kann. Dann wird es nur noch altgut.

Aber immerhin bleibt es gut, es wird nie wirklich schlecht. Es gibt noch genug Freude, allerdings nie aus den Menschen, sondern immer nur aus der Sache heraus! Es war, ist und bleibt wohl eine Illusion, an der Uni endlich meinen Typus Mensch unter seinesgleichen zu finden. Während alle anderen irgendwie verbunden sind, fühle ich mich als Insel, als ein Stück Land, das einfach keine kommunikative Landverbindung zu den anderen Orten hat.

Im weiteren Verlauf des Studiums stellt sich heraus, dass Stefan nicht nur Ski fährt, sondern auch ein Segelflieger ist. Er lädt mich zu einem Schnupperflug ein. So fahre ich mit ihm im Sommer zum Segelfliegen nach Dehausen, wo ich den achterbahnähnlichen Steilstart am Seil auf einer grasigen Runway kennenlerne. Und das Ausklinken. Und stilles Fliegen, nur das Rauschen der Strömung. Ein wenig Thermik finden wir auch! Irgendwie ist das wie im Leben. Man wird an einem Seil hochgezogen und muss im richtigen Moment ausklinken, sonst wird man vom Seil wieder runtergezogen. Und man muss dann selber die Thermik finden, um oben zu bleiben. Wir unterhalten uns über das Fliegen und die Geophysik. Dabei erklärt er mir, dass Segelfliegen vielleicht ein neues Hobby für mich sein könnte.

Segelfliegen sei einerseits ein toller Teamsport, weil man andere brauche, um hochzukommen, und andererseits erbringe man die eigentliche Leistung des Fliegens ganz alleine. Für mich klingt das therapeutisch interessant. Ich kann zeigen, dass ich im Team arbeiten kann, dass ich dazugehören kann, dass ich nützlich sein kann, anderen dabei zu helfen, erfolgreich zu starten, aber dennoch kann ich das Fliegen selbst ganz allein gestalten. Ein Jahr später werde ich beginnen, selber zu fliegen.

Bis dahin studiere ich fleißig weiter. Doch mein Körper zeigt mir in letzter Zeit die rote Karte. Vor allem nach dem Frühstück, aber auch, wenn ich mit dem Fahrrad mal wieder einen steilen Weg raufgefahren bin, bekomme ich immer öfter plötzlich einsetzendes Herzrasen. Wie ein »Runaway«-Laster, der bergab nicht mehr bremsen kann und hoffen muss, die Kurven zu kriegen, ohne zu crashen. Es dauert jedes Mal einige Stunden, bis sich wieder alles beruhigt und das begleitende Zittern am ganzen Körper aufhört. Beunruhigend. So etwas kenne ich von der Schule nicht. So suche und finde ich schließlich einen neuen Hausarzt. Der untersucht Herz und Kreislauf. Ich muss mit vielen nervenden Strippen am Körper Fahrrad fahren, immer schwerer. Schließlich und endlich erhalte ich eine Diagnose: »Ihr Herz-Kreislauf-System ist, soweit erkennbar, vollkommen gesund, die Kurven zeigen alle keinerlei Auffälligkeiten, die auf einen Herzfehler oder einen drohenden Herzinfarkt schließen lassen könnten. Aber Ihre Pulsfrequenz, die ist beängstigend. Bis zu 250 bei starker Belastung und nach zehn Minuten immer noch über 180 bis 200. Sie haben eine schwere Tachykardie, obwohl Sie ansonsten ein gesundes Herz haben. Ich kann ansonsten nichts Bedrohliches finden«, meint der Arzt.

Nach weiteren fünf Minuten simuliertes Bergstrampeln auf dem Belastungs-EKG verschreibt er mir starke »Betablocker«. Sie beginnen zu wirken. Sie beruhigen mich. Als ich merke, dass die Pulsfrequenz auch nach Anstrengungen wieder deutlich schneller normal wird, setze ich eigenmächtig ganz allmählich die Dosis runter. Nach einem Jahr ist es endlich vorbei. Beim Abschlusstermin sagt mir der Arzt: »Sie haben da ein psychisches Problem, dass Ihnen im wahrsten Sinne des Wortes zu Herzen gegangen ist. Passen Sie auf, dass Sie sich nicht zu viel vornehmen. Was auch immer Sie so sehr belastet hat, vermeiden Sie auf jeden Fall Belastungen und Stress aller Art.«

Damit waren die Vorfälle ganz eindeutig eine psychologische Überziehwarnung, die es auch in Flugzeugen gibt, die zu steil starten. Die Tachykardie war die Abwälzung des Hörsaal- und Mensa-Stresses auf klarer sichtbare körperliche Symptome.

Ich war in den vergangenen Monaten kurz davor, alles hinzuschmeißen, obwohl ich alle Scheine, die laut Studienplan angesagt sind, klausurtechnisch problemlos geschafft habe. Jetzt merke ich: »Du musst erst mal etwas tun, um deine Sehnsüchte zu befriedigen. Dich von den ganzen Menschen durchdringend dauerhaft erholen!«

Seit meinem Aufenthalt in der Oase der Stille auf Lanzarote und auf dem Gipfel des Vulkans auf Teneriffa 1986 habe ich keinen nennenswerten Urlaub mehr gehabt. Stattdessen jobbte ich ja geld- und erfahrungsreich bei der Prakla-Seismos. Nach dem Job ging gleich das Semester wieder los. Und da liegt ganz eindeutig die Ursache. Ich kann nicht mehr. Mein Ehrgeiz, ein Einserstudium in Rekordzeit hinzulegen, damit es nicht so viel Geld kostet, ist mir vergangen. Es gibt nur ein »Entweder-oder«: entweder ein Einser-Studium, das länger dauert als nötig, oder ein zügiges Studium auf Kosten der Eins im Diplom. Ich entscheide mich aus gesundheitlichen und finanziellen Gründen für das schnelle Studium, um endlich ein Einzelbüro zu haben, Geld zu verdienen und frei forschen zu können. Nach meinen Abinoten hat hinterher auch niemand mehr gefragt.

Von dem bei der Prakla verdienten Geld geht es mit der Bahn auf dem Landweg direkt zum Vesuv. Mit Unterlagen zur Vorbereitung meiner Vordiplomprüfungen im Gepäck. Die studiere ich in Neapel, bis das Wetter sich am Vulkan so weit verbessert hat, dass ich aufsteigen kann. Weiter geht es zum Ätna und schließlich durch den Archipel der Liparischen Inseln bis zum aktiven Vulkan Stromboli. Wieder zurück, werden die ersten Prüfungen zum Selbstläufer. Und im Sommer leiste ich mir meine seit Schulzeiten sehnsüchtig erwartete, erste richtig weitlandig wüstige Wildwestreise. 22877 Kilometer auf amerikanischen Highways durch den vercanyonten Südwesten der USA. Dabei besuche ich auch gleich die Colorado School of Mines, die Stanford University, die University of California in Berkeley und das Caltech in Pasadena. Überall bekomme ich gesagt, dass ich die dort zu erbringenden Leistungen nicht durch die in Clausthal ersetzen kann und umgekehrt. Auch ein Wechsel von Clausthal an eine andere deutsche Universität kann ich mir nicht vorstellen. Ich möchte nach so einer Reise wieder auf die gewohnten Strukturen aufsetzen können. So sitze ich weiter und wieder in Clausthal im Prüfungscasting: Das Finale des Vordiploms steht an! Ich bestehe schließlich auch ohne nennenswertes Lernen immerhin noch mit einer 1,7. Kein sehr gutes, aber immerhin ein gutes Vordiplom nach genau vier Semestern. So, wie das der Studienplan vorsieht. Und sogar mit richtiger Arbeit dazwischen und drei tollen Vulkan- und Wüstentouren. Das Vordiplom habe ich mir am Vesuv erarbeitet. So funktioniert Peter. Nur so konnte die Tachykardie therapiert werden. Ich brauche immer wieder den Abstand. Eine Auszeit von mehreren Monaten im Jahr, um hervorragend zu funktionieren.

Zipfeltausch an einem korngoldgelben Tag

»Silennnntium!«, schallt es hämmernd vom Querbalken der U-tischigen Tafelrunde. Das Präsidium kündigt das nächste zu singende Lied an: »Der Cantus steht auf Pagina Krückstock Doppelloch-Halbe! Bierorgel, eine halbe Weise voraus, bitte!« Die meisten blättern in ihrem mit acht bronzenen, abgerundeten Ecksteinen versehenen Studentenliederbuch die Seite 73 auf, einige auch 74. »Was denn jetzt, Doppelloch-Halbe oder Doppelhalbloch?« »Für euch Doppelhalbloch!« Ich Neudösbaddel verstehe erst mal wie so oft gar nichts, dann aber plötzlich alles. Ein in Bergkittel, so nennt man die traditionelle Tracht der Berg- und Hüttenleute, geanzugter Student tastet den ersten Teil der Melodie auf einem alten, leierigen Klavier vor. Dann singt die ganze Corona, so heißen die Leute, die an den Säulen des U-Tisches sitzen, los: »Die Gedanken sind frei …«

Schließlich ist »der Cantus verklungen«. Das Präsidium am Grund des U-Tisches erlaubt mit einem »Silentium ex, colloquium!« das Reden wieder. Da erfahre ich, was es mit dem merkwürdigen Doppelloch-Halbe auf sich hat. Doppelloch ist die 8, demzufolge Doppelloch-Halbe 4, die Hälfte von 8, und Doppelhalbloch 3, weil man sich die 8 senkrecht durchgeschnitten vorstellt. Interessante Zahlenbilder. Spannend! So lerne ich noch ein ganzes, bislang mir unbekanntes Vokabular studentischer Umgangsformen. Wie eine eigenständige Kategorie von Satzvokabeln.

Andreas, mit dem ich in den ersten Tagen des Studiums viel Zeit verbracht habe, ist mittlerweile der nichtschlagenden, musikalischen Studentenverbindung Ascania Halle-Clausthal beigetreten. Auf der Suche nach beständigen Freundschaften bin ich seiner Einladung gefolgt, doch einmal vorbeizuschauen.

Eine dem Anlass entsprechende Menge Bier aus dem Glas trinken, nennen die hier »einen geziemenden Streifen ziehen«. Und »sich löffeln« bedeutet, sich bei jemandem für eine unangebrachte Äußerung oder Tat an der Tafel im Saal zu entschuldigen. »In die Kanne geschickt« wird, wer sich aufmüpfig gegenüber dem Präsidium verhält. Der muss dann ein volles Glas auf ex, also in einem Zug, austrinken.

Zu vorgerückter Stunde fordert das Präsidium wieder einmal »Siiiiilentium! Der nächste Cantus ist: ›Student sein, wenn die Veilchen blühen‹ …«

Ein Stück Kulturgut. Ein Stück Gemeinschaft. Ein Stück Musiktherapie. Ein Stück Spaß. Und das, obwohl es Menschen wie mich in so einer Gemeinschaft anscheinend kein zweites Mal zu geben scheint. Nachdem auch dieser Cantus verklungen ist, herrscht plötzlich Getuschel im Raum. Binnen Sekunden stehen mehrere biergefüllte Gläser auf meinem noch offenen Kommersbuch.

»Was soll das denn werden?«, frage ich wütend, entsetzt und verstört.

»Die musst du jetzt alle austrinken!«

»Niemals! Warum sollte ich das denn machen?«

»Man darf niemals das Buch nach einem Cantus offen liegen lassen! Wer seins offen lässt, bekommt eine Bierstrafe!«

»Diese Regel kenne ich nicht. Das muss man mir vorher sagen!«, stelle ich bestimmend fest und erhebe mich von meinem Stuhl, um zu gehen. Da kommt jemand hinter mir her:

»Wo willste denn hingehen?«

»Wenn ich hier erst alle möglichen Dinge durch Strafen lernen muss, dann möchte ich hier nicht weiter mitmachen! Wenn ich ein Spiel mache, dann erklärt man mir auch vorher die Regeln!«

Irgendwann sagt einer: »Peter, du willst doch hier Gemeinschaft finden. Die Spielregeln des Lebens lernt man auch erst im Leben, nicht vorher! Niemand las dir direkt nach der Geburt erst einmal eine Regelsammlung vor, wo drinsteht, was du darfst und was nicht. Die Kneipe hier, das ist Spaß, ein Spiel, das dir die Regeln des Lebens spiegelt.«

Es echot in mir: Schwimmen lernt man nicht an Land. Gott prüft hart, ob ich die Lektion verstanden habe. Denn um Mitternacht müsse ich vor allen Anwesenden die mir bislang unbekannte »Strophe der Geophysiker« singen. Geistesgegenwärtig dichte ich noch schnell einen Text, den ich auf den nächsten verfügbaren Bierdeckel schreibe.

Wenige Minuten später kommt eine Gestalt mit einer wild hin- und herschwingenden Bergmannsfunzel, einer Grubenlampe, in den Kneipsaal und brüllt in die U-Runde: »Silentium! Lumen ex!« Alle löschen alles Licht. Dunkelheit herrscht über den Raum. Dann tönt schachttiefdunkel die Stimme des Grubenlampenträgers:

»Freunde der späten Stunde,
hört meinen mahnenden Schrei.
Verjubelt in fröhlicher Runde
zog wieder ein Festtag vorbei.
Verjubelt, verqualmt und versoffen,
so wie es sich eben gehört,
steht nun der Himmel uns offen,
denn der Kreislauf ist wieder entstört.
...
Nach uralt, uralt hergebrachter Sitte
Erklingt zur mitternächtlichen Stunde
der Clausthaler Mitternachtsschrei.«

Ein laut helles »Huuiiiiiiiii!« schallt und schellt durch den Raum. Während wir alle zusammen »Glück auf, Glück auf, der Steiger kommt, und er hat sein helles Licht bei der Nacht, und er hat sein helles Licht bei der Nacht …« singen, werden nach und nach alle Kerzen wieder inflammiert.

Schließlich muss jede einzelne in der Runde vertretene Fachrichtung als Gruppe ihre Strophe zu Vortrage bringen. Als die Geophysiker dran sind, singe ich als einziger Vertreter dieser Spezies ganz allein vor versammelter Runde meine notgedichtete Strophe:

»Wir Geophysiker seins,
seins kreuzbrave Leut,
denn wir sorgen, dass die Reben überleben das Erdbeben!«

Die Corona beschließt meine Strophe mit einem gemeinsam gesungenen »Und saufens a-a-auch, und saufens auch! Prost Geophysiker!« Erleichterung und Stolz erfüllen mich. Geschafft!

Daraufhin macht das Präsidium Feierabend, die Corona ruft das »Bierdorf« aus. Ich merke schnell, dass nun die strenge Benimmordnung dahin ist und verlasse die Veranstaltung.

Bei meiner nächsten »Kneipe« bin ich zunächst für die »Stoffversorgung« zuständig. Dass ein jeder auch immer sein kommentmäßiges Getränk vor sich stehen hat: Bier! Auf einmal werden gleich acht Bit, »Bitburger Pils«, verlangt. Mit dem Stoff in den Krügen, beidarmig bepackt, betrete ich den Saal: »So, hier kommt das gewünschte Byte! Wo soll ich die Krüge abstellen?«

»Was kommt da jetzt?«, fragt einer, der bereits nicht mehr ganz nüchtern ist.

»Na ja, acht Bit, die wolltet ihr doch haben. Und für alle, die hier studieren, sollte aus der Informatik bekannt sein, dass acht Bit ein Byte sind!«

Da ich nicht länger zuschauen kann, wie ein Byte nach dem anderen das Kehlenrohr entlangfließt, kommt mir eine ganz große geile, geniale Idee. Clausthaler alkoholfrei! Passend zu Clausthal kriegen die das jetzt von mir in ihre Maßkrüge! Zehn Minuten später liefere ich den entschärften Stoff. Nur eine Minute später bricht es an der Kneiptafel los. Die anderen, die nichts davon ahnen, was die sich Löffelnden da jetzt trinken müssen, lachen sich kaputt, dass selbst erfahrene Aufex-Trinker würgen und spucken. Die haben da drinnen im Saal alle ihren herben Spaß, und ich habe da draußen meinen süßen Spaß. Und ganz nebenbei habe ich dafür gesorgt, dass die Promillezahl gedeckelt wird.

Immer wenn ich wieder zurück in meinem Zimmer bin, freue ich mich arm- und beinflatternd abzappelnd über das Erlebte und über die endlich wieder einkehrende Ruhe. Ich lasse alles Geschehene analytisch Revue passieren. Ich beginne zu begreifen, dass diese Verbindung eine Art Gesellschaftstherapie für mich sein wird. Wo ich alles nachholen kann, was mich bislang nicht erreicht hat.

Denn zu meinem gequirlten Emotionscocktail gehört nämlich mittlerweile auch eine Prise Trauer. Ich fühle mich in meinem Zimmer wieder zurückgeschickt auf meine einsame Straße, auf der nichts Derartiges los ist. Wo kein lebendiges, fröhliches Leben tobt. Nur Stille. Wo mich hinter der nächsten Kurve auch wieder der Alltagsstress erwartet. S(ch)ein oder nicht S(ch)ein.

Damit sich das mit der Tachykardie nicht wiederholt, kaufe ich von dem letzten noch angesparten Geld ein »Round-the-World-Ticket«. Vom ersten bis zum letzten Tag der Semesterferien bin ich unterwegs. Von Hannover via Amsterdam, Edmonton, Vancouver und San Francisco geht es direkt nach Papeete. Von dort auf die bizarre Trauminsel Moorea. Ich finde eine herrlich gelegene Pension direkt am Strand. Anschließend treffe ich in Neuseeland wie verabredet meine ehemalige Biolehrerin Frau Fiene, eine rauchstimmige, hornbebrillte Jungfer, mit der ich das Land zusammen erfahre. Zweimal sehen wir die Berge rund um den Mount Cook. Einmal vom »View of the Views«, wo es feucht, grün und dschungelig wirr ist, und eine Woche später von »Peter's Lookout«, wo es trocken, gelb und übersichtlich still ist. Dort machen wir einen Pausentag. Wäsche waschen. Ich genieße den ganzen Tag diesen majestätischen Anblick des neuseeländischen Alpenpanoramas. Da sagt Frau Fiene auf einmal zu mir:

»Hier kann man ja richtig depressiv werden, so kahl wie das ist!«

»Ich finde das gerade toll hier! Was für eine Aussicht! Was für ein knallblauer Himmel!«

»Ja, Peter, aber hier wächst doch kaum was!«

»Ja, aber wenn ich es mir aussuchen müsste, auf welcher Seite des Mount Cook ich leben müsste, dann hier!«

»Nein, niemals, hier kann man doch nicht leben!«

Seltsam, die Menschen sehen das anscheinend genauso. Denn hier wohnt kaum einer!

Einige Wochen später spitzt sich die Wahrnehmung zu. Wir beide sind zusammen unterwegs im Outback Australiens. Frau Fiene kriegt einen Wüstenkoller, während ich diese Landschaft mit den Wuschelbäumen einfach nur herrlich finde. Diese offene Landschaft. Ein Traum. Aber nun herrscht gespannte Ruhe in der Freundschaft. Sie hat die Entfernungen unterschätzt, während ich das Sammeln von Straßen und Kilometern in Australien aus dem Fahrersessel des Autos genieße. Im Warrumbungle-Nationalpark angekommen, wo es tolle vulkanische Naturphänomene inmitten des australischen Urwaldes gibt, trennen wir uns erstmalig für einen Tag: »Peter, ich muss von dir eine Pause bekommen!«, sagt sie. Man könne es mit mir ein paar Wochen aushalten, aber nicht Monate.

Der zweimonatige Urlaub hat trotzdem voll gefruchtet. Ich bin so effektiv wie noch nie. Alles fällt mir leicht. Mir wird es sogar gelingen, alle fälligen Scheine, die für die Zulassung zur Diplomprüfung erforderlich sind, binnen kürzester Zeit zu schaffen.

An einem korngoldgelben Tag, dem 17. Juni 1988, be- und versiegele ich während der abendlichen Festkneipe zum Sommerstiftungsfest den Eintritt in die florierende Aktivitas der farbentragenden AMV Ascania Halle-Clausthal mit einem Zipfeltausch. Armumschlungen trinken wir eine Maß Bier auf ex, bis jeder den vom anderen geschenkten, im Bier getauchten und getauften Zipfel im Mund hat. Auf meinem Zipfel, den ich von Bundesbruder Andreas bekomme, steht: »Alles fest im Griff!(?)« Während manche Verbindungsmitglieder einen dicken, fetten Bund voller bunter Freundschaftszipfel an ihrem Gürtel hängen haben, wird mein Zipfelbund mit insgesamt zwei Zipfeln immer überschaubar bleiben.

Ein kleiner, gemütlicher, kuppelrunder Ballsaal wird am nächsten Abend zur Kulisse für meinen ersten Stiftungsfestball. Ich bin erschlagen von der Vielzahl neuer Gesichter. Aber als Neuer bin ich gefragt, kann nach jeder Tanzpause smalltalkfrei die nachgefragten Vorträge über mein Studium und meine Hobbys halten.

Ernsten Spaß oder spaßigen Ernst erlebe ich mit meinen Verbindungsgeschwistern auf einer Fußgänger-Rallye in Kiel. Ich habe viel Spaß an den Aufgaben: »Hunde sind?« ist eine der Fragen. Ein kleines Schild am Eingang zu einem Park liefert die Antwort und damit den nächsten Streckenabschnitt: »... an der Leine zu führen!«

Die Antwort auf die Frage »Warum kommt man auf der Beamtenlaufbahn nur im Schritttempo voran?« liefert ein Fußweg, der dieses Wort als Straßennamen hat: »Weil sie für Autos gesperrt ist!« So ergehen wir den ganzen langen Tag »kiel«ometerweite Strecken. Da meine Teamkollegen aber viel lieber auf der Kieler Woche bummeln, als die gestellten Rätselaufgaben zügig zu lösen, werden wir Letzter. Ich bin maßlos enttäuscht! Wir hätten den originellen Streckenfindewettbewerb klar gewinnen können, denn im Rätsellösen und Streckenfinden bin ich der Effektivste von allen gewesen. Meinen Frust können die anderen nicht nachvollziehen: »Peter, du warst toll, aber es ging doch gar nicht ums Gewinnen, es ging um Spaß! Es ging darum, Kiel mal etwas anders und gründlich kennenzulernen.«

Warum hat mir das denn keiner vorher gesagt, dass die Rallye nur Kulisse ist? Woher wussten das die anderen? Anscheinend kriege ich hier nicht nur eine Musik- und Tanztherapie, nein, auch noch eine »Nimm-doch-nicht-alles-immer-so-ernst«-Therapie.

Diplom im Labor der Petrophysik

Der Unibetrieb plätschert derweil wie ein Harzer Gebirgsbach fachlich ruhig vor sich hin. Eine langweilige Vorlesung. Ich nehme einen Zettel und einen Schreiberling. Und mache Wortspiele. Eines davon besteht aus Neigung und Eignung. Wie einfach doch hier aus Neigung Eignung werden kann. Man setze einfach das erste »N« aus Neigung hinter das erste »g« von Neigung, und schon wird daraus Eignung. Faszinierend. Der Redner hat keine Neigung zur Geophysik, aber eine Eignung. Das scheint wichtiger zu sein. Ich kenne am Institut keinen einzigen Menschen, der spürbar aus seiner Neigung, seinem Interesse die Eignung abgeleitet hat. Die Eignung ist also unabhängig von der Neigung. Vielleicht ist das auch bei mir so. Dass ich für was ganz anderes bestimmt bin, als ich denke. Vielleicht wäre ich ja zum Beispiel ein TV-Entertainer, der so unfreiwillig komisch ist, dass er gerade dadurch wieder gut ist. Die meisten schauspielern hier irgendwas. Die studieren Geophysik, weil sie aus den verschiedensten Gründen darüber gestolpert sind, aber nicht, weil sie eine grundlegende Neigung dazu haben, aus der die Eignung folgt.

Gedankenversunken versuche ich, dem Referenten zuzuhören. Doch es sind nur Wörter des Stotterns, die mich akzentuiert erreichen. Dann male ich senkrechte Striche. Jeder fünfte waagerecht. Mit jedem »Äh«, »also« und »praktisch« des Redners wachsen die Gartenzäune. Latte für Latte, Querlatte für Querlatte.

Irgendwann weckert es: »Herr Schmidt, was halten SIE denn von den Ergebnissen?«

»Ich habe ›Äh‹ oder ›Ähm‹ 146-mal gezählt und die Vortragsverlängerungswörter ›also‹ und ›praktisch‹ kamen auch recht häufig vor, Ersteres 56-mal und Letzteres 47-mal, der Zaun war hier am kürzesten!«

Gelächter im Hörsaal.

»Und das ist alles?«

»Ja, denn wenn ich diese Erhebung nicht gemacht hätte, hätte ich gar keinen Grund mehr gehabt, Ihnen zuzuhören!«

»Und da wollen Sie den Schein schaffen?«

»Die Klausur wird spannender, denke ich!«

»Da könnten Sie recht behalten!«

Klausuren geben Abschnitten des Studiums stets eine spannende und erledigende Ordnung. Sie zu bestehen, ist für mich grundsätzlich kein Problem. Ein paar Tage vorher mal den Stoff Revue passieren lassen – und dann geht das. Denn es kommt ja nur darauf an zu bestehen. Warum soll ich höher springen, als die Latte beim Klausurenhochsprung liegt? Drüber ist drüber. So bin ich weiter eifrig dabei, mein Studium effektiv voranzubringen.

Die Schwierigkeiten im Studium, ja im Leben unter Menschen, die habe ich ganz woanders. Und kaum hat man eine Hürde mühsam wie eine Serpentinenstraße über einen Pass genommen, wo andere die Berge irgendwie immer durchtunneln können, da wartet schon der nächste Gebirgspass. Immer wieder kommen ganz neue Probleme auf, Schwierigkeiten, die ich nicht absehen kann. Die ich lediglich daran erkenne, dass da immer diese gläserne Mauer zwischen mir und den anderen zu sein scheint, die die anderen offenbar sogar sehen können. Mittlerweile ist es mir gelungen, beim fußballbauchigen Professor Schulze, der meist Rollkragenpullis und Cordhosen trägt, eine reagenzglasvolle Labortätigkeit als bezahlten »Hiwi-Job« zu ergattern. Nach einigen Wochen sagt Professor Schulze auf einmal zu mir: »Herr Schmidt, wenn man mit dem Kopf durch die Wand will, dann sollte man tunlichst vermeiden, dies mit dem eigenen Kopf zu tun!«

Da ich damit nichts anfangen kann, mache ich einfach mit meiner Arbeit weiter. Meine zwischenzeitlich angefertigte Studienarbeit, so eine Art Vorarbeit zur Diplomarbeit, gebe ich beim dünnstoffige Karohosen und schlipsige Hemden tragenden Seismik-Professor, dem Professor Erdmann, ab. Er scheint vom Ergebnis ganz angetan zu sein. Denn er sagt zu mir: »Ich sehe Sie schon irgendwann für Shell arbeiten. Denen können Sie dann bestimmt mal helfen, erdölhöffige Schichten in den Seismogrammen zu identifizieren.« Einerseits gefällt mir das, denn hier werden mir Fähigkeiten und Kenntnisse bescheinigt, mit denen ich nach dem Studium ja vielleicht einmal möglichst schnell viel Geld verdienen kann. Andererseits wäre das ein anderer Weg als der, den ich ursprünglich geplant habe, nämlich über Vulkane, Erdbeben und Plattentektonik zu forschen.

Immer mal wieder treffe ich mich natürlich mit Stefan. Weil er eine Art Coach für mich ist. Als ich allerdings erfahre, dass er erneut ein tolles Projekt an jemand anderen vergeben hat, bin ich irritiert, dass er mir nicht alles erzählt, was ich für relevant halte. So verliere ich langsam den Glauben daran, dass hier alles mit rechten Dingen zugeht. Im Gegensatz zur Schulzeit fehlen mir hier zunehmend auch klar messbare und damit nachvollziehbare Erfolgskriterien, um Entscheidungen zu akzeptieren. Mir hat niemand gesagt, worauf es wirklich ankommt! Denn hier geht es nach Entscheidungsgrundlagen, die sich meiner Wahrnehmung und damit meiner Beeinflussbarkeit vollkommen entziehen. Das ist zum Verzweifeln. Am liebsten würde ich alles hinschmeißen.

»Warum werde eigentlich ich nie gefragt?«, will ich von Stefan wissen.

»Peter, du scheinst zwar ein Naturtalent zu sein. Aber irgendwie kommen wir nicht so richtig zusammen. Ich will dir auch sagen, woran das liegt. Ich und andere hier am Institut schätzen deine Leistung sehr. Aber ich habe dir schon einmal gesagt, dass die Geophysik von Menschen gemacht wird.« Stille.

Dann bringt er die Sache für mich auf den Punkt: »Peter, wir wissen nicht so genau, ob du hier nun die Kapazität oder der Widerstand im System bist!«

Krabumm! Das hat eingeschlagen. Die erste Satzvokabel meines Lebens, die ich auf Anhieb verstehe. Soso, ich bin also die Kapazität, der Motor, aber ich wirke auch als Widerstand, als Bremse. Vor meinem geistigen Auge leuchtet sofort ein elektrischer Schaltkreis mitsamt einer Formel auf, die einen Zusammenhang zwischen den beiden Eigenschaften herstellt. Eine Formel, die aus einer Kapazität einen großen Widerstand macht oder umgekehrt. Abhängig von Rahmenbedingungen, der Wellenlänge, ausgedrückt durch Frequenz.

$$X_C = -\frac{1}{\omega C}$$

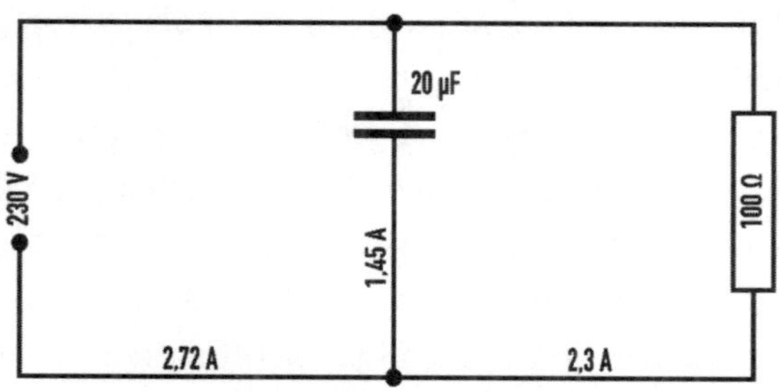

Elektrischer Wechselstromkreis bestehend aus Kapazität und Widerstand

Und dementsprechend antworte ich:

»Ob ich die Kapazität bin, das hängt von der Frequenz ab, Stefan! Die Wellenlängen müssen in Resonanz stehen! Man könnte es auch mit einem Radio vergleichen. Ob es tolle Musik sendet, hängt ebenfalls von der Frequenz ab! Oder von der Einstellung: Während der eine sagt: ›Für mich spielt hier gerade ein Nr.-1-Hit nach dem anderen!‹, urteilt der andere über dasselbe Radio: ›Ich höre da nur Rauschen!‹«

Stille. Die Stille der Offenbarung?

Da ich nicht weiß, ob er wirklich verstanden hat, was ich meine, füge ich hinzu: »Wenn der Wechselstrom im System mit ordentlicher Frequenz anliegt, also meine Besonderheiten berücksichtigt werden, dann bin ich die Kapazität. Wenn aber quasi Gleichstrom fließt, du von mir das gleiche Arbeitsverhalten erwartest wie von den anderen, dann bin ich eher der Widerstand. Es liegt also an dir, für eine gute Frequenz zu sorgen, damit meine Kapazität so richtig zur Geltung kommt!«

Wenige Wochen später finde ich einen Aushang am Schwarzen Brett des Instituts: »Diplomarbeit in der Petrophysik zu vergeben«.

Ich sehe darin nun meine Chance, das Studium zügig zu beenden. Wer weiß, wozu es gut ist. Zum Thema Vulkane wollte sich nichts ergeben. Das, was Stefan zu dem Thema anzubieten hatte, ließ er mich nicht machen. Weil ich für ihn mehr der Widerstand als die Kapazität zu sein scheine. Stattdessen bieten sich nun Chancen in der Seismik und der Petrophysik. Vor allem ist das etwas, das auch jemand von mir haben will, wo ich also Unterstützung bekomme. Daher gehe ich zu Professor Schulze, um das Thema in der Petrophysik mit ihm zu diskutieren.

Nach einer probeartigen Einarbeitungszeit bietet mir Professor Schulze sogar das Du an: »Jetzt kannste uns zeigen, Peter, dass in dir wirklich eine Kapazität steckt!«

Und um Kapazitäten geht es auch in der Diplomarbeit. Um die Kapazitäten von Kohlenwasserstofflagerstätten. Und um Porositäten und um Widerstände. Na, dann passt das Thema doch auch inhaltlich geologisch noch zu der Kapazität-oder-Widerstand-Frage! Ich bin hochmotiviert, das Thema anzugehen.

Schon nach wenigen Wochen bestaunt Professor Schulze meine ungewöhnlichen Lösungswege. Natürlich habe ich gleich ein Computerprogramm geschrieben, das nicht nur die wenigen Fälle betrachten kann, um die ich mich laut Aufgabenstellung kümmern soll, sondern eines, das die Problematik ganz allgemeingültig angeht, das Systematik und Strukturen in der Problemstellung finden kann.

Während dieser Zeit arbeite ich eng mit Michael, einem Assistenten des Professors, zusammen. Er sagt mir irgendwann, dass es für mich an der Zeit sei, mein Netzwerk zu erweitern. Schon in der gleichen Woche mache ich mich daran, Erweiterungen an meinen Netzwerkmodellen in der Diplomarbeit vorzunehmen. Einige Wochen später erklärt er mir, dass das nicht das sei, was er meinte. Sondern dass ich mich bei mehr Menschen bekannt machen müsse. Doch ich weiß nicht, wie, und konzentriere mich stattdessen lieber auf meine Diplomarbeit, die ich aus Sicht des Profs mit ungewöhnlichen, aber interessanten Lösungswegen vorantreibe.

Mein Motto: Sammle lieber wenige Goldmünzen als viele Silbermünzen. So kürze ich viele Wege einfach ab, wo ich das für sinnvoll und zielführend halte, um innerhalb von neun Monaten eine fixe und fertige Diplomarbeit abzuliefern.

In dieser Zeit wird für angehende Studienabsolventen ein sogenanntes Assessment-Center-Training angeboten. Dort soll man lernen können, worauf es bei Bewerbungen ankommt. Daher melde ich mich sofort an und erhalte auch gleich einen der begehrten Plätze. In der zweitägigen Session lerne ich viele Dinge, die später im Job wohl mal eine große Rolle spielen könnten. So müssen wir eingehende Nachrichten nach »dringend« und »wichtig« kategorisieren. Auch ist nach Informationen und Aufgaben zu strukturieren. Da die Kriterien klar sind, fallen mir solche Dinge sehr leicht. Schwieriger wird es dagegen bei Diskussionen. In der Abschlussrunde gibt es merkwürdige Feedbacks, worauf die Psychologen bei einer Einstellung angeblich achten würden: Körpersprache und Mimik würden ausgewertet und nicht etwa nachgewiesene fachliche Kompetenz. Die wäre schon dadurch für gut genug befunden, wenn man eingeladen worden sei. Ja, aber dann kann man ja gar nicht im Wettbewerb zeigen, wer die bessere fachliche Kompetenz hat! Dann würden ja nur Dinge zählen, auf die es früher in der Schule keine Noten gegeben hat. Dann hätte aber die Schule voll versagt, mir die wirklich wichtigen Dinge des Lebens beizubringen. Das kann also gar nicht sein. Für mich bleibt als einzig logischer Schluss: Arbeitgeber, die ihre Bewerber aus einem Assessment-Center rekrutieren, sind für mich keine, bei denen ich glücklich werden könnte. Denn die zeigen ja, dass bei ihnen andere Dinge zählen als die, womit ich punkten kann.

Verunsichert über die Geschichte mit diesen Assessment-Centern diskutiere ich mit dem karohosigen Seismik-Professor Erdmann für mich passende potentielle Karrierewege. Da erzählt er mir von seinem ehemaligen Job bei einer großen Erdölfirma. Ganz besonders betont er die vielen Cocktailpartys, an denen er teilgenommen habe. Er schwärmt regelrecht für diese Partys. Sofort steigen in mir die Erinnerungen an die Schnaps- und Bierflaschenpartys beim braunen Brummelbären auf. Cocktailpartys, so nennt man diese Feierei also unter Akademikern. Es muss ja teurer und exklusiver sein.

Und diese Cocktailpartys seien informationswichtig. Da müsse ich allein schon deswegen hin, um »Networking« zu betreiben. Für mich riecht das alles nach »Schleimspur«. Ich habe es noch nie geschafft, einer der Beliebtesten zu sein. Dafür bin ich einfach nicht »schleimig« genug. Ich bin sehr skeptisch, ob das eine Welt für mich wäre. Wenn ich denen im Seismogramm zeigen kann, wo man mit höchster Wahrscheinlichkeit Erdöl erbohren wird, dann muss ich doch wertvoll genug sein! Ich hoffe mal, dass man dafür keine Cocktailpartys braucht.

Irgendeine innere Stimme sagt mir, dass das mit der angewandten Geophysik in so einer Erdölfirma, wo es nur um Cocktailpartys geht, vielleicht nicht das Richtige für mich sein könnte. Aber dennoch schicke ich auf Empfehlung von Professor Erdmann eine Bewerbung zu Shell nach Den Haag. Mal schauen, ob die mich nehmen würden. Wenn ja, dann würde ich das als direkten Hinweis sehen, dort arbeiten zu gehen, obwohl ich eigentlich nicht nach Holland will. Wenn schon Ausland, dann müsste das Kalifornien, Arizona oder etwas Vergleichbares sein, wo man Englisch spricht und mehr die Sonne scheint. Sonst kann ich doch eigentlich auch in Deutschland bleiben. Da kann ich wenigstens auf bekannte Strukturen zurückgreifen. Woanders wäre alles neu.

Da mich nichts wirklich an Clausthal bindet, kündige ich mein

Zimmer und ziehe wieder nach Andorra State. Dort habe ich endlich einen eigenen Computer, einen Atari 1040 STF, mit dem ich sowohl die Diplomarbeit schreiben als auch die zugehörigen Modellrechnungen von zu Hause aus machen kann.

Ich habe als erster mir bekannter Diplomand das Homeoffice erfunden. Warum soll ich in der Uni rumhängen, die mir kein Einzelbüro zum effektiven Arbeiten gegeben hat, wenn ich dies mit allem Service sogar zu Hause kriegen kann? Nur zu den gelegentlichen Statusbesprechungen fahre ich noch nach Clausthal an die Uni.

Am Ende des Wintersemesters 1989/90 erhalte ich studienschließlich meine Diplomurkunde, datiert mit dem schweinchenrosafarbenen Tag 22.02.1990, dem Tag meiner letzten Prüfungsleistung. Ab sofort bin ich Diplom-Geophysiker. Nun habe ich also mein Studium nach gut vier Jahren abgeschlossen. Das dürfte doch eine gute Leistung sein, wenn ich auch im Diplom nur eine 1,7 geschafft habe, aber immerhin fast ohne weitere Vorbereitung. Denn es gelang mir, mir innerhalb einer Woche pro Fach 80 Prozent des relevanten Prüfungsstoffes anzueignen, sofern ich nicht schon vorher das meiste wusste. Für die restlichen 20 Prozent hätte ich ein ganzes Semester mehr gebraucht, das war mir die 1,0 nicht wert. Da gehe ich lieber energiegewinnend auf Strecke oder stoße bereits das nächste Projekt an.

Nun ist es also Zeit, endlich eigenes Geld zu verdienen. Da ich von Shell noch nichts gehört habe, frage ich Professor Erdmann nach einer anderen Stelle. Statt mir eine Position anzubieten oder zumindest mögliche Wege aufzuzeigen, wie es jetzt weitergehen soll, fragt er mich zu meiner vollkommenen Überraschung: »Herr Schmidt, haben Sie sich denn nicht rechtzeitig beworben?«

Und ich dachte, wenn man gute Leistung abliefert, bekommt man anschließend auf jeden Fall eine Stelle. So wie ein Lehrling nach der Ausbildung ja in der Regel auch übernommen wird oder zumindest eine Weiterempfehlung erhält. Denn es gab Fälle, bei denen das so war. Warum also nicht bei mir?

Dass ich keine Stelle nach dem Diplom habe, liegt vielleicht auch daran, dass ich ja eigentlich Geophysik studiert habe, um einmal was über Vulkane und Erdbeben zu machen. Diese beiden Sachen werden in Clausthal nicht angeboten. Und wenn ich in eine Firma wie Shell hätte wechseln sollen, dann hätte ich erwartet, dass man mir mittlerweile längst eine Stelle angeboten hätte.

Zu Hause gratulieren mir die Papamamas zum erfolgreich abgeschlossenen Studium. »Und was nun?«, will die Locken gleich wissen. Als ich ihr sage, dass ich mich jetzt erst einmal bewerben muss, ergänzt sie forsch:

»Schlosser hätteste werden sollen! Hoffentlich lohnt sich das alles noch mal! Die andern verdienen alle schon so schönes Geld! Manche haben sogar schon eine eigene Familie!«

So hänge ich zu Hause mal wieder meinen Gedanken nach. Vulkane und Erdbeben oder doch Erdöl? Wo soll es hingehen? Dazu stütze ich die Ellenbogen auf dem Schreibtisch ab. Und ich halte meinen Kopf mit beiden Händen, als die Locken ins Zimmer kommt: »Während du den ganzen Tag immer nur Maul auf dem Pfeil hältst, habe ich gearbeitet. Den ganzen Garten habe ich umgegraben. Und jetzt tun mir die Knochen weh!«

Diese Leier mit dem komischen »Maul auf dem Pfeil«, die habe ich schon als Kind immer dann gehört, wenn ich über irgendwelche Sachen stundenlang nachgedacht habe. Denken ist für sie keine Arbeit. Nur Rasenmähen und Erdbeerenpflücken. Dass sie in Wirklichkeit von feilgehaltenen Maulaffen sprach, soll ich erst Jahrzehnte später lernen.

Ich entschließe mich, beide Wege auszuprobieren. Dort, wo ich als Erstes weiterkomme, da fahre ich lang. Wieder einmal gibt es keine Wegweiser. Denn der einzige Weg, den mir die Papamamas zeigen könnten, heißt Schlosser. Wieder einmal heißt es für mich daher: Wer neue Wege gehen will, muss ohne Wegweiser auskommen!

ALS GEOPHYSIKER IM DIENSTE DER WISSENSCHAFT

Die Meteor-Boje überm Atlantis-Seamount

Ich muss erst mal Abstand gewinnen. Von meinen Ersparnissen kaufe ich mir ein One-Way-Ticket. Mit der Transsib nach Peking. Via Moskau, Irkutsk inklusive eines Aufenthalts am Baikalsee und Ulan-Bator. Für 475 DM. Anschließend werde ich irgendwie durch China nach Hongkong fahren, um von dort wieder zurückzufliegen. Auch irgendwie. Im Vertrauen auf meine Pläne A, B, C, D, E, F, die geplante Flexibilität, hoffe ich, dass dieser Plan sich erfolgreich erfüllen möge.

Doch bevor es losgeht, begebe ich mich auf der Suche nach einer Fortsetzung meiner wissenschaftlichen Karriere an einer anderen Universität nach Hamburg.

Dort, im Geomatikum, treffe ich einen Professor, dem ich von meinen Interessen an Vulkanen und Plattentektonik erzähle. Wir kommen über Hot Spots ins Gespräch. Zentren vulkanischer Aktitivität, die weitab aller bekannten Störungen und Spalten liegen, an denen sich üblicherweise Vulkane aneinanderreihen. Hawaii ist zum Beispiel so ein Hot Spot. Dabei erfahre ich, dass es demnächst eine Fahrt mit dem Forschungsschiff »Meteor« zu den Atlantis-Seamounts, die westlich von Madeira inmitten des Atlantiks liegen, geben würde. An dieser Expedition könne ich teilnehmen, wenn ich wolle. Anschließend könnten wir schauen, inwieweit sich daraus Möglichkeiten ergeben, eine Doktorarbeit zu schreiben.

Leider beginnt die Forschungsreise bereits Mitte April, so dass ich meine geplante Überlandtour nach China drastisch kürzen muss.

Genau am 24. März steige ich in Peine, wo ich als Kind sehnsüchtig nach Osten blickte und mich fragte, ob und wann ich das Ende der Gleise einmal erleben könne, in den Zug gen Osten. Nach einem kurzen Zwischenstopp in Moskau geht es vom Jaroslawler Bahnhof gleich weiter. Anderthalb Tage später hocke ich an den Türen, mit mir fiebern etliche andere Reisende dem magischen Moment entgegen, an dem wir Europa ostwärts in Richtung Asien verlassen. Da soll laut einem Reiseführer über die Transsibirische Eisenbahn ein Schild an der Strecke stehen. Während die meisten anderen Reisenden es doch aufgrund der relativ großen Geschwindigkeit des Zuges bald aufgeben, dieses Schild wirklich sehen zu wollen, quetsche ich die Nase an der eiskalten Scheibe platt, um die Kilometersteine zu erkennen. So gelingt mir der Countdown. »Noch zweihundert Meter!«, brülle ich durch den ganzen Gang des Waggons. Eiligst schauen die anderen doch noch schnell aus den Fenstern, und schon rattattaklackklackt der Zug Sekunden später an dem Marker »Europa-Asien« inmitten des hier bewaldeten, tief verschneiten Uralgebirges vorbei. Wie ich später zu Hause feststelle, ist mir sogar ein Foto von diesem magischen Ort gelungen! Derweil rollt der Zug durch Steppen und Wälder ostwärts. Ich unterbreche die Reise am zugefrorenen Baikalsee. Die Idylle im eiskalten Listwjanka tut mir gut, die Durchquerung der Wüste Gobi macht die Reise richtig spannend und schließlich erwartet mich Peking. Von dort geht es nach wenigen Tagen direkt nach Hongkong, um dann gleich nach Hause zu fliegen. China, da muss ich wohl noch mal hin, und dann werde ich die gesamte Seidenstraße abfahren.

Nach einem kurzen Klamottenwechselstopp über Ostern zu Hause finde ich mich am Abend des 17. April, einem gelbgrünen Tag, im Hafen von Funchal auf der Insel Madeira an Bord des Forschungsschiffes »Meteor« wieder. Als die Silhouette der Insel zwei Tage später hinterm Horizont wegtaucht, beginnt meine längste Zeit fern der Landmassen der Erde. Wasser, Wasser und nochmals Wasser. Wir sitzen im wahrsten Sinne des Wortes alle im selben Boot. Eine Satzvokabel wird wörtlich!

Sehr gewöhnungsbedürftig für mich sind die vierstündigen Wachdienste an Bord. Das soll so üblich sein auf See. Vier Stunden Arbeit, die oft nur eine Bereitschaft ist, und anschließend acht Stunden frei. In dieser Zeit finden schlafen, essen und Freizeit statt. Das erfordert strenge Disziplin. Die Wachzeiten sind für mich weniger das Problem, sondern eher die Wechselschicht.

Immer wieder starre ich auf die im Labor befindliche Positionsanzeige. Da steht die aktuelle geografische Länge und aktuelle geografische Breite. Man kann zuschauen, wie sich die Zahlen ändern, besonders die Nachkommastellen. Jeder Fortschritt ist herrlich juchzig. Und da steht die »Distance to Waypoint«, die noch zurückzulegende Strecke immer geradeaus über das Wasser bis zum nächsten Wegpunkt. Auch die wird natürlich sekündlich kleiner. Der Wegpunkt kann ein Messgebiet sein oder eine Stelle, wo der Kurs geändert wird.

Während ich in den ersten Tagen noch ein gleichartiges Teammitglied bin, ändert sich das von Tag zu Tag. Wieder einmal kann ich ganz neue Leute kennenlernen, wieder einmal lernen andere mich zum allerersten Mal kennen und wieder einmal ist es das immer gleiche Erlebnis. Die anderen bleiben zwar freundlich und hilfsbereit, aber distanzieren sich auf eine unbestimmbare Weise von mir. Wieder einmal werden neugute Zeiten binnen kürzester Zeit zu altguten.

Unser Ziel sind die Atlantis-Seamounts und die Meteor-Bank südlich der Azoren inmitten des Atlantischen Ozeans. In den Büros und Labors liegen große Plots des Messgebietes. Darauf stelle ich Erstaunliches fest: Hier soll es eine Insel geben, die ich überhaupt nicht kenne! Denn die Isolinienkarte der Meerestiefen, die sogenannte bathymetrische Karte, zeigt Werte über null. Auf Nachfrage bei einem anderen Wissenschaftler erhalte ich die Antwort, dass das ein Fehler der Software sei, die habe zwischen den bekannten, wirklich gemessenen Meerestiefen entlang von Schiffspassagen interpoliert.

So lasse ich mir zeigen, wie diese Karten entstanden sind, denn das muss man doch besser hinkriegen können. Das gibt es doch gar nicht, dass wir den Mond besser kartieren können als die Wassertiefen im Atlantik! Ein Wissenschaftler an Bord sagt mir dann: »Da, wo angeblich diese Insel sein soll, da gibt es die Meteor-Boje!«

Oh, wow, denke ich, die haben also hier draußen mitten auf dem Atlantik, wo der Vulkan vielleicht irgendwann mal tatsächlich über die Meeresoberfläche kommt und somit der Transatlantikschifffahrt gefährlich werden könnte, ein Warnsignal hinterlassen, diese Stelle besser zu umfahren oder zumindest mit flachem Wasser zu rechnen. Interessant. Höchst interessant.

Einige Tage später machen wir reflexionsseismische Messungen an Bord. Dazu werden aus Luftkanonen, die hinter dem Schiff hergezogen werden, in regelmäßigen Abständen Luftschüsse abgegeben. Das Echo vom Meeresboden und aller oberflächennaher Schichten wird aufgezeichnet. Je näher wir der Stelle mit der Meteor-Boje kommen, desto gespannter stehe ich an der Reling, um diese zu erblicken. Mittlerweile kann ich das Echo der Luftpulser mit meinen Ohren hören und am gesamten Körper spüren. Erst leise und einfach und dann immer lauter und mehrfach sich abschwächend hintereinander. Dum. Dumdedumm. Dummdedummdedummmdedummmm. Das bedeutet, dass der Abstand zwischen Schiff und Meeresboden plötzlich immer schneller immer kleiner wird. Als er sich nicht mehr weiter verringert und das Echo mehrfach bebt, fahren wir über die untermeerische, flache Gipfelregion der Meteor-Bank, einem Seamount mit flachem Plateau. Zu meiner Enttäuschung gibt es hier keine Meteor-Boje. Mehr noch, die anderen sagen mir, das sei doch nur ein Witz gewesen.

Sie spielen anschließend unter Deck Tischtennis auf der mit dem Seegang wankenden Platte, während ich mir in der Freizeit aus alten Aufzeichnungen und Karten, die ich im Archiv finde, eine eigene Karte des Untersuchungsgebietes anfertige. Denn die offiziell benutzten Karten sind alles andere als genau. Es muss doch bessere Karten von dieser Stelle geben! Wir sind doch nicht das erste Schiff, das hier vorbeifährt. So werte ich alle an Bord zur Verfügung stehenden Echogramme vergangener Fahrten aus. Dabei entsteht innerhalb von einigen Tagen eine eigene, ganz neue Karte. Sie ist zwar nicht so schön gezeichnet, aber sie zeigt viele Strukturen, die eine mit einem Computer errechnete Karte nicht darstellen kann. Der Computer geht rein mathematisch vor, er verlangt ein gleichmäßiges Rechenraster, während ich typische geologische Geländeformationen und größere Datendichten, wo vorhanden, mit einfließen lassen kann. Meine Karte

Meine Karte des untermeerischen Atlantis-Seamount-Komplexes

wird zur genauesten Karte des Atlantis-Meteor-Seamount-Komplexes, die wir an Bord haben. Auch zeigt sie nicht diese falschen Inseln, die auf Rechenartefakte zurückführbar sind. Wer weiß, wie viele Artefakte noch in der offiziellen Karte stecken, die es so gar nicht gibt?

Ich bin sehr frustriert, dass meine Karte dennoch keine offizielle Würde erhält. Stattdessen heißt es, dass ich damit meine Kompetenz überschreiten würde, dass es nicht meine Aufgabe sei, Karten anzufertigen. Die wirklich interessanten Aufgaben, nämlich die, in denen ich gut bin, ja vielleicht sogar besser wäre als die anderen an Bord, die darf ich nicht bekommen. Schade, sehr, sehr schade. Warum?

Nach fünf Wochen Wasser heißt es: »Land in Sicht!« In weiter Ferne gibt es eine spitzgratige Bergsilhouette. Die Kanarische Insel La Palma. Je näher wir kommen, desto höher wächst sie, derweil geht die Sonne unter. Die Insel wird ins schemenhafte Dunkel getaucht. Gelblich glühende Lavaströme scheinen die Hänge herunterzufließen, doch es handelt sich um die von Ferne sichtbare Beleuchtung in den Straßen der Ortschaften, die sich die Berge hochschlängeln. Nachdem wir La Palma passiert haben, endet diese Reise in Gran Canaria. Im Hafen von Las Palmas.

Ich bin um einige Erfahrungen reicher geworden. Mit der Uni Hamburg ergibt sich leider keine Möglichkeit der weiteren Zusammenarbeit, auch bin ich nach wie vor irritiert, dass man meine Karte dort nicht haben will und später im Bericht sogar immer noch die alte veröffentlicht wird. Warum hat sich niemand die Mühe gemacht, das zu präsentieren, was wirklich neu gewesen wäre?

Ich komme zu dem Schluss, dass man die Vulkangebiete der Erde einmal vergleichend strukturieren muss, was zwar schon einige Leute getan haben, aber sie haben alle den gleichen Fehler gemacht. Sie haben andere Leute zitiert und darauf aufbauend weitergearbeitet, anstatt das Vorhandene erst einmal in Frage zu stellen und dann darauf aufzubauen. Anscheinend sehe ich die Welt mit ganz anderen Augen. Anders kann ich das alles nicht verstehen.

Bei einer Diskussion in Hamburg erfahre ich, dass es in Kiel jemand gebe, bei dem ich über Hot Spots, jene insulären Vulkanlandschaften, die nicht in das System der Plattentektonik passen, promovieren könne. So mache ich mich auf nach Kiel. Doch als ich meinem potentiell zukünftigen Doktorvater von meinen Ideen erzähle, meint er, dass ich in der Geophysik nur promovieren könne, wenn ich auch eigene Modellrechnungen vorlegen könne, und nicht, indem ich die Arbeiten anderer vergleichend darstelle, die Unzulänglichkeiten herausarbeite und dann eine neue Theorie der Tektonik der Erde zusammenschreibe.

Aha, also auch hier dürfte ich nicht veröffentlichen, was ich mir schon 1983 als 17-Jähriger überlegt habe. Nämlich, dass sogenannte »Mantel-Plumes«, so eine Art Aufwindströmung im Erdinnern, die Tektonik der Erde antreiben und sich dann eine so von mir bezeichnete »Frontentektonik« ausbildet. So ähnlich wie die Fronten beim Wetter gibt es nach meiner Vorstellung im Erdinneren eine Art Feststoffwetter.

Schließlich einigen wir uns, dass ich konkrete, eigene Modellrechnungen am Beispiel von Hawaii durchführe und dieser Arbeit im Rahmen der Darstellung des Forschungsstandes meine eigene Klassifizierung vorhandener Informationen über Hot Spots voranstellen kann. Ich bin in meinem Element und darf loslegen. Ich suche mir ein Zimmer und werde in Gettorf bei einer alten Dame namens Vogt fündig. Das Leben kann kommen!

Schon als kleiner Junge spaßte es mir unheimlich, im Wörtergewirr eines Textes verborgene Sachinformationen tabellarisch zu strukturieren. Schon wenige Monate nach dem Start meiner Arbeit an der Dissertation finde ich viele Anhaltspunkte in der Fachliteratur, die meine uralte These von der Frontentektonik stützen. Für mich ist dies der eigentlich faszinierende Teil der Arbeit. Für meinen Doktorvater sind es die konkreten Modellrechnungen.

Das Arbeiten an der Dissertation funktioniert einwandfrei, solange ich zurückgezogen in meinem Büro arbeiten kann. Ich kriege allerdings jedes Mal ganz starke Nackenanspannungen im Rechnerraum, der von vielen unerträglichen Fieptönen verseucht ist, die die anderen anscheinend nicht hören. Dort könnte ich niemals arbeiten! Ich bin jedes Mal froh, wenn ich diesen Raum wieder verlassen muss. Am liebsten wäre mir, wenn ich die ganze technische Zuarbeit delegieren könnte, denn die geht eh nicht in die Bewertung ein, ist also für die Doktorarbeit irrelevant. Aber sie muss gemacht werden. Doch leider bin ich darin nicht besonders geschickt. Hinzu kommt, dass ich auch keine Hilfe von anderen erwarten kann. Ich verfolge mein eigenes Projekt und verstehe die anderen Doktoranden in ihrem Sein sowieso nicht. Schon wie in Clausthal glucken sie in der Mensa zusammen, stehen im Flur mit ihrem Kaffee herum, um belanglosen Kram zu bereden, der mich nicht weiter interessiert.

Plötzlich erhalte ich Post von Shell. Aus Den Haag. Stimmt ja, die Bewerbung! Die habe ich ja glatt vergessen. Neugierig und gespannt mache ich das Kuvert auf und entdecke darin eine Einladung zu einem mehrtägigen Vorstellungscasting in Holland. Wenige Wochen später sitze ich in der niederländischen Shell-Zentrale. In fast zehn Interviews darf ich erzählen, warum ich gerne für Shell arbeiten würde und dass ich bestimmt einmal signifikante Beiträge liefern könne, um weitere Lagerstätten zu finden. Ich schaffe es tatsächlich, aus einer Vielzahl von Bewerbern einer der Auserwählten zu werden. Ich könne dort gleich anfangen. Müsse dann in Indonesien arbeiten. Da ich aber ja voll in meiner Doktorarbeit stecke, bitte ich um ein Jahr Aufschub. Darüber müsse man nachdenken, heißt es.

Shell antwortet zügig: »Da Sie erst Ihre Promotion abschließen wollen, müssen wir Ihnen leider mitteilen, dass wir Ihnen unter diesen Umständen derzeitig keine Position anbieten können. Es ist uns leider nicht möglich, Ihnen eine Zusage zu einem weit in der Zukunft liegenden Einstellungstermin zu geben. Wir bitten Sie, sich dann erneut zu bewerben.« Ich bin ein wenig enttäuscht. Aber ich kann nun einmal nur sehr, sehr schwer von meinem Plan, die Arbeit durchzuziehen, abweichen.

Um alles zu verarbeiten, unterhalte ich mich mit meiner Vermieterin, Frau Vogt. Sie erscheint mir mit ihrer Lebenserfahrung immer sehr hilfreich und anregend. Da sagt sie plötzlich etwas ganz Merkwürdiges: »Wissen Sie was, Herr Schmidt, vielleicht wäre es ja sogar was für Sie, ein Freimaurer zu sein.«

»Aber Frau Vogt, ich bin doch und will auch kein Maurer werden! Was hat denn das mit Geophysik zu tun?«

Ich bin völlig irritiert. Sollte die ansonsten so nette Dame denn überhaupt nicht verstanden haben, was ich im Leben einmal werden will? Freimaurer soll ich werden. Und nicht Geophysiker. Die Handwerkerkelle in die Hand nehmen. Architekt, ja, das könnte ich vielleicht, Statiken berechnen, aber mauern und dann auch noch als freier Maurer, also ohne in einer Firma zu sein? Was denkt die denn da auf einmal von mir? Ich bin fast erschrocken. Als ich ihr das alles sage, unterbricht sie mich ganz ungewohnt forsch: »Herr Schmidt. Bitte! Sie wissen anscheinend nicht, was ich meine. Freimaurer sind zwar keine Studentenverbindung, aber ebenfalls eine Form einer Männergemeinschaft. Mein Mann war ein Freimaurer. Das hat nichts mit dem Maurer auf dem Bau zu tun, was Sie denken!«

»Ja, was soll denn das dann sein? Und wenn das auch so eine Art Lebensbund ist, warum heißen die dann so merkwürdig?«

Da steht sie auf und zeigt mir merkwürdige Dinge, geheimnisvoll wirkende Symbole. Ein Zirkel. Kreise. Dreiecke. Interessant. Äußerst interessant. Meine Lebensstraße passiert plötzlich und völlig unerwartet einen sagenhaften Aussichtspunkt in eine Welt, deren Existenz ich nicht für möglich gehalten habe. Ganz plötzlich bin ich das kleine Kind, das damals der Tante Irmgard »Löcher in den Bauch« fragte, um zu erfahren, wie ich auf die Welt gekommen sein soll. Ganz genauso bohre ich jetzt Löcher fragend in den Bauch der Frau Vogt. Und die antwortet bereitwillig. Ich würde an ihren Lippen hängen wie ein Kind, dem man Märchen vorlese, meint sie. Doch das seien wirklich keine Märchen. Sie erzählt mir von einer für mich noch unwirklichen, bizarren Welt. Da gebe es den Tempel. Und die Tempelarbeit. Sie berichtet von bizarren Aufnahmeritualen, die es da geben soll. Diese Art Prüfungen erinnern mich ganz entfernt an die Äquatortaufe oder das Einkaufen in der Junggesellschaft. Beides kenne ich nur vom Hörensagen. Beides habe ich nie mitgemacht. In der Verbindung hat irgendwann der Konvent beschlossen, dass ich ein vollwertiges Mitglied werden darf, nachdem ich einige Monate dabei war. Ohne derartige bizarre Rituale.

Man würde erst dann ein richtiger Freimaurer, ein Insider, ein Teil der Gruppe, wenn man die rituelle Prüfung bestanden hat. Wenn man nach innen frei ist und nach außen verschwiegen bleibt. Frau Vogt erzählt mir von Logen und Großlogen, von Meistern am Stuhl, den Logenmeistern, von Gesellen und Lehrlingen, den Graden der Mitgliedschaft. Es wirkt auf mich wie eine Art Grad der Erleuchtung. So jedenfalls verstehe ich das. Ich bin fasziniert und zugleich erschüttert darüber, dass ich über diese geheimnisumwobene Form des Zusammenlebens nichts wusste.

In mir kommt eine beängstigende Frage hoch: Muss man zu so einem oder einem anderen Club gehören, um einmal wirklich Karriere machen zu können? Gibt es überhaupt Menschen, die keiner derartigen Vereinigung angehören und die dennoch im Leben was geworden sind? Ist das etwa das wahre, bislang verborgen gebliebene Geheimnis nachhaltigen Erfolges? Frau Vogt erzählt mir, dass viele namhafte Persönlichkeiten der Geschichte Freimaurer gewesen sein sollen. Zum Beispiel Mozart. Zum Beispiel Goethe. Würden wir weder die Werke von Mozart noch die Werke von Goethe kennen, wenn nicht beide diesem Netzwerk angehört hätten? Mir kommt das Leben auf einmal bedenklich unheimlich vor. Weil es da Komponenten gibt, die nicht zu mir passen, aber mit denen ich vielleicht kompatibel gemacht werden muss, damit ich mitreden darf.

Eine ganze Nacht kann ich nicht schlafen. Ich soll mich für solche für mich noch geheimnisumwitterten Clubs interessieren, habe es aber noch nicht einmal geschafft, überhaupt einen einzigen Menschen in mein Vertrauen zu ziehen. Bis heute habe ich keinen echten Freund gehabt, keine Freundin, die man vielleicht mal heiraten könnte.

Natürlich unterhalte ich mich mit meiner Vermieterin auch darüber, dass ich noch keine Freundin habe, dass ich die Sehnsucht und den Wunsch habe, doch endlich eine Freundin zu finden, dass ich auch mal eine Familie haben will, dass das alles vor so einem Club erfolgen müsse, immer schön der Reihe nach. Dabei bestätigt sie mir mit merkwürdigen Worten, dass es dann aber bald mal losgehen müsse: »Wer nie voll drängenden Lebens war und toll war in jungen Tagen, der wird vergebens, wenn erst das Haar weiß ist, seufzen und klagen!« Ja, genau deswegen muss das mit der Partnerschaft endlich mal klappen, damit ich das noch als Jugendlicher erleben kann! Ich will eine Liebesgeschichte wie im Film haben, als Protagonist und Regisseur in einer Person!

Außer ein paar Dates in der Kieler Unikneipe »Oblomow« ist bei meiner Suche noch nicht allzu viel rausgekommen. Da ich an der Uni völlig freie Zeiteinteilung habe, also kommen und gehen kann, wann immer ich will, nutze ich freie Zeiten zum Kennenlernen einer Frau. Zwar tanze ich auch im Kieler Hochschulsport gerne und viel, aber die richtige Dame ist da nicht dabei. Dann lerne ich völlig unvorbereitet Martina kennen. Zum allerersten Mal sehen wir uns ausgerechnet beim Zahnarzt, als der Bohrer in meinem Gebiss rotiert. Anfängliche Kontaktschwierigkeiten kann ich durch das Schenken von Erinnerungen in Form gemeinsam erlebter Tage überwinden. Ein Kaktus zum Valentinstag besiegelt das Wachsen und Gedeihen der Beziehung. Nach einem herrlichen Frühling ziehen wir zusammen in unsere gemeinsame Wohnung, um uns bereits nach sechs Tagen temporär für fast vier Monate zu trennen. Denn schon vor längerer Zeit habe ich mich verpflichtet, an einer weiteren geophysikalischen Forschungsfahrt mit dem Forschungsschiff »Sonne« teilzunehmen. Der Aufbruch ins landfernste Gebiet der Erde bedeutet, Martina zurückzulassen, eine schmerzhafte Erfahrung. Für uns beide.

Wenige Tage später geht es vorbei an der Robinson-Crusoe-Insel. Das Schiff erreicht schließlich das Untersuchungsgebiet in den weiten, stillen ozeanischen Wassern rund um die Osterinsel. An Bord wundere ich mich darüber, dass wir nicht die Gelegenheit nutzen, die vulkanisch aktiven Gebiete der Juan-Fernandez-Inseln zu besuchen, um Proben zu nehmen. Sondern dass wir stattdessen einem vorgefertigten Programm folgen, das überdies vor allem die französischen Wissenschaftler zu bestimmen scheinen, denn wir sind eine internationale Gruppe und die Franzosen sind als Kooperationspartner mit an Bord. Dass meine Kenntnisse nicht weiter gefragt, ja sogar nicht einmal erwünscht zu sein scheinen, nimmt mir den Spaß. Mehr als das abzuliefern, wofür man mich an Bord geholt hat, bringt nichts. Im Gegenteil. So »mache ich schön meine Arbeit«, wie das früher immer die Locken gesagt hat. Aber mehr nicht. Es fehlt mir das Gespür, welche Initiativen und eigenmächtigen Vorstöße fruchten und welche eher das Gegenteil bewirken. Denn ich kann durchaus beobachten, wie sich andere Menschen an Bord profilieren möchten, die aber aus meiner Sicht weitaus weniger Ahnung haben. Sie sind aber beliebt, weil sie sich in ihrer Bordfreizeit nicht zurückziehen, sondern unter Deck mit anderen Sport treiben oder langweilige Kinofilme kucken.

Nach der Ausschiffung auf der Osterinsel verliere ich alle meine Kollegen binnen weniger Minuten aus den Augen. Ich finde eine ruhige Pension, in der ich beschließe, keine weitere Forschungsfahrt mehr mitzumachen und mich stattdessen darum zu kümmern, dass die Sache mit der Doktorarbeit nach meiner Rückkehr so zügig wie möglich zu Ende geführt wird, damit ich endlich frei bin, mich jenseits der Wissenschaft weiterzuentwickeln. Denn irgendwarum gibt es in der Wissenschaft keine zwischenmenschliche Resonanz.

Die Entdeckung vollster Zufriedenheiten

Am Schwarzen Brett hängt eine Stellenausschreibung der stadtansässigen Computerfirma »ComTec«: »Digitalisierer von Objekten für geografische Informationssysteme gesucht!« Eine interessante Chance, mein aktuelles Einkommen zu verbessern. Und meine Reisekasse könnte auch mal wieder eine Flut gebrauchen. Dadrin herrscht zurzeit nämlich Ebbe.

Nach reiflicher Überlegung gehe ich am nächsten Tag zum Jobcasting. Völlig überraschend bietet man mir dort gleich einen ganz anderen Job an: »Herr Schmidt, Sie haben ja bereits ein Diplom. Wir suchen für das Digitalisiererteam auch einen Abteilungsleiter. Können Sie sich vorstellen, das zu übernehmen?«

Leider bin ich kein spontaner Typ. Ich erbitte mir 24 Stunden Bedenkzeit, um die Vor- und Nachteile abzuwägen. Am nächsten Tag teile ich der Firma mit, dass ich den Job nur in Form einer Halbtagsbeschäftigung annehmen könne, damit ich mich weiterhin meiner Doktorarbeit zuwenden kann.

Da mein eventuell zukünftiger Chef, Herr Lindner, damit einverstanden ist, nehme ich den Job an. Kaum habe ich meine ersten Tage zur Einarbeitung hinter mir, erscheint einer aus dem von mir betreuten Team in meinem Büro:

»Herr Schmidt, ich möchte diese Firma verlassen, hier ist meine Kündigung! Ich bitte Sie, mir bis Ende der Woche ein Arbeitszeugnis auszustellen!«

»Arbeitszeugnis? Was isn das?«, frage ich ihn erstaunt, denn davon habe ich noch nie was gehört. »Zeugnisse, die gibt's an der Schule, an der Uni, in der Ausbildung, aber doch nicht hier!«

»Sie sind ein Witzbold, na ein Zeugnis, das man bekommt, wenn man die Firma verlässt!«

Man bekommt ein Zeugnis, wenn man die Firma verlässt?

»So? Und was soll ich da draufschreiben? Zum Beispiel Tastaturbedienung sehr gut; räumliches Vorstellungsvermögen gut; Umgang mit den Leuten im Team gut, oder was meinen Sie da?«

»Das gibt's doch gar nicht, Sie wollen mich wohl verarschen! Ein ganz normales Arbeitszeugnis, okay?«

»Okay, ich kläre das mit meinem Chef, der müsste so was eh unterschreiben!«

Der Typ entschwindet aus meinem Büro. Und ich sitze da mit ganz, ganz vielen Fragezeichen.

Nach kurzer Rücksprache mit Herrn Lindner trägt er mir auf, dieses ominöse Arbeitszeugnis selbstständig anzufertigen. Das ist, als ob ich ein Lied vortragen soll und keine Ahnung habe, was Töne und Stimme sind.

Dann ideet es in mir. Die Uni! Ich rufe meinen Kommilitonen Michael an. Er ist ebenfalls sehr erstaunt, dass ich so etwas nicht kenne, und klärt mich auf:

»Ein Arbeitszeugnis zu schreiben, ist nicht ganz trivial. Da gibt es so einen Code.«

»Code? Was für einen Code?«

»Na, im Arbeitszeugnis sagt man durch die Blume, ob der Mitarbeiter gut oder schlecht war. Wenn da zum Beispiel drinsteht, dass der Mitarbeiter bei Kollegen und Vorgesetzten gleichermaßen beliebt war, dann weiß der Eingeweihte, dass der nichts getaugt hat.«

»Das mit der Blume kenne ich, aber den Rest verstehe ich nicht.«

»Na ja, man muss immer die Vorgesetzten zuerst nennen, darüber wird ausgesagt, ob das stimmt, was da in Worten steht oder nicht! Ein anderes Beispiel: Er erledigte die ihm übertragenen Aufgaben zu unserer Zufriedenheit. Das wäre eine schlechte Benotung, vollste oder wenigstens volle Zufriedenheit hätte das sein müssen, und das Wort ›stets‹ fehlt auch. Wenn jemand gut war, dann war er das immer und nicht nur manchmal!«

»Und wo lernt man das alles?«

»Da gibt es Bücher oder man hat halt so seine Erfahrung!«

Ich verabschiede mich, lege den Hörer auf und sinniere stundenlang vor mich hin.

Schließlich lasse ich mir von der Sekretärin ein paar Beispiel-Arbeitszeugnisse geben.

So lerne ich ein neues Deutsch kennen. So viele Satzvokabeln wie nie zuvor gewittern auf mich ein. Aber wer liest so was? Ich würde mir doch als Chef so ein Gesülze nie ankucken, oder doch? Ein Buch aus der Buchhandlung bringt mir die rätselhafte Welt der Codes in Arbeitszeugnissen zwar noch näher. Aber einen Sinn darin sehe ich nicht. Für mich sind solche Zeugnisse ohne Klartext, ohne präzise Zahlen, aber mit viel unscharfem Geschwafel wenig hilfreich. Und so schreibe ich ins Zeugnis, was mir gerade einfällt, gleiche es, soweit ich dazu als Neuer überhaupt fähig bin, mit dem Code ab und gehe damit zu Herrn Lindner.

Der grinst: »Das wollen Sie Ihrem Mitarbeiter bescheinigen, Herr Schmidt?«

»Wieso denn nicht, so war es!«

»Was Sie da aufgeschrieben haben, wäre in Schulnoten ausgedrückt eine glatte Vier. Ich unterschreibe das mal, und wenn er es nicht nimmt, dann müssen Sie das noch mal machen!«

Einige Tage später überreiche ich dem nun ehemaligen Mitarbeiter dieses Zeugnis. Und er nimmt es. Puh, das ist geschafft! Von den anderen Teammitgliedern erfahre ich, dass er es nicht habe verkraften können, dass ihm da jetzt so ein Greenhorn wie ich vorgesetzt worden sei. Ein Team zu führen, ohne zu wissen, wie die Technik funktioniert, mit der das Team arbeitet, ist ein für mich völlig unbefriedigendes Gefühl der Kontrollabgabe. Die könnten mir ja ein X für ein U vormachen, weil ich Aufwände nicht richtig beurteilen kann. Oder Fehler. So entschließe ich mich, mir wenigstens die technischen Grundlagen der Software anzueignen. Herr Lindner bittet mich zudem, die Ablauforganisation zu prüfen und gegebenenfalls zu optimieren, damit innerhalb der gleichen Zeit mehr Resultate erzielt werden können. Auch sei es nun meine Aufgabe, weitere Digitalisierer zu rekrutieren.

Jetzt kommen also die Leute, die sich so wie ich auf jenen Aushang bewerben, den ich noch vor wenigen Wochen selber sah, zu mir. Während ich einfach einen Walk-in bei der dort angeführten Adresse gemacht habe, schicken einige der Bewerber sogar hoch professionelle Bewerbungsmappen. Mann, die ganzen Erfahrungen, die die Leute in den Mappen anlisten, völlig sinnlos, ja eher eine Disqualifikation! Kaum einer macht Angaben über die Dinge, die wirklich relevant sind. Die Unterlagen sind meist wenig hilfreich, um festzustellen, wer zur Aufgabe und ins Team passen könnte.

Um dennoch die richtigen Leute zu finden, überlege ich mir einen simplen Test. Worauf kommt es eigentlich an? Schnelle Auffassungsgabe, strukturiertes Arbeiten, Detailgenauigkeit, flinker und fehlerfreier Umgang mit Maus und Tastatur! Alles andere ist doch nebensächlich. Und das kann man doch ganz einfach prüfen!

Offenkundig ungeeignete Bewerber kriegen sofort eine Absage. Das sind solche, die noch nie vorher was mit Computern gemacht haben oder deren Bewerbung von mangelnder Sorgfalt zeugt. Alle anderen rufe ich an und frage sie nach der Motivation, hier zu arbeiten und wie sie sich das vorgestellt haben und warum sie glauben, genau der oder die Richtige für den Job zu sein.

Alle, die mir am Telefon grundsätzlich brauchbar erscheinen, dürfen zu einem vertiefenden Schnell-Casting vorbeikommen. Vor Ort fordere ich sie auf:

»Schreiben Sie mir mit der Schreibmaschine hier mal folgenden Satz: Hiermit bewerbe ich mich bei ComTec als Digitalisierer für geografische Informationssysteme. Und dann fügen Sie noch etwas über sich hinzu, was Sie mir unbedingt sagen wollen!«

Nur wer das zumindest fast fehlerfrei und flink eingetastet hat, bekommt den Job. Herr Lindner schickt mich, um Weiterentwicklungen im Bereich objektorientierter geografischer Informationssysteme zu beobachten, zur Computermesse CeBIT, dem Nachfolger der Messe, die mir zu Gymnasialzeiten aufgrund der Vielzahl der Eindrücke und der vielen Menschen dort zu schaffen gemacht hat. Diesmal gibt es jedoch kein solch zielloses, beinermüdendes, mit dem Menschenstrom schwimmendes Umherschlendern. Diesmal gehe ich mit einem das Wirrwarr ausblendenden Tunnelblick durch die langen Gänge der hallenden Hallen. Gezielt steuere ich auf dem jeweils kürzesten Weg die Stände an, die ich mir vorab ausgewählt habe, um meine Mission zu erfüllen.

Als ich bei der Gelegenheit mal wieder im unweit der CeBIT gelegenen Gadenstedt bin, frage ich die Papamamas interessehalber auch noch mal nach Arbeitszeugnissen. Denn ich bin natürlich neugierig, warum es an mir vorbeigegangen ist, dass es diese Art von Zeugnissen überhaupt gibt. Der braune Brummelbär ist ja im ganzen Leben bei derselben Firma geblieben. Wozu also ein Zeugnis?

Bei der Locken werde ich dagegen fündig. Sie »erledigte die ihr übertragenen Aufgaben stets zu unserer vollsten Zufriedenheit«.

Wieder zurück fällt mir bei der Betrachtung der von meinem Team geleisteten Arbeiten auf, dass bestimmte Leute bestimmte Objekte besser digitalisieren können als andere. Die einen machen weniger Fehler bei Strecken und Kabel, die anderen scheinen sich besonders gut mit Schaltschränken auszukennen. Daraus folgt für mich, die Aufgaben nicht wie bisher objektübergreifend in Verantwortlichkeiten für bestimmte Gebiete und Karten zu gliedern, sondern Zuständigkeiten kartenübergreifend für bestimmte Arten von Objekten festzulegen. Und die größten Nörgler im Team, die sich über die Fehler der anderen aufregen, ernenne ich zu Qualitätskontrolleuren. Die sind per se dafür zuständig, die hoffentlich immer seltener werdenden Fehler der Übrigen auszumerzen – ohne zu meckern. Und das fruchtet, soweit sichtbar. So bringt sich jeder mit seinen Stärken ein. Das verbessert die Effektivität meines Teams.

Natürlich treibe ich an der Uni in der übrigen Zeit nach wie vor meine Doktorarbeit voran. Und das ist gut so, denn eine dauerhafte Perspektive kann und wird dieser Job mir nicht bieten. Nur ein halbes Jahr später meldet die Firma überraschend Konkurs an.

Ganz legale Bestechung

Für die allermeisten ist die Wissenschaft anscheinend nur ein Job. Sie haben keinerlei innerstes Interesse, wissenschaftlich zu arbeiten. Im Gegenteil. Diese Leute blockieren Menschen wie mich im Weiterkommen. Sie punkten nicht vordergründig mit Können und Wissen, sondern hauptsächlich durch emotional wirksame Beziehungskungeleien. Da kann ich leider nicht mithalten.

Nach meinem Eindruck trennen die Unis eher den Weizen von der Spreu als die Spreu vom Weizen, um die Satzvokabel über das Prinzip der Selektion einmal umzudrehen. Das Doktorandendasein scheint für viele eine Form des Parkstudiums zu sein, insbesondere für Leute, die den Absprung in die Wirtschaft nicht schafften. Diese blockieren nun die Unilaufbahnen für alle diejenigen, die mit dem Beziehungskram nicht so recht was anfangen können, aber vielleicht geniale, weiterbringende Ideen hätten, die nun nicht mehr beachtet werden. Denn die gefährden ja nicht nur die herrschende Lehrmeinung, sondern auch das System an sich.

Da mir die fachlichen Anforderungen an der Uni leichtfallen, fokussiere ich meine Energie auf die Entwicklung meiner Beziehung zu Martina. Denn das kostet richtig Kraft. Eine einzige Therapie im Zusammenleben mit einem anderen Menschen. Konkurrierende Sehnsüchte kennzeichnen das Leben. Ich will allein sein, aber nicht einsam. So ist für mich der Weg ins Land der Liebe irgendwarum die eigentliche Herausforderung.

Himmelhocheisige Passstraßen sind auf meiner Lebensstraße zu überwinden. Und dann ist endlich Sommer. Und wir, Martina und ich, tanzen auf unserer eigenen Hochzeit. Einer unserer Gäste trägt aus der uns gewidmeten Hochzeitszeitung spekulierend vor, wie das wohl gewesen sein könnte, als ich Martina um ihre Hand anhielt: »Tja, dann war es plötzlich so weit. Peter schritt zur Formulierung des Heiratsantrages: Liebste Martina, werde bitte meine gleichschenklige Parallele! Nach Pythagoras deckt sich meine Grundlinie mit deinen Kurven und Kathetenquadraten, so dass sich eine Gleichung ohne unbekannte Größen anbietet. Lass mich in all deinen Berechnungen der feste Faktor der Potenzen sein!« Und so wird das Fest von »Martina und Peter Schmidt der absolute Hit«. Aber nicht nur das Fest, sondern auch und besonders die Zeit danach.

Nach einer zweimonatigen Hochzeitsreise durch die USA, Mexiko, an die Karibik von Belize und bis nach Tikal im guatemaltekischen Dschungel sitze ich an der Uni wieder allein in meinem weißwändigen Büro, von dem ich über den ganzen Campus blicken kann. Ich bin stolz darauf, dass ich mein privates Projekt, die Grundlage für die eigene Familie, abgeschlossen habe. Und das sogar noch vor der Dokterung.

Denn meinem Doktorvater hatte ich bereits vor Monaten eine Version 0.9 meiner Doktorarbeit vorgelegt, um konstruktive Kritik zu bekommen, die ich für die offizielle, abzugebende Version 1.0 noch berücksichtigen kann. Doch eine Rückmeldung liegt mir immer noch nicht vor. Stattdessen ziehen sich die Arbeiten an der Dissertation hin. Dabei beobachte ich einen allmählich immer stärker zunehmenden Verlust klarer Erfolgskriterien. Früher hatte man eine Klausur mit klarer Rückmeldung über das Können geschrieben. Es fehlen mir die Kriterien, anhand derer nach Abgabe der Dissertation klar und eindeutig festgestellt wird, ob die abgelieferte Arbeit eine gute Leistung ist oder nicht. Es wird immer offensichtlicher, dass es dafür kein wirklich objektives Kriterium mehr geben kann, die Noten vielleicht nicht einmal mehr eine Aussage über die Fähigkeiten des eigenen Forschens darstellen, sondern über die Bereitschaft, eine Art Frondienst für den Chef zu leisten. Denn aus meiner Sicht ist die Doktorarbeit fachlich schon längst fertig.

So sinniere ich vor mich hin. Schaue nach draußen. Genieße den Ausblick auf die sich über dem weitläufigen Campus türmenden watteweißen Cumuluswolken am meerazurblauen Himmel. Was für ein hervorragendes Segelflugwetter! Eigentlich müsste ich jetzt darin herumfliegen, statt hier in diesem Kasten zu sitzen. Stattdessen quält mich der vor mir liegende, bereits geschriebene Text meiner Rohfassung. Ich versinke in meinen eigenen Gedanken wie ein müder Kopf in einem kuschelig weichen Kissen. Die Gegenstände um mich herum entfremden sich.

Der Kugelschreiber vor mir wird zur Kabine eines Flugzeugs. Die Flügel denke ich mir. Der Schreibtisch wird zur Tafelberginsel mit Flughafen obendrauf. Dann schiebe ich den Kuli über den Tisch. Er rollt an. Wie ein Flugzeug. Der Kuli wird immer schneller. Er beschleunigt immer beschleunigender. Das Ende des Schreibtisches naht. Schwer erhebt sich seine Spitze, dann sein dickes Heck. Ganz am Ende des Schreibtisches, gerade noch rechtzeitig vor dem Abgrund, hat der Kuli doch noch abgehoben. Er ist im Steigflug, um schließlich nach Erreichen von genügend Höhe in die Platzrunde einzudrehen, die Flugzeuge immer fliegen, wenn Piloten das Starten und Landen üben. Also rein in den Querabflug. Die Finger drehen den Kuli auch gleich weiter in den Gegenanflug, bevor er wieder in den Queranflug übergeht. Schließlich der Endanflug. Die Schreibtisch-Landebahn kommt schnell näher. Die Kante des Schreibtisch-Tafelberges schießt unter dem Kuli durch, der Anfang der Landebahn. Jetzt abfangen, der Kuli hebt die Spitze, das Heck setzt auf. Oje, da ist der Schreibtisch ja schon wieder zu Ende.

Schnell wieder Durchstarten. Wieder erhebt sich seine Spitze … Gegenanflug … Landebahn, Steigflug – Gegenanflug – Landebahn.

Steigflug – Gegenanflug – Landebahn.

Steigflug – Gegenanflug – Landebahn.

Und so geht das immer weiter, eine gefühlte Stunde lang, stereotyp, bis es plötzlich klopft! Dieser Funkspruch weckert aus einer anderen als der Kugelschreiber-Flugzeug-Welt und fordert den Piloten unverzüglich auf, die ständig wiederkehrenden Kugelschreiber-Platzrunden sofort einzustellen. Blitzschnell erfolgt die letzte Kugelschreiber-Landung aus ungewohnter Position! Gelandet! Testflüge beendet!

»Ja, was gibt's?«

Der Professor steht in der Tür. Mein Doktorvater betritt den Raum und gibt mir endlich ein aussagekräftiges Feedback, wie ich meine Arbeit noch weiter verbessern könnte. Wenn ich sie in der momentanen Fassung einreiche, würde ich wohl bestehen, aber wirklich gut wäre die Arbeit noch nicht. Schließlich gibt er mir meine Arbeit mit den Worten zurück: »Herr Schmidt, auch in der Literaturliste vermisse ich noch einige wichtige Wissenschaftler, die sich ebenfalls mit dem Thema im weitesten Sinne beschäftigt haben. Die sollten Sie ebenfalls zitieren!«

Komisch, es kann doch nicht Ziel der Forschung sein, dass meine Doktorarbeit eine vollständige Liste aller jemals zum Thema Hawaii, Hot Spots und über die Plattentektonik veröffentlichten Arbeiten enthält. Das würde den Rahmen total sprengen. Und sehr viele Publikationen wiederholen sich inhaltlich. Da wurde ein Thema offenbar inflationär an zig verschiedene Journals geschickt, um eine möglichst lange Publikationsliste zu kriegen, so scheint mir das.

Es kann also doch nur darauf ankommen, die wirklich in meiner Arbeit genutzten Publikationen zu zitieren. Arbeiten, die relevant sind und den aktuellen Stand der Forschung bezüglich meines Themas aussagekräftig belegen. Und wenn das getan ist, muss das doch reichen! Irgendwarum fühle ich jedoch, dass es nur darum gehen könnte, diese bestimmten Autoren noch zitieren zu müssen, damit diese Leute in meiner Arbeit vorkommen dürfen, ohne dass sie oder ihre Werke im engeren Sinn was mit meiner Arbeit zu tun haben.

So blase ich zum Finale meinen Text fast schon metastasenartig immer weiter auf, um meinen Doktorvater zufriedenzustellen. Meine überarbeitete Version erhalte ich einige Monate später schließlich mit dem Hinweis zurück, dass die Arbeit mittlerweile viel zu lang geworden sei. Ja, was denn nun? Erst soll ich das alles noch aufnehmen, und dann heißt es, sie sei viel zu lang! So entschließe ich mich schließlich, dem Professor einfach nahezu die ursprüngliche Fassung wieder vorzulegen, erweitert um Passagen, die Zitate der vermissten Wissenschaftler rechtfertigen. Die so endlich mich befriedigende und geschaffene Version 1.0 reiche ich offiziell für das Promotionsverfahren ein.

Am 20. Juli 1994, einem rotschwarzgrünen kenianischen Tag, ist dann tatsächlich der Tag der letzten Prüfung. Der »Eiertanz« um die Dissertation ist beendet. Ich widme die Doktorarbeit mit folgenden Worten:

»Meiner Frau und meinen Eltern zugeeignet –
Welch eine Freude für mich,
Entdeckungen auf dem Reiseweg des Lebens
als Paso doble durch Raum und Zeit
mit Martina zu teilen«

Einige Tage später ist es endlich so weit. Das lebenswegbestimmende Kapitel »Ausbildung zum Wissenschaftler« ist im Alter von 28 Jahren endlich beendet. Ich bekomme bei herrlichem Wetter den Doktorhut aufgesetzt, mit einem ausbrechenden Schokoladenvulkan obendrauf! Das Feuerwerk zur Feier des Tages findet auf der Jupiteroberfläche statt. Denn abends beobachten wir von der Kieler Sternwarte aus noch den Absturz des Kometen Shoemaker-Levy in die Jupiteratmosphäre. Was für ein Finale!

Mein Doktorvater gibt mir noch einen allerletzten Rat: »Herr Dr. Schmidt, wenn Sie vor wichtigen Gremien Erfolg haben wollen, möchte ich Ihnen noch etwas mit auf Ihren weiteren Weg geben, das Sie sich zu Herzen nehmen sollten. Sie können noch so tolle fachliche Ergebnisse haben, wenn Sie die nicht richtig ansprechend darstellen können, wird Ihnen niemand zuhören. Aber selbst mäßige Ergebnisse genießen Gehör, wenn Sie sie ansprechend präsentieren.«

Hab ich es mir doch gedacht, auf Inhalte kommt es überhaupt nicht an! Oder zumindest nicht vordergründig. Nach einigen nachdenklichen Sekunden legt er sogar noch ewiglich nachwirkend nach: »Herr Schmidt, Sie müssen Ihr Publikum bestechen. Denn die einzig legale Form der Bestechung ist die einer guten Präsentation!«

Zug verpasst!(?)

Am Tag danach macht sich Ernüchterung breit. Denn anders als nach dem Abi erwartet mich nun ein ganz schlichtes berufliches Nichts. Da war einfach keiner, der mir hier eine Forscherstelle geschaffen hat, die genau auf meine Bedürfnisse zugeschnitten ist. Oder zumindest andernorts eine Stelle besorgt hat, aus der ich etwas machen könnte. Anscheinend interessieren meine Forschungen und Erkenntnisse niemanden. Denn eine reguläre Beschäftigung, um Geld zu verdienen, setzt eine Nachfrage voraus.

Da war ja immerhin die Chance, bei Shell anzufangen. So schicke ich eine upgedatete Bewerbung an die Menschen, bei denen ich vor knapp zwei Jahren im Interview saß. Die Antwort kommt schnell. Keine Einladung zum Recall. Kein Angebot. Kein in Aussicht gestellter upgedateter Einstellungstermin. Eine schlichte Absage mit dem Hinweis, dass ich mittlerweile für die Position zu alt sei, dass man mir daher leider keine Position anbieten könne. So frage ich mich: War es ein Fehler, die Doktorarbeit zu vollenden und nicht gleich zu Shell zu gehen? Oder wäre das sowieso nichts für mich gewesen? Ich werde es wohl nie erfahren, da das Leben nur eine Jetztzeit hat, parallele Erfahrungen unter gleichen Bedingungen nicht möglich sind.

Meiner Intuition folgend habe ich mich bereits vor vielen Monaten zu einer Vulkanismus-Tagung in Ankara angemeldet. Dort will ich meine Ergebnisse aus der Doktorandenzeit einem internationalen Publikum in Poster- und Vortragsform vorstellen. Wer weiß, vielleicht ergibt sich ja daraus eine wissenschaftliche Karriere.

Schon als Kind wollte ich ja die Türkei bereisen, doch die Papamamas wollten ja nicht. Nun endlich ergibt sich eine Gelegenheit, das Land kennenzulernen, wo es »Banjo Odassi« gibt. »Bir, iki, üç«, ich komme! Und ich wähle ganz bewusst für die Anreise nicht das Flugzeug, sondern den langen, langsamen, legendären Landweg!

Am geplanten Tag der Abfahrt wache ich am Morgen schockiert auf. Der Wecker! Nicht gestellt? Überhört? Technischer Defekt? Panik will sich ausbreiten, auch eine Prise Verzweiflung ist dabei, doch da ist nichts mehr zu machen. Denn um den Zug, der im Kieler Hauptbahnhof startet, noch zu kriegen, bräuchte ich eine Zeitmaschine, denn der Zug der gewählten Verbindung ist bereits vor 90 Minuten abgefahren. Zug verpasst! Das ist mir in meinem ganzen Leben noch nicht passiert. Was nun? Ich bin wie betäubt. Ich brauche einige Stunden, um das zu verkraften.

Als ich mich wieder gefasst habe, kann ich auch wieder klar denken. In der Hoffnung, am nächsten Morgen nicht noch einmal den Zug zu verpassen, beruhige ich mich wieder. Schließlich müsste die ganze Verbindung bis in die Türkei samt aller Anschlüsse ja auch genau 24 Stunden später funktionieren!

Und es klappt. Am nächsten Tag sitze ich im Zug! Hamburg – Berlin – Dresden – Prag – Bratislava – Budapest – Bukarest. Hinter den Karpaten ist erst mal Schluss. Die Reise geht mit dem Bus durch Bulgarien nach Istanbul. Einige Tage später geht es weiter – nach Ankara. Zur Middle East Technical University, die METU in Ankara. Dort findet der Vulkanologen-Kongress statt. Mit zwei Präsentationen von mir: einem Vortrag über meine Modellrechnungen zur Entstehungsgeschichte von Hawaii, die mein Doktorvater gefordert hatte. Und einem Poster, auf dem ich meine Hot-Spot-Klassifizierung zeige, die meine Theorie der Frontentektonik stützt. Es ist dieser Teil, der am meisten Interesse bei den Kongressbesuchern weckt.

Und zu meiner großen Überraschung steht plötzlich ein ehemaliger Klassenkamerad, mit dem ich Abitur gemacht hatte, an meinem Stand. Er erzählt mir, dass er Geologe geworden sei. Im Gegensatz zu mir hat er es anscheinend problemlos geschafft, stets gute Stellen zu kriegen. Diese Züge habe ich irgendwie alle verpasst, weil ich keine Beziehungen aufbauen konnte, keine Fürsprechs finden konnte, die sich für meine Ideen derartig begeistern ließen, dass sie mich nachhaltig förderten. Und einfach das machen, was andere wollten, das kann ich irgendwarum nicht. Weil ich nie wirklich weiß, was man eigentlich ganz genau von mir will. Und nun frage ich mich, wieso es mir in all den Jahren an der Schule entgehen konnte, dass da jemand in meinem Jahrgang war, der sich ebenfalls für Geowissenschaften interessierte? Auch da habe ich irgendwarum offenbar einen Zug verpasst! Ich muss zukünftig anscheinend mehr aufpassen.

Passend zum Kongress fahre ich anschließend noch in eine bizarre Landschaft, geschaffen von den Vulkanen in der Südtürkei. Ich genieße Göreme und die grandiose verhöhlte kappadokische Tuffkegel-Landschaft.

Beim Baden in den Becken der tollen Sinterterrassen von Pamukkale rutsche ich eine Terrasse tiefer und übersehe dabei eine steinerne Spitze im milchigen Wasser. Auf die trifft mein Unterschenkel. Im ersten Moment denke ich, oh nein, das gibt einen gewaltigen blauen Fleck.

Aber da ist kein blauer Fleck. Als ich mein Bein aus dem Wasser ziehe, um zu schauen, was genau passiert ist, blicke ich durch einen 15 Zentimeter langen, mehrere Zentimeter tiefen Riss direkt auf die Knochen. Ich bin geschockt. Mein Bein ist aufgeplatzt wie eine beim tiefen Bücken am Hintern gerissene Hosennaht. Doch statt einer peinlichen Unterhose oder gar nackter Hinternhaut sehe ich nun rohes Fleisch und sogar den Knochen. Hilflos sitze ich da, drücke die Beinhauthälften zusammen wie einer, der sich seine geplatzte Hose mühsam zusammenhält. Ich weiß nicht, was ich machen soll. Lieber Gott, Manitu, Allah, Buddha oder wie du auch immer heißen magst, hilf! Zwei Stunden sitze ich so am Rand der Sinterterrasse und drücke den riesigen, langen, klaffenden Riss zu, in der Hoffnung, er möge jetzt hier ganz schnell wieder zusammenwachsen. Aber das passiert leider nicht. Immerhin tut es erstaunlicherweise gar nicht weh. Und es blutet kaum.

Schließlich stehe ich doch auf und humpele die zwei Kilometer beinoffen bis zu dem Hotel, in dem ich abgestiegen bin. Doch statt Zimmerschlüssel will mir der Mann an der Rezeption sofort einen Arzt holen, als er das Bein sieht. Da beginne ich loszuschreien: »No doctor, please! No doctor!«

Statt eines Arztes, der mich unangenehm berührt, der am besten noch mit der Nähnadel in meinem Bein herumfummelt, gönne ich mir einen Tag Ruhe und setze dann die Reise fort, humpele mit der notdürftig verbundenen, risslangen Beinwunde die ganze Kuretenstraße zwischen unterer und oberer Agora von Ephesos ab, bevor ich mich mit Blick auf die Mauer der Celsus-Bibliothek hinsetze. Ich bin mir auf einmal nicht mehr sicher, ob es gut ist, mit dem kaputten Bein noch länger unterwegs zu sein.

Irgendeine innere Stimme sagt mir, flieg nach Hause. So schnell du kannst. Sonst verpasst du den nächsten Zug. Wobei ich mich frage, welcher Zug das denn sein könnte? Ja, zu Hause ist Martina, mein Gnubbelchen, schwanger. Kommt etwa das Kind ganz schnell und früh? Kriege ich Komplikationen wegen der Beinwunde, die hier gefährlich werden könnten? Oder warum habe ich so ein komisches Gefühl? Schließlich entschließe ich mich, die Reise sicherheitshalber abzubrechen. Die kann ich ein anderes Mal fortsetzen. Aber wenn ich zu Hause wirklich was verpasse, dann wäre das eventuell irreversibel. So geht es mit dem nächsterreichbaren günstigen Flug schon zwei Tage später direkt von Izmir nach Hause. Beim deutschen Arzt bekomme ich zwar einen schöneren Verband, aber mehr kann er auch nicht machen, weil die Heilung schon zu weit fortgeschritten ist. So ziert seither ein narbiges Souvenir meinen Unterschenkel.

Auf der Suche nach einer Stelle, damit das »Auf-der-Stelle-Treten« endlich mal vorbei ist, schicke ich fortan jeden Tag eine Bewerbung auf den Weg. Vom Wissenschaftsbetrieb enttäuscht, versuche ich woanders Fuß zu fassen. Bewerbungen in die Branche der Informationstechnologien, der IT, kommen mappenschnell wieder zurück. Das finde ich komisch, denn ich würde doch die methodischen Anforderungen wie analytisches Denken, Detailgenauigkeit, Strukturen in komplexen Zusammenhängen ausmachen klar erfüllen, zumindest nach einer angemessenen Einarbeitungszeit.

So rufe ich mehrere der potentiellen Arbeitgeber an, um zu erfahren, was es für Gründe geben kann, mich nicht wenigstens zum Vorstellungsgespräch einzuladen. Da erfahre ich: »Warum sollten wir Sie einstellen? Selbst wenn Sie bei uns erfolgreich sind, und wir glauben Ihnen gerne, dass Sie die Anforderungen nach einer Einarbeitungszeit sehr gut erfüllen, können wir Sie nicht einstellen. Weil wir ja erst viel Zeit und Geld in Sie investieren müssten. Und wenn Sie dann währenddessen doch noch Ihre goldene Stelle finden, zum Beispiel einen Ruf an eine Hochschule erhalten, wo Sie irgendwann mal Professor werden können, dann würden Sie diese Chance sicherlich nutzen!«

Da könnte er sogar recht haben. Würde mir heute jemand so eine »goldene Stelle«, wie er das nennt, anbieten, ja klar, die würde ich wohl sofort nehmen. Da ich aber genug Umsattler und Seiteneinsteiger kenne, frage ich ihn, was ich machen muss, um ernst genommen zu werden, dass ich willens bin, auf einem alternativen Berufsweg in der IT meine Karriere fortzusetzen. Da bekomme ich von ihm eine für mich höchst überraschende Antwort:

»Herr Schmidt, wären Sie bereits einige Jahre arbeitslos, dann wären Sie schon eher in die engere Wahl gekommen. Und wenn Sie sogar noch die für uns passenden IT-Kenntnisse nachweisen können, würden wir Ihnen wohl eine Chance geben. Weil wir dann davon ausgehen können, dass Ihre Pläne für eine wissenschaftliche Karriere erledigt sind. In zwei Jahren zum Beispiel, dann hätten Sie da wohl definitiv den Anschluss verloren.«

Arbeitslosigkeit als Positiv-Qualifikation, um Ziele zu erreichen! Ich bin erstaunt, überrascht und irritiert. Denn bislang hieß es immer, im Lebenslauf dürften keine Sprünge und Lücken sein. Und nun so eine Information. Aber bei genauerem Nachdenken klingt es aus deren Sicht auch wieder logisch. Seltsam. Alles sehr, sehr seltsam. Die einstigen klaren Erfolgskriterien, gute Noten, ausgedrückt in eindeutig lesbaren Zahlen und nicht in vollsten Zufriedenheiten, die es gar nicht gibt, gelten endgültig nicht mehr.

Beim Studium aktueller Stellenanzeigen stolpere ich auch über ein nur noch wenige Tage gültiges Angebot bei der Bundesanstalt für Geowissenschaften und Rohstoffe in Hannover, das sehr interessant klingt. Denn die fachlichen Anforderungen passen perfekt. Da muss ich mich sofort bewerben – als promovierter Geophysiker. Andere meinen, dass sich das nicht lohnen würde, weil es eine »Findeanzeige« sei. Findeanzeigen sind fingierte Stellenanzeigen, die in der Wissenschaft häufig vorkommen, weil öffentliche Arbeitgeber eine Verpflichtung haben, eine freie Stelle öffentlich auszuschreiben. In Wahrheit aber haben sie die Stellenbeschreibung an einem bereits ausgewählten Kandidaten orientiert, der dann meist diese Stelle auch bekommt. Sie suchen also nicht mehr, sondern haben bereits gefunden.

Ich lasse mich jedoch nicht beirren und habe tatsächlich Glück. Ich werde zu meinem ersten Vorstellungsgespräch als Wissenschaftler eingeladen. Das Gespräch verläuft wenig emotional, vor allem sachlich, aufgabenorientiert. Solange ich keine Antwort habe, bewerbe ich mich weiter. Täglich rutscht eine couvertierte Bewerbung runter in den schwarzen Klappschlund des gelben Briefkastens bei der nächsten Straßenlaterne. Ich habe gerade Nummer 40 eingetütet, da finde ich in meinem Briefkasten die Zusage, die Geophysiker-Stelle antreten zu dürfen. Pünktlich zur bevorstehenden Geburt meines Sohnes. Wie ein schweres Flugzeug, das auf den letzten Metern der Startbahn endlich abhebt, kann der Flug des Lebens losgehen. Puh, das war knapp!

Schnell verlassen wir die Kieler Wohnung Richtung Papamamas, um uns von dort aus eine Wohnung bei Hannover zu suchen. Beim überweihnachtlichen Stopover landet mein Sohn Raphael auf dem Weltflughafen, dem Peiner Klinikum, wo er uns lautstark in der Empfangshalle, dem Kreißsaal, begrüßt. Wir finden zum Glück zügig eine Vierzimmerwohnung in Hämelerwald, die wir pünktlich zum 1. Januar 1995 beziehen.

Die »goldene« Stelle

Endlich bin ich am Ziel, am Start in das richtige Berufsleben. Am Beginn einer neuen Zeit. Ich stehe dort, wo der serpentinenreiche, studentische Weg endet. Eine Passhöhe auf meiner Lebensstraße, die zwei Klimazonen trennt. Die Abhängigkeit von den Papamamas endet schließlich und endlich. Irgendwo muss auch die Locken einst dieses Gebirge überquert haben, denn sie sagte früher oft: »Genieße deine Jugend! Wenn erst der Ernst des Lebens beginnt, dann weht ein anderer Wind!«

Ich habe diesen Moment herbeigesehnt, möchte aber auch keinen Moment auf der abenteuerlichen Straße durch die abhängige Jugend vermissen. Da gab es viel zu sehen, nicht nur Amerika, Australien und Neuseeland, nein, auch die Hochzeit mit Martina und die Geburt meines Sohnes Raphael gehörten dazu.

Nun wartet jenseits der Passhöhe die Unabhängigkeit. Auf der anderen Seite des Gebirges, das das Land der Lehranstalten vom richtigen Berufsleben trennt, wartet die Arbeit, die auch angemessen bezahlt wird. Meine Ilseder Hütte wird die Bundesanstalt für Geowissenschaften und Rohstoffe, die BGR.

So stehe ich im Januar 1995 endlich am bereits in der Gegenwart historisch werdenden, wichtigen Kilometerstein 0. Dem ersten Milestone meines richtigen Berufslebens. Denn erst jetzt erhalte ich eine Sozialversicherungsnummer. Die vorübergehenden Beschäftigungen an der Uni und in der Computerfirma waren rückblickend betrachtet keine ordentlichen. Zu wenig Geld und zu wenige Stunden. Daher auch null Sozialversicherung und null Steuern.

Erst ab jetzt zahle ich eigene Steuern, zählen die Einkünfte für die Rente, zahle ich Arbeitslosenversicherung. Bin ich vollwertiger Teil des Systems. Dabei erkenne ich, dass gut gemeinte Fördergelder wie Stipendien, Graduiertenkollegs, halbe Doktorandenstellen oder sonstige steuerfreie Fremdfinanzierungen nicht als ein ordnungsgemäßes Einkommen mit allen Rechten und Pflichten gelten können, was ich immer schon vermutete.

Die ersten Wochen bei der BGR spaßen sehr. Denn ich habe ein eigenes Büro. Endlich! Die wichtigste Grundlage für Erfolg. Die Basis im Beruf. Die Heimat. Der Ort, wo ich ungestört schaffen kann. Ich bin wahrlich angekommen. In meinem Traumberuf.

Mein Chef, Herr Dr. Riedel, ist ein stoffhosig korrekt gekleideter, konservativer und sehr rationaler, ruhiger Mensch. Er setzt auf bewährte Abläufe und ist immer gleich skeptisch, wenn neue Vorgehensweisen und Ideen zur Diskussion stehen. Auch wenn ich jetzt seiner Arbeitsgruppe fest angehöre, besuche ich von Beginn an die Kantine nicht. Weil Martina, mein Gnubbelchen, abends zu Hause liebevoll kocht. Und einmal warmes Essen am Tag reicht. Außerdem wäre das Essen unter Kollegen sicherlich genauso stressreich wie die smalltalkverseuchte Mensa der Uni.

Draußen beginnen die Pflanzen zu ergrünen. Da stelle ich mir vor, wie es wäre, wenn jeder Tag, an dem ich in »Lohn und Brot stehe«, einen Kilometer Fortschritt bedeutet. Dann wäre ich jetzt schon gut vorangekommen. Den Umkreis von hundert Kilometern um meinen Startpunkt, dem »Mile-0«-Stein, der Heimat, in der alles begann, Gadenstedt, Andorra State, kenne ich bereits. Mein aktueller Erfahrungshorizont. Aber das ist natürlich noch gar nichts, die allermeisten Ziele in der Welt sind noch weit weg, sehr weit weg.

Erst wenn man auch das Meer gesehen hat, weiß man die kleinen Gewässer in Relation zu setzen. Erst wenn man die Berge bestiegen hat, weiß man, wie die Ebenen drum herum strukturiert sind. Und erst wenn man andere Kulturen und Klimazonen erlebt hat, kennt man die Vielfalt des Lebens.

Nach der Einarbeitungszeit kommt allmählich immer mehr Routine. Das Berufsleben bestimmt den Alltag. Immer genau zur gleichen Zeit, 7:00 Uhr, aufstehen, der Tag endet meistens ebenfalls immer zur gleichen Zeit, 18:30 Uhr. Und wenn ich abends nach Hause komme, hoffe ich, dass mein Sohn mittlerweile im Bett liegt, damit ich dann meine Ruhe habe und nicht noch vollgeplärrt werde. Irgendwie schade, dass ich abends keinerlei Kraft mehr habe, noch irgendwas anderes zu machen. Ich kenne Leute, die gehen abends noch in den Verein oder sind in der Kommunalpolitik aktiv. Wie machen die das bloß? Gammeln die im Job herum und werden dann abends aktiv? Oder haben die alle mehr Urlaub? Bei der BGR gibt es wie anscheinend üblich 30 bezahlte Urlaubstage. Verglichen mit dem, was ich von der Uni gewohnt bin, ein Kleckerchen. Ob das mit mir auf Dauer gut geht, muss ich abwarten.

Jedenfalls habe ich neben der Arbeit keine Energie übrig und ich fürchte, dass sich irgendwann auch die Geschichte mit der Tachykardie wiederholen könnte, wenn ich nicht aufpasse. Deswegen muss sich Herr Dr. Riedel, der gerne länger im Büro bleibt, daran gewöhnen, dass es von mir keine sich aufsammelnden unbezahlten Überstunden gibt. Ich möchte und muss meine Zeit selber einteilen, ich muss den Tag planen können. Am liebsten würde ich ja das erforschen, was ich für sinnvoll halte, und nicht das, was andere von mir wollen. Aber Geld scheint es nur für das zu geben, was man für andere macht. Mit Fremdbestimmungen aller Art habe ich schon immer dann Probleme gehabt, wenn ich sie nicht einplanen kann, sondern wenn ich durch spontane

Meetings und ähnliche Überraschungen innerlich in Rage gerate und neurologisch blockiere, weil ich nicht mehr Herr der Dinge bin.

Schade, irgendwie scheint der Traumjob seinen Zauber verloren zu haben. Denn im Alltag sind es tatsächlich weniger die Inhalte als vielmehr die Rahmenbedingungen, die meine Zufriedenheit und Ausgeglichenheit bestimmen. Warum wird der Alltag zur Anstrengung, die täglich nach Urlaub schreit, obwohl man sich für die fachlichen Inhalte der Arbeit durchaus sehr begeistern kann?

Nach neun Monaten im Dienst steht eine Veröffentlichung erster Zwischenergebnisse an. Als ich den Bericht mit meinen Beiträgen schließlich in der Hand halte, bin ich über die Autorenliste etwas überrascht. Es ist einer dabei, der aus meiner Sicht gar keinen Beitrag geleistet hat, und ich stehe als einer der Hauptbeitragenden gar als Letzter in der langen Liste. Das ist alles nicht in Ordnung. Erstens gehört derjenige, der das hauptamtlich bearbeitet hat, dessen Ideen da drinstecken, ganz vorne auf die Liste. Und zweitens ist die Ordnung durch irrtümlich vorhandene Namen gestört.

Ich suche sofort das Gespräch mit Herrn Dr. Riedel und finde es am nächsten Tag in Form eines Termins. Ich erzähle ihm von meinen Beobachtungen und erfahre dabei Ungeheuerliches: »Herr Dr. Schmidt, die Liste ist so, wie sie ist, vollkommen in Ordnung. Zu Beginn steht der Projektleiter oder derjenige, der das Geld für dieses Projekt eingeworben hat. Sie sind der Bearbeiter. Dass Sie an der letzten Position stehen, hängt damit zusammen, dass wir das Projekt ursprünglich für einen anderen Bearbeiter eingeworben haben, der demzufolge auch auf der Liste steht, obwohl er in der Zwischenzeit mit anderen Aufgaben betraut worden ist. Vom Prinzip her haben Sie recht, aber es spielen eben auch noch andere Dinge eine Rolle bei der Zusammenstellung der Autorenliste. Dies mögen Sie bitte zur Kenntnis nehmen!«

Ja, ich habe das zur Kenntnis genommen. Aber mit einer sofort wirksamen, befristeten inneren Kündigung, die so lange gilt, bis ich darin eine für mich akzeptable Ordnung gefunden habe. Denn aus der Doktorandenzeit ist mir bekannt, dass das »Brot der Wissenschaft« die »Papers« sind, also die eigene Veröffentlichungsliste. Je länger die ist, desto besser. »Publish or perish!«, heißt das Motto des Überlebens.

Und nun muss ich feststellen, dass neben der nur diffus bewertbaren Leistung im Berufsleben auch in Frage gestellt werden kann, ob jemand Autor ist oder nicht, obwohl er es ist.

Mehrere Tage kann ich nicht mehr vernünftig arbeiten. Sitze nur noch meine Zeit ab und lerne in der Bibliothek Klimadiagramme auswendig. Da gibt es nämlich einen tollen Klimaatlas, aus dem ich mir meinen privaten Reiseratgeber »Wann wohin – wohin wann?« erarbeite, um stets und überall optimale Reisewetterbedingungen vorfinden zu können.

Auch schaue ich dort in den Atlas, um mich daran zu erfreuen, wie weit ich schon mit meiner Berufserfahrung gekommen bin. Mein Erfahrungshorizont liegt jetzt bei der Nord- und Ostsee im Norden, Holland im Westen, Polen im Osten und der Beginn der Weinanbaugebiete rund um Rhein-Main im Süden. Ich sehe auf einmal Dinge, die es so zu Hause nicht gibt. Das Meer, andere Länder und neue Pflanzen, diese vor allem auf der Route nach Süden. Spannend. Äußerst spannend. Diese neuen Pflanzen, das sind die bisher nicht gekannten Spielregeln bei Veröffentlichungen. Interessant.

So langsam beginne ich, die innere Kündigung wieder aufzuheben. Dazu muss ich klare Kriterien kennen, die es mir erlauben, zielstrebig messbar daran arbeiten zu können, zukünftig selbst auf diesen Autorenlisten an exponierter Stelle vorzukommen, da nur das am Ende in der eigenen Vita zählt. Als ich darüber mit Herrn Dr. Riedel spreche, sagt er mir, dass ich dafür selber Projektleiter oder Senior in der Wissenschaft sein müsste. Das komme mit der Zeit und der Erfahrung.

In diesem Moment wird mir bewusst, dass es da aber einen ganz großen Haken gibt: Mein Vertrag ist befristet! Weil das so üblich ist in der Wissenschaft. Wenn ich keine Verlängerung bekommen sollte, dann würde es ja nie zu dieser Erfahrung kommen. Ich hätte hier gearbeitet, Ideen eingebracht und wäre dann um die Früchte meiner Arbeit betrogen. Dieser Logik folgend gehe ich bereits einige Tage später erneut zum Chef:

»Herr Riedel, wie zufrieden sind Sie eigentlich mit mir?«

»Fachlich schätze ich Ihre Arbeit schon sehr. Aber manchmal ist es mit Ihnen auch nicht so einfach!«

»Was meinen Sie damit?«

»Ja, das mit der Autorenliste. Oder dass wir jetzt schon wieder Zeit für solche Diskussionen verwenden müssen, anstatt die notwendigen Arbeiten voranzubringen.«

»Ja, aber man muss doch immer erst die richtigen Rahmenbedingungen setzen.«

Starre Stille. Wie soll ich mit einer befristeten Stelle meine Zukunft planen? Ich bekomme keine Seminare, keine Fortbildungen beispielsweise in Sachen Team- und Kommunikationstraining, alles Dinge, die ich dringend gebrauchen könnte. Ich kann auf eine befristete Stelle nichts verlässlich aufbauen. Ich brauche aber einfach Sicherheit und frage deshalb Dr. Riedel:

»Wissen Sie eigentlich schon, ob ich Ende nächsten Jahres eine Verlängerung des Vertrages bekomme oder ein anderes Projekt hier im Haus?«

»Herr Dr. Schmidt, es wäre vermessen, Ihnen bereits heute zu sagen, ob es einen Anschlussvertrag geben wird!«

»Wie hoch ist denn die Wahrscheinlichkeit, dass es mit mir hier weitergehen wird?«

»Auch dazu kann ich Ihnen leider zu diesem Zeitpunkt nichts sagen!«

Meine Motivationsaktie stürzt ab.

Darüber hinaus gibt es mit Herrn Dr. Riedel leider immer wieder neue kommunikative Missverständnisse. Er scheint die Dinge oft ganz anders wahrzunehmen als ich, auch dann, wenn wir verbal eigentlich von derselben Sache reden. Er kommt auf mich übervorsichtig und wenig mutig rüber, achtet sehr darauf, wie etwas auf andere wirken könnte, wobei ich mich frage, warum das so wichtig sein soll und wenn ja, woran man das denn erkennen soll.

Wenn ich mein Leben danach ausrichten wollen würde, was andere denken könnten, wäre ich gleich verloren. Ich frage mich, ob Herr Riedel schon immer so war oder ob er mehr oder weniger freiwillig Anpassungsopfer des Systems geworden ist. Ich weiß es nicht.

Mit zunehmender Projektdauer möchte Herr Riedel jedenfalls, dass ich Beiträge zu Berichten liefere, in denen alles so stehen soll, wie er sich das vorstellt. Da ich ja nicht weiß, was ihm wichtig ist und was in seinem Kopf vorgeht, kann ich diese Aufgabe nur so auffassen, dass ich sie auf meine eigene Weise frei lösen darf. Immer wieder ist er damit nicht zufrieden, und es muss wortreich nachgebessert werden. Ich komme mir vor wie ein Maler, der den Auftrag hat, einen Raum zu streichen. Und hinterher, wenn ich den Raum perfekt in rotem Glanz gestaltet habe, sagt man mir: »Der Raum sollte doch blau sein!« Ohne dass mir das vorher mitgeteilt wurde. Als hätte ich es wissen müssen. Hinterher zu meckern, ich hätte doch dieses oder jenes machen sollen, weil da irgendwas noch eine Rolle spielt und als bekannt vorausgesetzt wird, wovon ich nichts wusste, halte ich für unfair.

Nach vielem Hin und Her, wobei wir beide Sichtweisen auf die Dinge mühsam abgleichen, finden wir zwar letztendlich immer noch eine beide Seiten weiterbringende Lösung. Aber zum Preise täglicher, dienstlicher Erschöpfung.

Seit Monaten reduziert sich meine tägliche Freude auf ein abendliches Trivialprogramm im Fernsehen: »Bitte Lächeln!« Es sind die Missgeschicke anderer Leute, die die in mir eingefrorene Freude zum Tauen bringen. Ich kann noch lachen – noch. Denn immer mehr fühle ich, dass ich eigentlich mein Lachen verkauft habe – an das Berufsleben. Genauer gesagt an die seltsamen Spielregeln, nach denen das abläuft. Da sind endgültig alle Klarheiten beseitigt. Weil es da anscheinend grundlegende Kommunikationsprobleme gibt. Immer wieder wird mir vorgehalten, dass ich irgendwas sehen oder wissen müsste, was mir aber niemand in Worten wirklich erklärt hat.

Fortan wende ich bis auf Weiteres ein altes Motto an, dass die notwendige, aber nicht hinreichende Zufriedenheitsbedingung garantiert: »Ein gutes Pferd springt nicht höher, als es muss!« Das reicht aus, um formal korrekte Arbeit abzuliefern. Denn jeder Zentimeter mehr über der Latte kostet nur Energie, ohne dass die Belohnung kommt.

Die wäre zum Beispiel ein gesicherter Anschlussvertrag gewesen. Oder klare Erfolgskriterien, die chefunabhängig sind, die Karrierefortschritt definieren. Wie an der Schule. Erreichst du das Klassenziel, darfst du nach den Ferien in die nächsthöhere Klasse. Das fehlt mir hier. Was muss ich tun, um weiterzukommen? Solange ich das nicht beantwortet kriege, muss ich mit meiner Energie haushalten!

Die so frei gewordene Energie nutze ich, um die Ergebnisse aus der Dissertation einer breiteren wissenschaftlichen Öffentlichkeit zugänglich zu machen und zur Diskussion zu stellen. Um dieses Ziel zu erreichen, beabsichtige ich, auf der kommenden Tagung der Europäischen Geophysikalischen Gesellschaft in Den Haag zwei Vorträge zu halten. Als ich darum offiziell bei Herrn Dr. Riedel bitte, auch um ihm zu zeigen, dass ich nach wie vor mehr abliefern kann als das, was ich laut Arbeitsvertrag unbedingt muss, schreibt er mir:

»Lieber Herr Schmidt, beim Hawaii-Vortrag habe ich lediglich die Frage, ob die Erwähnung der Kanaren im Abstract erforderlich ist. Hier ist bezüglich der Hot-Spot-Erklärung noch keineswegs das letzte Wort gesprochen.

Beim zweiten Vortrag handelt es sich meines Erachtens um ein Thema, das jemandem zukommt, der sich zehn oder zwanzig Jahre lang mit Hot Spots befasst hat und jetzt ein Resümee zieht. Ich kann vieles von den Behauptungen nicht nachvollziehen und denke auch, dass sie in dieser Allgemeinheit nicht richtig sind.«

Nachdenklich lese ich diese Zeilen mehrmals. Es gibt niemals ein letztes Wort in der Wissenschaft! Da könnte man ewig drauf warten. Natürlich ist alles, was heute geschrieben wird, nur eine aktuelle Ansicht zum Thema. Warum soll ich also beim Hawaii-Vortrag vergleichend den Stand der Forschung vortragen und bei den Kanaren nicht?

Noch bedenklicher und irritierender finde ich seine Worte zu meinem Anliegen, die Hot-Spot-Klassifizierung in meinen Vortrag einzubeziehen. Dass es da so von mir bezeichnete »Warm Spots« gibt, wo die Erdkruste schwächelt und Bewegungen im Erdinneren triggert, und dass es da Hot Spots gibt, wo die Erdkruste durch Auftriebsströmungen im Erdinnern, den Mantel-Plumes, durchbrochen wird, wie in Hawaii.

Was wirklich gut und schlecht ist, ist doch in der Wissenschaft genauso wie in der Kunst. Da gibt es kein objektives Kriterium. Das finde ich auch immer mehr immer bedauerlicher. Das hätte ich nämlich als Schüler, als ich mich einst für diesen Weg entschieden habe, nicht gedacht. Auch in der Wissenschaft ist nur derjenige gut und beliebt, der neben einer fachlichen Grundleistung den zwischenmenschlichen Code beherrscht. Es ist einfach niemand da, der einen direkten persönlichen Nutzen aus meinen Ideen ziehen könnte. Im Gegenteil, ich hinterfrage gültige Lehrmeinungen. Aber warum ist das denn bloß so schlimm? Warum haben andere anscheinend kein Interesse, das System Welt zu verstehen, und zwar unabhängig von irgendwelchen emotionalen Befindlichkeiten? Warum werden selbst in der Wissenschaft Denkverbote ausgesprochen, nur weil man keine Modellrechnungen mitgeliefert hat?

Ich entschließe mich, diese beiden Vorträge auch gegen den Willen des Herrn Dr. Riedel bei dieser internationalen Tagung anzumelden. Mehr noch, um mich auch ohne eigene, große Veröffentlichungsliste den Entscheidungsträgern in der Wissenschaft zu präsentieren, möchte ich zusätzlich auch die Ergebnisse aus der jüngsten dienstlichen Arbeit in Den Haag vorstellen. So entwerfe ich eine Zusammenfassung und schicke auch diese an Herrn Dr. Riedel. Der schreibt mir zurück:

»Lieber Herr Schmidt! Wir alle wissen, dass ein Vortrag, mit dem man sich sehen lassen kann, einiges an Vorbereitungszeit kostet. Wenn Sie bei der EGS-Tagung zwei Vorträge halten, ist das schon mehr, als wir verkraften können … Da wir mit unserer Zeit sehr haushalten müssen, kann ich diesen Vortrag nur ablehnen.«

Ich bin enttäuscht. Tagelang drehen sich meine Gedanken um diese Ablehnung. Womit erheblich mehr Zeit verloren gegangen ist, als wenn er mich meinen Weg hätte gehen lassen. Es gibt so viele Namen, die in den ganzen Tagungsbänden mehrfach und vielfach vorkommen. Professoren, die ganz lange Publikationslisten haben, also auch gleich mit mehreren Themen auf Tagungen und in Papers präsent sind.

Derweil fällt die Motivationsaktie weiter. Ich verstehe das alles nicht. Was habe ich den Leuten getan? Ich komme mir vor wie ein Porsche, der die wissenschaftliche Überholspur nehmen will, aber durch langsam fahrende Fahrzeuge am zügigen Fortkommen gehindert wird. Warum? Für mich ist das alles sehr unbefriedigend.

Zu meinem dreißigsten Geburtstag erhalte ich von meiner Dienststelle eine Glückwunschkarte. Auf ihr ist eine zerlegte Kugel abgebildet, die den Blick in das Innere der Erde symbolisch freigibt. Aus der so zerhackten grauen Erde sprießt frisches Grün. Darunter steht: »Das Wissen über die Innenstruktur allein reicht nicht aus, um das Leben auf der Erde zu gestalten.«

Im aufgefalteten Innern der Karte lese ich: »Lieber Herr Schmidt, Glück, Zufriedenheit und vieles mehr, das wünscht Ihnen zu Ihrem Geburtstag der Personalrat der BGR.« Als ich diese Karte so in meinen Händen halte, frage ich mich, ob die diese Karte gerade für mich ausgewählt haben oder ob jeder so eine bekommt, der irgendein Jubiläum zu feiern hat. Jedenfalls fühle ich mich persönlich angesprochen.

Ich deute die Karte so, dass ich mehr über die Rolle der Menschen auf der Erde lernen muss. Meine Kollegen bestätigen mir das auch. Nach längerer Überlegung komme ich zu dem Schluss, dass mir politische Aktivitäten weiterhelfen könnten, die Vorgänge hinter den sachlichen Kulissen besser zu verstehen. Doch es gibt keine Partei, der ich mich vollständig zugehörig fühle. Eigentlich bin ich ein Mischmasch aus CDU und Grünen. Doch diese Kombination finden die meisten Menschen absurd, sie würde sich widersprechen. Es ist doch komisch, dass es in meinem Leben immer wieder diese sich scheinbar widersprechenden Ziele gibt. Dass ich irgendwie dazu berufen zu sein scheine, Widersprüche aufzulösen, die nur scheinbar sind. Schließlich nehme ich Kontakt zur lokalen CDU auf und werde von einem Parteimitglied besucht. Als ich meine Beitrittserklärung unterschrieben habe, frage ich ihn nach meinem Ordnung schaffenden Parteibuch. Denn darin würden sicherlich alle Verdienste und Fortbildungen und politischen Aktivitäten protokolliert. Doch so ein Buch gebe es nicht. Es sei nur eine Worthülse. Früher soll es wirklich Parteibücher gegeben haben. So bin ich nun also ein enttäuschtes Neumitglied ohne Parteibuch. Die Enttäuschung muss noch weichen, damit ich nicht gleich wieder austrete.

Bei den Treffen mit den Parteikollegen fällt mir auf, dass ich der Einzige bin, der einen zeitlich befristeten Arbeitsvertrag hat, und dass ich auch der Einzige bin, der noch kein Haus sein Eigen nennt. Da ich nicht ewig in einer Mietwohnung leben will und irgendwann mit meiner Familie auch im eigenen Garten wohnen möchte, frage ich mich, wie ich das mit so einer blöden ewigen Befristung hinkriegen soll. Schließlich gehe ich interessehalber einfach mal zur ortsansässigen Bank, um mich zu erkundigen, wie das mit so einem Hauskredit überhaupt laufen würde. Doch das Gespräch kommt früh und jäh zum Ende, als der Berater mir sagt: »Um hier einen Baukredit zu bekommen, müssen Sie entweder Sicherheiten in ausreichender Höhe, also den geldlichen Gegenwert des zu bauenden Hauses nachweisen oder abgesehen von dem Kapitalgrundstock, den Sie ansparen müssen oder bereits haben, unter anderem auch einen unbefristeten Arbeitsvertrag vorlegen, aus dem hervorgeht, dass Ihr Einkommen auch die vereinbarte Finanzierung über die Laufzeit ermöglicht.«

Fazit: Es wird also, solange ich als Wissenschaftler in solch bescheuerten befristeten Arbeitsverträgen stecke, keinen Bankkredit für ein Haus und damit in den nächsten zwanzig Jahren kein eigenes Haus geben. Der Wille, Wissenschaftler zu werden, wird erstmals im Leben nachhaltig hinterfragt. Die Motivation, im Job, solange er befristet ist, noch etwas zu leisten, ist endgültig dahin. Nun heißt mein Motto: Such dir einen Weg, der deine methodischen Stärken nutzt und wo es einen unbefristeten Vertrag gibt. Auch wenn das inhaltlich keine Geophysik mehr ist. Denn die Bedingungen, unter denen das Arbeiten hier derzeitig stattfindet, sind für mich auf Dauer völlig ungeeignet. Das spüre ich.

Traumjob in der Südsee

Der bereits während der Doktorandenzeit geplante, aber aus Kostengründen aufgeschobene Hawaii-Ausflug findet nun endlich statt. Ich fliege mit meiner Frau nach Hawaii, Samoa und Fidschi. Unseren kleinen Sohn lassen wir schweren Herzens bei seiner Oma, um ihm und uns die Strapazen zu ersparen. Auf Big Island erleben wir den größten Hochofenabstich der Welt: wie die glühende Lava über Straßen hinweg ins Meer fließt. Und wir besteigen den Mauna Kea und den Mauna

Loa, der in seinem Gipfelgebiet viele gläserne Spalten in der schillernd glitzernden schwarzen, scharfkantigen Lavawüste hat. Ich bin vollständig in meinem Element.

So finde ich hier und später auf den anderen Hawaii-Inseln, in Samoa und zuletzt auf verschiedenen Fidschi-Inseln genügend Energie, um das Arbeitsleben wieder für einige Monate zu ertragen.

Nach der Rückkehr schaue ich mich beruflich intern nach Alternativen um. Weil ich zu dem Schluss gekommen bin, dass Herr Riedel mir wohl keinen Folgevertrag beschaffen wird und ich mich daher nun selber um einen weiteren Vertrag kümmern muss. Als ich am nächsten Tag die Stellenanzeigen am Schwarzen Brett studiere, stolpere ich über eine Chance, für einige Monate ins Ausland zu gehen. Nach Papua-Neuguinea. Ich bekunde mein Interesse. Man sagt mir, dass ich noch zu wenig Auslandserfahrung hätte, dass ich mir nicht allzu viel Hoffnung machen sollte. Aber einige Wochen später heißt es überraschend, da sei niemand, der wolle und sich traue. Ob ich immer noch Interesse hätte. »Take your chance!«, sage ich mir sofort und bekräftige mein Interesse.

Der noch gültige Vertrag wird vorzeitig aufgelöst. Ich bekomme einen neuen Chef, den etwas dicklichen Dr. Hainbusch, der mir in Hannover als Ansprechpartner dient. Mein alter Chef, der Herr Dr. Riedel, bekommt dadurch leider auch keinen Endbericht über das Projekt mehr von mir. Stattdessen fliege ich am 1. September 1996, einem blassorangen Tag, in die Südsee. Nach Port Moresby. Zur Arbeit in einem verdschungelten Land. In feuchtschwüle Hitze. Unter im Wind flüsternd rauschenden Kokospalmen. Dort bin ich Alien per Pass, denn man nimmt mich so, wie ich bin. Ein kleines, einfaches Büro ist mein Arbeitsplatz beim staatlichen geophysikalischen Dienst von Papua-Neuguinea.

Irgendwann fahre ich mit den Einheimischen, die ich im Umgang mit geografischen Informationssystemen trainieren soll, zu einem Computerladen. Das Interessante an diesem Laden ist nicht sein Angebot, sondern ein großes Bild am Eingangsportal. Es zeigt das Leben in zwei Welten, die einander fremd sind und die verbunden werden müssen, um eins zu werden. Die Welt der Menschen in ihrer traditionellen

Lebensweise im Dschungel. Und die Welt der Menschen, die in modernen Büros an Computern arbeiten. Beide Seiten trennt ein tiefblauer, breiter Fluss. Beim Betrachten des gemalten Bildes muss ich an Dr. Stefan Weiß denken. Der sagte damals im Studium, dass die Geophysik von Menschen gemacht würde, dass zuallererst die Menschen kämen. Die Menschen mit ihren Emotionen. Und erst dann die Sache.

Ich beginne zu begreifen, dass ich auch hier vielleicht nicht vordergründig eine geophysikalische Aufgabe habe, sondern eine entwicklungspolitische: Es geht darum, eine weitere Brücke über den Tradition und Moderne trennenden Fluss zu bauen. Eine geophysikalische Brücke!

Was mich anscheinend besonders prädestiniert für diesen Job, ist, dass ich zu keiner von beiden Welten gehöre. Ich bin weder ein Einheimischer mit traditionellen Wurzeln aus dem Dschungel noch einer, der die Funktionsweise dieser modernen Arbeitswelt beherrscht. Weil auch dort Spielregeln zu gelten scheinen, die sich meinen Sinnen entziehen. Und das ganz Komische daran ist, dass es genau diese unbestimmten, emotionalen Spielregeln sind, die auch das Leben im Dschungel bestimmen. Ich spüre es. Ich stehe außerhalb dieser Regeln. Bin emotional neutral. Und das scheint mich besonders zu qualifizieren.

Ich kann Menschen gangbare Wege zeigen, die unter ihren Rahmenbedingungen funktionieren. Was ich allerdings nicht kann und will, ist einer traditionellen Gesellschaft die westlichen Werte und Normen aufzuoktroyieren.

Ich freue mich darüber, dass ich hier Menschen ohne Berücksichtigung irgendwelcher Richtlinien Wege aufzeigen kann, wie sie aus der Isolation rauskommen und teilhaben können an einer weltumspannenden technologischen Entwicklung, ohne sie zu dieser Teilhabe zu zwingen. Wenn du hier Erfolg haben willst, dann zwinge nicht die Leute zu einem Leben nach westlichen Wertmaßstäben, sondern wecke in ihnen die Sehnsucht nach weniger Leiden und mehr Wissen und Komfort im Alltag.

Diese Vorgehensweise bringt mich auf die Erfolgsstraße. Aber nach etwa zwei, drei Monaten merke ich, dass diese Menschen, obwohl sie vom Know-how hinterherhinken, die gleichen für mich unbegreiflichen kommunikativen Fähigkeiten haben, die anscheinend alle Menschen in aller Welt unabhängig von der Kultur und Tradition haben, nur ich nicht. Ich komme mir vor, als müsse ich hier nicht nur neue Brücken zwischen zwei, sondern zwischen drei Welten bauen: der Moderne, der Dschungeltradition und meiner Welt.

Ich erkenne, dass auch kein Auslandsaufenthalt, wenn er länger dauert und man in dieser Zeit mit immer denselben Menschen zusammen ist, mir das geben kann, was mir auch zu Hause fehlt: Verständnis für meine Art des Seins.

Mein Gnubbelchen kommt nach drei Monaten mit dem knapp zweijährigen Raphael nachgeflogen. Zusammen genießen wir die lauen Abende am Swimmingpool des Domizils. Nach Abschluss meiner Mission verlassen wir Papua-Neuguinea Richtung Australien. Dort fahren wir unter anderem wieder in mein geliebtes Outback, wo wir stets im Stoffhaus, so nennt Raphael unser Zelt, übernachten. Den Abschluss bilden ein Besuch des australischen Dschungels bei Cairns und eine Vulkantour durch die Philippinen, die uns bis zum Mount Mayon bei Legazpi führt. Dieser Berg symbolisiert mein Sein wie kaum eine andere Landschaft. Regelmäßig und erhaben, aber dennoch unkalkulierbar. Die meiste Zeit still und ruhig, dann wieder chaotisch im Verhalten.

Als ich schließlich wieder in Hannover bin, stelle ich fest, dass mein Einzelbüro nicht mehr verfügbar ist, dass es anderweitig besetzt worden ist. Und dass es keinerlei Ersatz gibt. Stattdessen werde ich in ein provisorisches Großraumbüro gesteckt. Dort frage ich die anderen nach meinen Arbeitsutensilien und erhalte folgende Antwort: »Herr Riedel nannte es das Grab von Peter Schmidt. Das liegt unten im Keller, im Archiv!«

Ja, ich funktioniere nicht so, wie er wollte, und er funktioniert nicht so, wie er müsste, damit ich ihn verstehe. Es ist schon komisch, da hat man seinen Traumjob »Geophysiker« erreicht und doch nicht erreicht. Wegen der Menschen, wegen ihrer Befindlichkeiten und Beziehungsspielereien, die ich zwar sehe, aber nicht mitspielen kann. Ohne mein Büro und ohne eine unbefristete Stelle oder zumindest einen Folgevertrag in Aussicht geht meine Motivationsaktie auf Nullkurs. Meine vorläufig letzte Amtshandlung wird darin bestehen, noch einen ordentlichen Bericht über die Arbeit in Papua-Neuguinea abzuliefern. Mehr nicht.

Vom Personalreferat erfahre ich schließlich:

»Aus hauspolitischen Gründen können wir Ihnen leider keinen dritten Vertrag anbieten! Sie kennen die Spielregeln. Wir müssten Ihnen aus juristischen Gründen dann eine unbefristete Beschäftigung anbieten, das können wir derzeitig nicht. Wenn Sie Ihre wissenschaftliche Karriere weiter vorantreiben wollen, dann müssten Sie jetzt für mindestens sechs Monate woanders weitermachen, zum Beispiel am Geoforschungszentrum Potsdam.«

»Und wer bezahlt mir den Umzug dahin, mal abgesehen von den ganzen Problemen, die diese Veränderung für mich erneut mit sich bringt? Ich reise zwar gerne, aber andauernd umziehen, das ist nicht das Leben, das ich mir vorgestellt habe. Das würde mich kaputt machen.«

»Wie Sie wollen, Herr Dr. Schmidt. Aber wer will denn hier eine wissenschaftliche Karriere machen? Sie oder ich?«

Unter den vorgefundenen Rahmenbedingungen kann ich nur Widerstand sein, aber keine Kapazität. Leider.

Schon am nächsten Tag fahre ich nicht wie üblich morgens zur Arbeit, sondern melde mich aus ungekündigter, aber befristeter Stellung heraus beim zuständigen Arbeitsamt arbeitslos. »Wenn Sie mir eine vernünftige, unbefristete Stelle als Geophysiker anbieten können, werde ich die selbstverständlich annehmen!«, sage ich dem Sachbearbeiter und ergänze: »Wenn das hier in der Gegend ist, akzeptiere ich ausnahmsweise auch befristete Verträge, weil ich dann ja nicht umziehen muss. Aber Umziehen, das tue ich nur, wenn ich weiß, dass ich am Ziel auch dauerhaft willkommen bin und nicht nur eine akademische Aushilfe auf Zeit!«

Die Zeit bei der BGR läuft aus, ohne dass ich ein Angebot erhalte. So kommt es, wie es kommen soll und offenbar muss. Ich werde arbeitslos, weil der Wissenschaftsbetrieb nur befristete Verträge kennt und aus meiner Sicht keinerlei Interesse zeigt, mich nachhaltig bei einer auch menschlichen Weiterentwicklung zu unterstützen. Schade.

Nach 760 Arbeitstagen endet mein Engagement als Wissenschaftler. Immerhin konnte ich meinen Welterfahrungshorizont gerade so bis zum Atlantik bei Irland oder bis in die Alpen in Norditalien voranschieben. Vor mir liegt westwärts nun ein riesiger Ozean, dessen Ende schier unendlich weit entfernt ist.

Bei der BGR hätte ich sehr gerne weitergearbeitet, denn letztendlich hat mir die rein fachliche Arbeit dort doch gefallen. Wenn ich dort einen Menschen gefunden hätte, der meine Begeisterung gesehen und mich in meiner Entwicklung zugunsten der BGR gefördert hätte, wäre es bestimmt auch möglich gewesen, weiterzukommen. Wo ein Wille ist, gibt es einen Weg. Aber es gab diesen Willen nicht.

Abgeforscht!

Zu Beginn meiner Zeit als Arbeitsloser bin ich recht gelassen. Endlich kein zwischenmenschlicher Stress mehr. Es folgt der längst überfällige Urlaub. Und darauf stoße ich mit meiner Frau an, denn ich habe abgeforscht. Mit Sekt feiern wir die kommende Zeit der Arbeitslosigkeit als überfällige Kur zur Erholung von den Menschen und ihrem mich an das Reich der wilden Tiere erinnernden affigen Beziehungsgehabe. Mein Leistungsoptimum liegt bei acht Monaten Arbeit und vier Monaten Urlaub – jedes Jahr. Mehr Urlaub würde lähmen, weniger Urlaub löst mehr oder weniger große Leistungshemmungen aus. Mit wenig Urlaub würde ich nur genau dann auskommen, wenn ich ganz allein bestimmen kann, was zu tun und zu lassen ist.

Weil das Arbeitsamt mir leider keine derartige Stelle als Geophysiker anbieten kann, wird das Leben als Arbeitsloser noch eine ganze Weile dauern. Und ich selber bin nicht mehr willens, eine Bewerbung irgendwo hinzuschreiben, wo es nur dienstdiskriminierende, befristete Stellen gibt, die es nicht erlauben, mir etwas aufzubauen, privat und dienstlich. Jacques Cousteau hatte da wohl etwas andere Voraussetzungen, aber das habe ich als Kind nicht gewusst. Wer weiß, vielleicht hätte ich dann auch nie den Weg des Wissenschaftlers gewählt.

Ich besuche die nahe gelegene CeBiT in Hannover, die größte Computermesse der Welt. Dort sehe ich drei große Buchstaben auf blauem Grund: S, A und P. »Schmidts Arbeitsplatz!« oder »Schmidts alternative Perspektive!« blitzt es durch meinen Kopf. Die Intuition sagt: Hugh, das ist es! Da geht es lang. So schaue ich mir den schillernd großen Stand ganz genau an: Mit der Software von SAP lässt sich Geld verdienen. Ich müsste dann sozusagen Geo-Informationssysteme gegen Business-Informationssysteme austauschen. Die methodischen Skills dürften dieselben sein: analytisches Denken, strukturiertes Arbeiten und so weiter. Somit könnte ich achtzig Prozent meiner Fähigkeiten aus der Geophysik übertragen.

Mich tröstet eine Zen-Weisheit: »Das Leben birgt viele Umwege in sich. Die Kunst besteht darin, dabei die Landschaft zu bewundern!« Ja, allein deswegen lohnt es sich, jetzt mal woanders langzufahren. Im echten Leben ist es ja auch so, dass man von den Autobahnen aus nichts sieht, an fast allem vorbeifährt. Wenn man aber die Landstraßen fährt, kann man dagegen viel Natur und Sehenswürdigkeiten erleben. Und außerdem kriegt man durch die Umwege ganz nebenbei auch neue Ortskenntnisse, also Lebenserfahrungen! Wer weiß, wozu die mal gut sind! Wer weiß, warum ich diese Strecken einsammeln soll.

Da ich derzeitig viel Zeit habe und abends nicht übermüdet bin, schaue ich ausnahmsweise auch mal Fernsehen. Denn ein nachrichtenwichtiger Spielfilm hat sich angekündigt, den man unbedingt gesehen haben sollte. Vor allem als Deutscher.

»Schindlers Liste«. Ein beeindruckender Film! So etwas habe ich selten erlebt. Ein Film, der es schafft, in mir Emotionen hervorzubringen. Ein Film, der es schafft, dass ich mich in andere Menschen hineinversetzen kann. Ganz besonders in die Ingenieursfrau im Konzentrationslager Auschwitz. Wie sie den Aufsehern sagt, dass die Baracken falsch gebaut seien. Dass das so nicht halten würde. Für diese wertvolle Information wird sie schließlich erschossen. Und nach ihrem Tod gibt der Chef den Umstehenden sinngemäß den Befehl: »Reißt alles nieder und baut alles noch einmal neu auf, und dann macht ihr das genau so, wie sie es gesagt hat!«

Sie hatte die richtige Idee. Sie half, das Richtige zu tun. Dafür wurde sie erschossen. Weil sie unerwünscht war. Und hinterher wird alles genau so gemacht, wie sie gesagt hat. Den Ruhm stauben andere Offiziere ab. Das erinnert mich sofort an die Begebenheit in der BGR, als mich mein damaliger Chef nicht angemessen auf der Publikationsliste berücksichtigen ließ. Oder auch schon früher in der Schule. Und im Studium gab es auch immer wieder solche Situationen, in denen sich der Teamleiter mit der wesentlichen Teilleistung eines Teammitglieds gebrüstet hat, ohne dass man selber was davon hatte. Jedes Mal waren es Menschen, die sich auf Kosten anderer profilieren wollten und anscheinend mussten, weil sie selber fachlich längst nicht mithalten konnten. Und wenn dann da jemand noch zu einer Gefahr werden kann, eliminiert man ihn eben. Wie die Frau im KZ.

Mit und nach dem Film reift mein Entschluss, der Wissenschaft nun endgültig den Rücken zu kehren, da man dort vermutlich weiterhin entweder um seine Ideen betrogen wird oder gar nicht erst zum Zuge kommen, sondern nur dienen darf. Außerdem gibt es dort keine unbefristeten, bankkreditwürdigen Stellen für mich. Aber in der Computerbranche. Wer von diesem SAP-Kram Ahnung hat, kann laut Stellenbörsen auf der CeBIT auf eine gut bezahlte Position hoffen. Auch und vielleicht sogar gerade als Seiteneinsteiger. Fragt sich nur noch, woher ich die Kenntnisse kriege. Denn aus Kiel weiß ich ja, dass Arbeitgeber fürchten, dass ich nicht lange bleiben würde, wenn doch noch die »goldene Stelle« auftaucht, und man deshalb davor zurückschreckt, Geld und Zeit in mich zu investieren.

Schließlich sage ich dem Arbeitsamt, dass ich meine Zukunft bei SAP sehe. Da sagen die mir, dass die Möglichkeit einer Umschulung bestehe. Aber es gäbe da einen großen Haken: Solche Programme würden nur für schwer vermittelbare Langzeitarbeitslose bezahlt.

»Wann gilt man denn als Langzeitarbeitsloser? Nach zehn Jahren?«, frage ich den Berater im Amt. Der antwortet: »Nein, mehr als sechs Monate. Dann ist man langzeitarbeitslos.«

Erneut Arbeitslosigkeit als Qualifikation. Aber lieber geplant und kontrolliert befristet arbeitslos, als nach einer Kette befristeter Verträge irgendwann alt und überqualifiziert ewiger Sozialhilfeempfänger!

Schließlich einige ich mich mit Siemens Business Services, SBS, auf eine fast einjährige Fortbildung zum SAP-Software-Entwickler. Parallel dazu immatrikuliere ich mich an der Fernuni Hagen, um mir Grundlagen der Betriebswirtschaftslehre und in Jura anzueignen, damit ich einen besseren Zugang zu den Inhalten der auf mich zukommenden Kundenbedürfnisse habe. Denn nur so kann ich wirklich gute Datenmodelle erstellen und die SAP-Software kundenspezifisch weiterentwickeln und programmieren.

Das Studium und der Kurs bei SBS werden erst im Herbst anfangen, also habe ich Zeit, um noch einige tausend Kilometer interkontinentaler Straßen einzusammeln. Wer weiß, wann das wieder möglich ist, wenn ich erst mal mit SAP arbeite. So fahre ich mit meinem Gnubbelchen die Seidenstraße ab. Anschließend begebe ich mich noch allein, weil Martina mittlerweile erneut schwanger ist, auf die Überlandroute von Peking nach Bombay. Dabei überquere ich das Himalaya-Gebirge, eine synästhetische Lebensstraße in echt, die Grenze zu einer neuen Berufswelt. Das Gebirge trennt mein Leben als Wissenschaftler vom kommenden Leben als IT-Spezialist und SAP-Berater.

In der Zeit der Arbeitslosigkeit habe ich aus Sicht meiner Frau angeblich endlich mal wirklich wahrgenommen, dass ich mittlerweile eine Familie und ein Kind habe. Aber bald muss ich ja wieder Geld verdienen und darauf will ich mich vorbereiten. Ich erhalte vier Buchempfehlungen, die für mich zu abgründigen Offenbarungen über das Berufsleben werden:

Das erste Buch heißt »Forschen auf Deutsch«. Was für ein lustigernstes Machwerk! Es verzwergt die Relevanz wissenschaftlicher Forschung zugunsten der wirklich wichtigen, wegweisenden Wie-Fragen: Wie kriege ich ein eigenes Labor? Wie hole ich als Prof das meiste aus meinen Doktoranden für meine Publikationsliste raus? Und so weiter. Der wissenschaftliche Nachwuchs müsse wie ein Kamel von Oase zu Oase ziehen, während die »Fürsprechs«, so nennt der Autor die Profs, als Gutsherren die Oasen beherrschen.

Das zweite Buch heißt »Mit den Wölfen heulen«. Der Titel erinnert mich an die mahnenden, sich gebetsmühlenartig wiederholenden Worte der Papamamas: »Du musst noch viel mehr mit den Wölfen heulen!« Und jetzt lese ich, viele, viele Jahre später, was die damit wirklich gemeint haben. Damals schon. Jetzt weiß ich zwar, wie das Spiel gespielt wird, aber dennoch kann ich dieses Spiel so gar nicht spielen, denn dazu scheinen mir irgendwelche Fähigkeiten zu fehlen, irgendwelche Sinne, mit denen man zum Beispiel die Emotionen der anderen wahrnehmen kann.

Als drittes Buch kaufe ich mir den Titel »Wahnsinnskarriere«. Ich hätte nicht gedacht, dass es noch eine Steigerung zu den bereits gelesenen Machwerken gibt. Wahnsinnig! Das Leben soll wirklich ablaufen wie in den vor Intrigen nur so triefenden TV-Sendungen »Dallas« und »Denver«. Der Spruch der Locken, »Mach immer schön deine Arbeit, dann wirst du auch irgendwann mal weiterkommen!«, er ist endgültig und bastaschlussend als Quatsch entlarvt. Das Gegenteil ist der Fall: Für schlechte Arbeit falle man die Karriereleiter rauf. Man müsse viele Projekte anschieben und wechseln, bevor sich der Flop entpuppt, ja gar komplette Anleitungen zum erfolgreichen Intrigenspinnen und Mobbing sind enthalten, wie man Kollegen methodisch fertig machen kann und muss, wenn man selber weiterkommen will. Angeblich soll das der Büroalltag in akademisch angehauchten Kreisen sein.

Dazu wird mir als viertes Buch »Positives Denken« empfohlen, wohl als Kompensation, damit ich nicht ganz verzweifle. Ich blicke in einen gähnenden, tief unten verwolkten Abgrund und sehe den Boden der Wahrheit nicht. Den Abgrund des Berufslebens. Ja, in diesen Büchern stehen Dinge, die ein sauberes, ehrliches Berufsleben als grundsätzlich nicht existent darstellen. Selbst wenn ich nach diesen Regeln mitspielen könnte, ich würde es ethisch bedenklich finden. Um die wahren Karriere-Autobahnen zu befahren, muss man sich intuitiv in andere hineinversetzen können. Emotionen geben den Takt über die Fakten an, nicht umgekehrt. Dabei vergessen die Menschen, dass aller Schickimicki emotionaler Befindlichkeiten einem einzigen Eisberg zum Opfer fallen kann, wenn man die Fakten zugunsten von Menscheleien ignoriert. Ich sage nur Titanic. Da kam das Unglück durch Vernachlässigung gleich mehrerer kleiner Dinge.

Alles, was ich da in diesen Büchern lese, erinnert mich stark an Kindergarten oder Grundschule. Die Menschen spielen mit Emotionen. Nur habe ich keine Ahnung, wie sie das machen. Ja, es grenzt für mich an ein Wunder, dass die Menschen sich überhaupt so weit entwickeln konnten. Was man alles noch optimieren könnte und wie schnell würde da erst die Entwicklung gehen!

Zum Ende des Sommers erreicht mich völlig überraschend ein Brief von einem ehemaligen Kollegen der BGR, mit dem ich aber gar nichts weiter zu tun hatte. Ein Brief voller Hinweise und Warnungen, wie das eigene Verhalten bei den anderen wirkt. Das erinnert mich sofort an den Brief von Katrin, den ich damals zu Beginn meines Studiums von ihr erhielt.

Er beginnt damit, dass er mich davor warnt, dass Wissenschaft eine Sucht sein könne. Dass man dadurch egozentrisch eigene Ideen vorantreiben wollen würde, aber die Interessen größerer Einheiten wie Arbeitgeber, Staat und Nation, zu denen man als Angestellter nun einmal gehöre, nicht vernachlässigen dürfe. Wenn es nicht richtig weitergehe oder man anecke, müsse man »die Warnzeichen erkennen«.

Was für Warnzeichen? Und woran soll ich die dann auch noch erkennen, wenn mir keiner sagt, was ihm nicht gefällt? Ich kann aus Kritik lernen, aber wenn die durch keinerlei Wortwechsel thematisiert wird, kann man von mir auch nichts erwarten. Er selbst habe stets sehr darauf geachtet, »die Beamtenseelen hier nicht unnötig zu reizen«. Ich sei dagegen sehr progressiv gewesen, das möge nicht jeder, der in so einem Behördenladen arbeite. Schade, wenn Engagement zu einem Problem wird.

Da erinnere ich mich, wie man mir mal sagte: »Herr Dr. Schmidt, Sie müssen schon den Dienstweg einhalten, auch wenn das offensichtlich dem Laden schadet! Die Regeln haben wir nicht aufgestellt!«

Das habe ich damals schon nicht verstanden. Wenn jemand Regeln aufstellt, dann tut er das, weil es für gewisse Situationen eine Arbeitsordnung geben soll und muss. Grundsätzlich ist das auch sehr sinnvoll. Aber manchmal gibt es Situationen, für die eine aufgestellte Regel schlichtweg unsinnig und schädlich ist. Und Richtlinien sind doch wie Treppengeländer, die kann man, aber muss man nicht nutzen, um die Treppe raufzukommen. Warum soll ich nicht die noch schilderlose, neue Autobahn benutzen dürfen, die neben dem alten, ausgeschilderten Dienstweg liegt? Wenn ich grundsätzlich die Gleise im Bahnhof nicht überqueren darf und die Unterführung zu nehmen habe, dann gilt das sicherlich nicht mehr, wenn der Bahnhof brennt oder eine sonstige Notlage vorliegt. Jeder, der dann umkommt, weil er sich an Regeln gehalten hat, die für den gegebenen Fall sicherlich nicht gedacht sind, ist für mich dann selbst schuld. Ich finde es unfair, mir Vorschriften zu machen, die im gegebenen Kontext offenkundig und nicht nur nach persönlicher Meinung Unsinn sind. Ja, so etwas habe ich den Leuten dann auch gesagt. Wissenschaft lebt von neuen Ideen. Eigentlich.

Zwei Wochen später erhalte ich von ihm noch einen Brief: »Inzwischen haben wir hier unter Kollegen auch etwas diskutiert über Sie«, mit diesen Worten eröffnet er seine Zeilen, in denen er einen Absatz später knallhart zur Sache kommt:

»Speziell für Sie gilt, dass Sie an Intelligenz wohl viele überragen. Damit kann man allerdings in einer demokratischen Gesellschaft Ärger bekommen. Denn da rotten sich die vielen als Einzelne Schwachen, die vielen weniger Intelligenten, gegen die wenigen Intelligenten, die intelligenten Einzelkämpfer zusammen! So versuchen sie, den Aufstieg von Einzelkämpfern zu verhindern. Und das betreiben vor allem die schwächeren Chefs, die den intelligenteren zukünftigen Konkurrenten fürchten!«

Weiter unten schreibt er:

»Mit hohem IQ muss man sich deshalb evtl. so lange dumm stellen, bis man fest im Sattel sitzt … Oder man versucht es über den Seiteneinstieg, indem man woanders hochkommt und dem Laden, den man im Visier hat, später als Chef vorgesetzt wird … Viele Intelligente … bleiben dabei auf der Strecke. Wenn man hochkommen will, darf man den Kampf nicht scheuen und sich nicht wundern, wenn es schiefgeht!«

Und das lese ich auch noch:

»Man kann sich aber auch bescheiden und nicht so hoch hinauswollen. Oft wird man dann gebeten, doch bitte Verantwortung zu übernehmen. Versuchen Sie's einmal so!« Ganz zum Abschluss des Briefes wünscht er mir »faires Hauen und Stechen«. Hauen und Stechen ist also üblich, wie im Fußball, wie kann das fair sein? Wann ist es fair? Wann nicht mehr? Welches Foul liegt noch im üblichen Rahmen? Und wann habe ich so weit übergetreten, dass es die »gelbe Karte« gibt? Woran soll ich denn erkennen, wann ich die Gefühle der anderen verletzt habe? Die anderen erkennen doch genauso wenig, wenn sie meine Gefühle verletzt haben. Wie auch, wenn ich meinen Mund nicht aufmache. Ich weiß nicht, was ich von alldem halten soll. Ich spüre nur, dass es mich berührt, aber noch nicht den Kern der Sache trifft.

MEINE KARRIERE ALS SAP-EXPERTE IM PHARMAKONZERN

Arbeitsloses Intermezzo

Ich habe es tatsächlich geschafft, mich auf der Seidenstraße und bei der dünnluftigen Überquerung des Himalaya-Gebirges zum Langzeitarbeitslosen zu qualifizieren. Wieder daheim, fern der Uni Hagen, studiere ich nun Betriebswirtschaftslehre für Naturwissenschaftler. Nicht, um einen weiteren akademischen Abschluss zu kriegen, nein, nur um didaktisch aktiv aufbereitet die Grundlagen des Wirtschaftslebens zu verstehen. Kauf- und Arbeitsrecht, Buchhaltung und Kostenstellen- und Kostenträgerrechnung. Auch um eine Ahnung davon zu bekommen, was Alltag in den Firmen ist und was man dann mit der Software von SAP abbilden muss.

Während die Sache mit der Buchhaltung und den Kostenstellen Pipifax für mich ist, überrascht mich im Nebenfach Jura eine interessante und lehrreiche Übung. Ich soll in einem Kaufvertragsprozess den Angeklagten als Anwalt vertreten. Obwohl der meiner Meinung nach seinen Geschäftspartner klar »über's Ohr gehauen« hat, soll ich feststellen, dass möglicherweise gar kein Betrug vorlag. Ich erhalte die schriftliche Übung vom Korrektor mit einem Kommentar zurück, der für mich zu einer lebenswichtigen Lektion wird: »Sie haben nicht alle Ihnen bekannten und verfügbaren Mittel der Rechtsprechung ausgeschöpft, um für den Angeklagten einen Freispruch zu erwirken! Vielleicht ist dies der Moment, in dem Sie lernen müssen, dass Recht und Gerechtigkeit zwei völlig verschiedene Dinge sind!«

So lerne ich, dass Vorgehensweisen, die gerne als ungerecht hingestellt werden, sich als rechtens erweisen können. Denn die Aufgabe eines Juristen sei nicht, Gerechtigkeit zu finden, sondern das geltende Recht anzuwenden. Nicht mehr und nicht weniger. Ich verbaffe, weil das natürlich erklärt, dass viele schräg erscheinende, egoistische Geschäfte nur funktionieren, weil gefühltes Unrecht de jure rechtens ist.

Ich wurde schon oft von anderen als Egoist bezeichnet. Fälschlicherweise. Denn für mich sind Egoisten Menschen, die sich gezielt und bewusst auf Kosten anderer bereichern oder anderweitige Vorteile verschaffen. Zu dieser Art Mensch gehöre ich aber überhaupt nicht. Allerdings bin ich durchaus egozentrisch, wenn man mir vorwirft, immer nur meine Sicht der Dinge zu sehen. Es ist nun einmal so, dass sich nachher oft herausstellt, dass man besser gefahren wäre, hätte man direkt auf mich gehört. Aber an die strategischen Fachpositionen ließ man mich ja als Wissenschaftler nicht ran.

Die Fortbildung in Sachen SAP beginnt planmäßig in Hannover. Dort erlerne ich das Programmieren mit der SAP-eigenen Programmiersprache ABAP/4. Außerdem das Basismodul sowie die betriebswirtschaftlichen Module für Verkauf, Materialwirtschaft und Produktionsplanung.

Zum Kurs geht es fortan täglich mit dem Zug. Es ist das erste Mal, dass ich mit einem Zug pendeln muss. In unserer Ortschaft verteilt die SPD immer Fahrpläne. Eine gute Idee, denke ich, aber für mich noch nicht zu Ende gedacht. Als Freund tabellarischer Daten entwickle ich für die CDU eine optimierte Version eines solchen Ortsfahrplans und nenne ihn: »Zug um Zug in die City – Ihr moderner Pocket-Plan«. Auf der Vorderseite stehen alle Verbindungen mitsamt Gleisangaben, auf der Rückseite eine Ärzteliste für unseren Ort. Und was die CDU und die Bahn gemeinsam haben, steht auch auf der Rückseite: »Beide stellen Weichen.«

Der klitzekleine Faltplan, der in jede Brieftasche passt, wird zum Renner im Ort. Das Monopol der SPD ist gebrochen. Und ich habe mich mit meiner Begeisterung für Tabellen aller Art wieder einmal nützlich gemacht. Einige Monate später erscheint mein Update: »Zügig durch den Winter – Ihr moderner Pocket-Plan«, wobei ich gleich noch für die Rückseite einen Werbepartner gewinnen kann.

Ich stemme den Baustein „Innovation", einen der tragenden Unternehmenswerte des Hauses Sanofi, 2011.
© Mit freundlicher Genehmigung der Sanofi-Aventis Deutschland GmbH

Alle anderen Fotos: © Privat.

Hier kontrolliere ich als Werkstudent der Firma Prakla Seismos die Verkabelung einer seismischen Messapparatur im Gelände, 1986.

»Auf der Beamtenlaufbahn kommt man nicht schnell voran, weil sie für Autos gesperrt ist!«, so lautete die richtige Antwort bei einer Fußgänger-Rallye durch Kiel, an der ich als Mitglied eines Teams der akademisch-musikalischen Verbindung Ascania Halle-Clausthal teilgenommen habe, 1988.

Mit frisch aufgesetztem Doktorhut, auf dem zunächst der Schokoladen-vulkan thronte, bis er schokoladige Lavaflüsse freisetzte, die auf den Anzug zu fließen drohten, Christian-Albrechts-Universität, Kiel, 1994.

Bei einem Networking-Event im Anschluss an einen SAP-Kongress finde ich meinen Spaß beim bockigen Bullenreiten, 2004.

Zur Erinnerung an den Moment des erleichternden Schocks, der mir das Verstehen meines ganzen Lebens lieferte, thront die goldene Pagode des Lichts, die die Passhöhe auf der synästhetischen Lebensstraße markierte, auf dem im eigenen Garten modellierten Blumen- und Buschvulkan, 2007.

Auf der Insel des Feuers vor dem Berg des Feuers, dem 2829 m hohen Pico do Fogo im Archipel der Kapverdischen Inseln, 2010.

Inmitten einer schwarzseilig breiig steinernen Wüstenlandschaft aus Pahoehoe-Lava am Vulkan Erta Ale, Danakil-Senke, Äthiopien, 2011.

Das Forschungsschiff »Meteor«, fotografiert aus dem Rettungsboot bei einer Übung inmitten des Atlantiks über den tief unter der Wasseroberfläche verborgenen Atlantis-Seamounts, 1990.

Seit 2005 sieht montags mein Obsttisch im Büro so oder ähnlich aus. Wehe, das bringt irgendjemand durcheinander, dann kann ich richtig wütend werden – oder stundenlang arbeitsunfähig, wenn ein für mich wichtiges Detail unwiederbringlich zerstört worden ist.

Als SAP-Experte im Jeans-Business-Look in meinem Büro vor meiner wandtapetigen Weltkarte, auf der alle Strecken mit rotem Stift eingetragen sind, die ich bereits auf dem Landweg erlebt habe, 2005.

Der SAP-Kurs beginnt mit einer allgemeinen Einführung. Alle Teilnehmer am Kurs sind gemeldete Arbeitslose. Menschen, die sich aus verschiedensten Gründen nicht im Arbeitsleben halten konnten und nun einen Relaunch-Versuch unternehmen. So wie ich auch. Der Dozent definiert Erfolg nach Henry Ford: »Meine Damen und Herren, Erfolg besteht darin, dass man genau die Fähigkeiten hat, die im Moment gefragt sind. Sie sitzen hier, um fit zu werden mit dem, was heute gefragt ist. Wenn Sie in der Lage sind, das gerade anbrechende Zeitalter der Informationstechnologie mitzugestalten, dann werden Sie erfolgreich sein. Hier lernen Sie, wie man in einer Umgebung von SAP-Software programmiert, wie man ein SAP-System kundenspezifisch einstellen kann. Mit genau diesen Fähigkeiten können Sie aktuell viel Geld verdienen.« Ja, das habe ich auch schon gemerkt. Deswegen sitze ich ja auch hier.

Nun kommt also was Neues auf mich zu. Wieder einmal. Doch wirklich praktisch lernen kann ich im Kursraum nicht. Denn es kommt immer wieder vor, dass wir in schneller Abfolge winzige und an sich simple Übungen machen sollen, bei denen ich einfach nicht schnell genug bin, weil es zu laut ist, zu tastenverlärmt. Bei dem ganzen tastigen, spechtartigen Gehacke im Kursraum kommen Erinnerungen an meine Informatik-Klausur am Gymnasium hoch, wo wir eine praktische Programmieraufgabe in eng vorgegebener Zeit umsetzen sollten. Da habe ich meine erste und einzige Fünf in einem naturwissenschaftlich-technischen Fach geschrieben. Weil mich dieses Gehacke in die Tasten, das durch den ganzen Raum hallte, völlig blümerant und nervös gemacht hat. Der Lehrer verstand die Welt nicht mehr. Er glaubte an einen totalen Blackout und gab mir, obwohl es die einzige Klausur im Halbjahr war und die ganze Geschichte für das Abitur zählte, im Zeugnis aber dennoch eine Eins, weil ich natürlich Informatik konnte, und das wusste er auch ganz genau. Wenn man eine Klausur mit der ganzen Klasse zusammen schreiben soll, muss es still sein im Raum. Und das war das erste Mal, dass ein Schwarm von lauten Tastaturspechten die Stille des Raums zerhackte.

Wenn es im Kurs aber anspruchsvollere Aufgaben gibt, bei denen man erst mal nachdenken muss und nicht gleich draufloshacken kann, dann bin ich wieder vorne. Denn das Strukturieren von Geschäftsprozessen, das Entwerfen von möglichst flexiblen und doch allgemeingültigen Datenmodellen fällt mir anscheinend erheblich leichter als den ganzen anderen, dann bin ich meist klar führend. Zügig und zielsicher erlerne ich dennoch oder gerade deswegen auch das Programmieren von betriebswirtschaftlichen Fragestellungen mit allen Facetten.

Die Pausen der Schulung sind seltsamerweise im Gegensatz zur Schule tatsächlich erholsam. Weil es keine Grüppchen auf einem Hof gibt, keinen lärmvollen Raum, in dem alle grell durcheinanderkreischen. Stattdessen wird ruhig miteinander geredet. Und vor allem flimmert viel Flipper und Minesweeper über die Bildschirme der meisten Teilnehmer. Meine Versuche, möglichst viele Punkte zu sammeln, scheitern jedes Mal fingerfrustreich an meiner eigenen Ungeschicklichkeit im Umgang mit der funktionalen Tastatur. Zu lang ist die Leitung, die richtige Taste zu drücken. Zack, schon ist der Ball durchgerollt. Zack, schon habe ich aus Versehen das falsche Feld angeklickt und mir das Ergebnis versaut. Und wenn wir im Kurs selbst simple Programmieraufgaben erledigen sollen, für die keinerlei kreative Konzepte entworfen werden müssen, sind die meisten anderen schneller als ich. Sie kennen alle möglichen Abkürzungen und Tastenkombinationen, während ich mir genau eine Methode merke, den allgemeingültigen Weg, der immer funktioniert und der nicht davon abhängt, wie der Computer gerade eingestellt ist.

So allmählich erkenne ich in den Flipperpausen dennoch meinen neuen Weg als Berater für den zielgerichteten Einsatz von SAP-Software. Ich merke ganz genau, worin ich stark bin und was ich vermarkten muss, um mich einmal bei guten und namhafen Unternehmen bestmöglich anzupreisen. Wieder einmal ist es die CeBIT, die mir Aufschluss über die Firmen am Markt gibt, bei denen es sich lohnen könnte, sich als SAP-Berater casten zu lassen. Zunächst bewerbe ich mich bei weniger wichtigen Firmen, um mir dort die optimale Performance für ein Bewerbungsgepräch zu erarbeiten. Anschließend lasse ich mich auch bei Häusern mit internationalem Renommee casten. So mein Plan.

Kaum habe ich zehn Bewerbungen geschrieben, treffen bei mir die ersten Einladungen zu Vorstellungsgesprächen ein. Darunter die IT-Abteilungen großer Konzerne wie BMW, Siemens und Lufthansa sowie verschiedene große und kleinere Unternehmensberatungen. Wow!

Ich verstehe die Welt nicht mehr. Als Geophysiker hast du eine fundierte, gut abgeschlossene Ausbildung als Doktor gehabt, brauchtest 40 Bewerbungen, um eine erste Einladung zu kriegen, aus der sich dann eine befristete Stelle ergab. Und nun bist du Seiteneinsteiger, hast eigentlich noch gar keinen Plan und kriegst Einladungen nachgeworfen. Der Fakir hat sein Nagelbrett umgedreht und etwas ganz Wunderbares entdeckt: Die glatte Seite! Die Nachfrage! So empfinde ich das jetzt.

Zuallererst fahre ich zu den kleineren Unternehmensberatungen, um mich wie geplant fit zu interviewen. Sollte mir dort ein tolles Angebot gemacht werden, würde ich darüber natürlich auch nachdenken, sonst hätte ich mich da ja nicht zu bewerben brauchen. Aber auf jeden Fall werde ich vor einer Zusage das Casting-Feedback der ganz Großen abwarten.

Siemens ist das einzige Heimspiel. Im doppelten Sinne. Ich könnte in Hannover arbeiten, bräuchte nicht einmal umzuziehen. So verwundert es mich nicht, dass man mir bereits im Vorstellungsgespräch mitteilt, dass man mich in die engere Wahl nehme. Als man mir daraufhin meinen potentiellen, zukünftigen Arbeitsplatz zeigen will, führt mich die Stellenbesetzungsjury in eine große Halle voller mobiler Wandelementecken. Darin stehen Schreibtische, an fast allen sitzt auch jemand.

Wir gehen durch den wirrenden und surrenden Schreibtischirrgarten zu einem mit schalldichtem Glas abgetrennten Büro. Puh, endlich bin ich nicht mehr dem quasselnden Lärm und anscheinend ewigen Telefongeklingel ausgesetzt. »Jetzt sind wir also an meinem zukünftigen Arbeitsplatz angekommen?«, frage ich die Jury.

Einer der Herren antwortet: »Nein, Herr Schmidt, hier sitzt der Abteilungsleiter. Hier drinnen sitzen Sie vielleicht in ein paar Jahren, wenn Sie diese Leute da draußen einmal führen sollten. Solange Sie hier ein technischer Angestellter sind, ist Ihr Arbeitsplatz da in der

Halle. Wo und wie genau, das hängt davon ab, an welchem Projekt Sie in welcher Rolle arbeiten werden.«

Ich bin erst einmal geschockt. Ohne weitere Worte ist für mich die ganze Vorstellung hier beendet. Denn mir ist instantan klar, dass ich hier niemals glücklich werden kann. Erst recht werde ich mich hier niemals erfolgreich hochdienen können. Weil ich hier vorher mindestens verbal ausrasten werde. Wegen der ganzen dann ja dauerhaft auf mich einstürzenden Eindrücke. Wegen des dauerhaften Gebrabbels, des immer wiederkehrenden Telefonklingelns und so weiter. Um Gottes willen, in der Wissenschaft hatte ich wie selbstverständlich mein Einzelbüro! So wie sich das gehört. So wie ich das selbstverständlich angenommen habe. Aber das hier: Nein, nein und nochmals nein! Wenn alle Arbeitsplätze in solchen riesigen Gemeinschaftsbüros wären, dann hätte man mich direkt nach dem Abi in Rente schicken können und müssen. Für mich ist das, als müsste ich hoch konzentrierte, kreative, konzeptionelle Arbeiten in einem bebenden Fußballstadion erledigen. Wie halten die ganzen Menschen hier das nur aus? Was die nur unschön finden, schmerzt mich. Ich würde lieber sterben, als das zu ertragen. Entweder ein ordentliches Leben oder gar keines. Auch in dieser Haltung unterscheide ich mich anscheinend grundlegend von den anderen. Es gibt nun einmal Bedingungen, unter denen kann ich nicht leben.

Auch den Gedanken, es wenigstens zu versuchen, verwerfe ich sofort, als mir klar wird, was hier alles passieren könnte. Man wird meine Worte, die ich im Affekt stressgeplagt benutzen werde, vielleicht nicht gutheißen, vielleicht als kündigungsrelevante Beleidigungen auffassen. Auch eine im explodierenden Stress im Affekt umgetretene mobile Wand oder ein zerstörter Computer werden wohl nicht gerade förderlich sein. Ich muss mich vor mir selbst schützen.

Ich bin dennoch zuversichtlich, wieder einen ordentlichen Arbeitsplatz zu finden. Denn ich weiß, dass es Jobs mit Einzelbüros gibt. So kommt mir nun die Idee, mich direkt bei der Firma SAP zu bewerben. Gleich zwei Bewerbungen an zwei verschiedene Abteilungen habe ich losgeschickt. Und tatsächlich, ich werde von beiden Abteilungen unabhängig voneinander nacheinander eingeladen.

Doch ein Angebot erhalte ich nicht. Warum, das weiß ich nicht. Was mir an SAP-Wissen vielleicht noch fehlen sollte, das kann man doch lernen. Und es heißt, wenn man eingeladen wird, sei die fachliche Auswahl bereits anhand der beigefügten Unterlagen vorgenommen worden. So bleibt mir nur noch festzustellen, dass die mich aus einem anderen Grund nicht haben wollen.

Peter Schmidt relaunched

Aus insgesamt fünfzehn Bewerbungen, aus denen zwölf Castings resultierten, kann ich immerhin noch neun attraktive Angebote herausholen. Ein Angebot finde ich besonders attraktiv, weil man bereit sei, meinen Einsatz auf das Rhein-Main-Gebiet zu beschränken, ich also nicht andauernd bei wechselnden Kunden unterwegs bin. Da wir uns handelseinig werden, sage ich bei allen anderen offenen Angeboten ab. Eine Unternehmensberatung bedauert meine anderweitige Entscheidung und schickt mir dennoch einen bereits unterzeichneten Arbeitsvertrag, den ich innerhalb der nächsten Monate gerne gegenzeichnen könne, falls mir die Probezeit bei dem ausgewählten Unternehmen nicht gefallen sollte.

Mittlerweile ist Juni. Die Anzahl der Familienmitglieder n = 3 wächst um 1.

N = n + 1 = 4. Meine Tochter Ramona ist geboren. Irgendwie im Hauruckverfahren nebenbei. Sechs Wochen später gibt es ganze zwei Wochen Urlaub von dieser Fortbildung. Das ist eigentlich viel zu wenig Luft zum Atmen für mich. Ich kann das nur ertragen, weil ich weiß, dass diese Zeit ja bald vorbei ist. Wieder hat das Sehnsuchtspendel einen Wendepunkt erreicht. Die Sehnsucht nach Liebe und verlässlicher Heimat ist befriedigt, die Sehnsucht nach neuen Strecken will stattdessen wieder befriedigt werden, um Glück und Energie zu ernten.

Da die frische, puppengroß kleine Ramona besser nicht gleich um die Welt fliegen sollte, bleiben Martina und unsere Kinder zu Hause.

Alleine breche ich auf. Ins Land weit jenseits der Morgenröte. Japan. Ich schaue aus dem Flugzeugfenster. Unter mir zieht der Ob-Busen vorbei, jene riesige Meeresbucht an der Nordküste Asiens, die den Beginn Sibiriens jenseits des Urals markiert. Die allermeisten Passagiere haben die für mich nervigen Flugzeugkopfhörer auf, um dem Ton zum Film zu lauschen, in dem gerade die Titanic untergegangen ist.

Der Film zeigt gerade eine alte Dame, die einem Team hilft, die Stelle des Untergangs zu erkundschaften. Szenenwechsel. Da schiebt sie als junge Frau den Jack, ihren Hosenträger tragenden, kurzzeitigen Liebling, von ihrem Stück Rettungsholz weg. Jack ist tot. Gefrostet vom eiskalten Meerwasser vor Neufundland. Er entschwindet immer verschwommener auf Nimmerwiedersehen in die dunklen Tiefen des Ozeans.

Wieder Szenenwechsel: »Ja, so war das damals!«, kommentiert die alte Dame auf einem Forschungsschiff diese letzten Ereignisse, die sie als junges Mädchen an gleicher Stelle mal erlebte. Eine Liebe, die nur wenige Tage hielt und dennoch derartig stark Emotionen ausdünstete, dass nicht nur die Passagiere ihre Taschentücher fluten müssen, sondern sogar bei mir einige wenige Tropfen aus meinem Gesicht regnen.

Wie ein Geisterregen in der Wüste. Die emotionale Wetterfront des Films ist offenbar so bildstark, dass sie sogar meine mich umgebende geheimnisvolle emotionale Mauer überwinden kann. Denn damit meine Emotionen rauskommen, ist der Bezug zum eigenen Erleben notwendig. Sonst erreichen mich solche Filme grundsätzlich nicht. Es ist dieses Jemanden-in-die-Tiefe-abgleiten-Lassen und das auch noch zu kommentieren mit einem »So war das damals!«, das hier auch meine Emotionen triggert.

Denn ich ertappe mich dabei, wie ich Martina immer weiter weggleiten lasse, während ich immer weiter fortfliege. Während ich gerade dabei bin, die eine Sehnsucht zu befriedigen, ruft sich die andere gleich in Erinnerung.

Ich freue mich auf Japan und trauere über die unterbrochene Liebe. Aber es tut mir kaum weh, dieses kleine Baby zu Hause mit seiner Mami, meinem Gnubbelchen, alleine zu lassen. Denn ich kann mit der kleinen Ramona zu Hause wie bereits mit Raphael nicht wirklich etwas anfangen. Im Gegenteil, das Geschrei, das oft so unvermittelt kommt, stört mich wie ein Messer, das an mir ritzt.

Auf der Suche nach Antworten bin ich aufgebrochen, um mich noch ein bisschen mehr selbst zu finden. Ich folge gerade dem inneren Lockruf des Mount Fuji. Und muss dafür die Liebe zurücklassen.

Das Flugzeug bewegt sich mit etwa 900 km/h über Grund. Alle vier Sekunden entferne ich mich somit einen weiteren Kilometer von meinem Gnubbelchen. Alle vier Sekunden komme ich meinem Ziel ein wenig näher. Der Fuji ruft, Peter kommt. In der Fibel, meinem ersten Grundschulbuch, stand das damals so: »Peter ruft, Flocki kommt!« Flocki, das war damals ein Hund. Doch Hunde interessierten mich nicht.

Seit meiner frühesten Kindheit grinst mich stattdessen das Antlitz des Vulkans Fuji in Japan aus dem illustrierten Weltatlas an. Jetzt soll er bestiegen werden. Endlich!

Der Mount Fuji gilt als Berg der Götter. Weil er so regelmäßig ist. Und irgendwie faszinierend. Auch mein Charakter wird von vielen Menschen immer wieder so beschrieben. Ich sei wie dieser Berg. Lange Zeit still und erhaben, dann auf einmal wie ein Chaos. Man bewundert mich, man hat Respekt, man nennt mich unberechenbar, weil man mich nicht versteht. Alles wie bei diesem Berg.

Die Besteigung des Mount Fuji ist daher von ganz besonderer Bedeutung für mich.

Die Vulkane Japans sind das reale Abbild jener Landschaft, die ich in meinem Innern wahrnehme. Auch da überquere ich gerade ein Kettengebirge voller Vulkane. Jenseits der Vulkankette liegt meine berufliche Zukunft in der Informationstechnologie.

Wenige Wochen nach der Rückkehr erwartet mich eine SAP-Zertifizierungsprüfung. Fast alle Fragen sind für mich kinderleicht. Fortan darf ich mich offiziell als »Certified SAP Consultant« verkaufen.

Einige Wochen später trete ich zu meinem ersten Arbeitstag an. Per Flugzeug. Von Hannover nach Frankfurt. Bei einer Unternehmensberatung der Lufthansa, der »Systems AS«. Mein neuer Chef, Herr Grünstadt, der mich bereits im Vorstellungsgespräch kennengelernt hat, will mich am Flughafen abholen. Nach der Ankunft laufe ich verzweifelt nach ihm ausschauend auf und ab. Hat er mich vergessen?, frage ich mich, als mich ein dunkel geanzugter, schlanker, sonnengegerbter, solariumgebräunter Mensch anspricht: »Herr Schmidt!?«

Bis ich ihn als meinen Chef erkenne, vergehen einige Minuten. Und das, obwohl ich erst vor einigen Wochen zwei Stunden lang intensiv mit ihm gesprochen habe. Wie peinlich?! Ein etwas merkwürdiger Auftakt, vermutlich für beide Seiten.

Mit einem Wagen fahren wir vom Flughafen weg, obwohl ich davon ausgegangen bin, dass ich am Flughafen oder bei der Lufthansa arbeiten werde. Denn deshalb habe ich mich ja dort beworben! Doch zu meiner Überraschung verschwindet der Flughafen samt aller Airline-Offices schnell hinterm Wald. Und vor mir tauchen riesige Schlote und rohrreiche Fabriken auf.

»Wohin fahren wir?«, will ich von ihm wissen.

»In den Industriepark Höchst!«, antwortet er.

»Und warum das, was wollen wir denn da?«

»Da sitzt unser Kunde, für den Sie arbeiten werden!«

Komisch, ein Luftfahrtunternehmen, das inmitten all dieser Schlote und Rohrleitungen ansässig ist. Das habe ich mir aber anders vorgestellt. Ich erhalte an einem Tor einen befristeten Besucherausweis. Anschließend sind wir auf einem riesigen Industriegelände, das ganz entfernt an die Hütte erinnert. Die Ilseder Hütte. Nur hier ist es viel größer und anscheinend auch nicht so dreckig wie auf der Hütte.

Damit ich das Gelände kennenlerne, fährt mich Herr Grünstadt durch die ganze Industriestadt. Dabei geht es auch unter einem schönen, backsteinernen, beidseitig gehäuserten, türmchengesäumten Torbogen durch. Das Türmchen ziert eine große, goldfarbenzahlige Uhr mit einem halbmondigen Stundenzeiger. Mir kommt diese Ansicht sehr bekannt vor. Ich habe diese Anordnung von Turm und Brücke schon sehr oft gesehen, weiß aber gerade nicht, wo.

Ich bin immer noch blockiert, weil ich mich die ganze Zeit frage, wieso wir hier sind und was das alles mit Flughafen und Fliegerei zu tun hat. Während ich so im langsamen Vorbeifahren auf diese große Turmuhr mit ihrem Halbmondzeiger starre, sagt Herr Grünstadt auf einmal: »Hier sehen Sie das berühmte, weltbekannte Hoechster Wahrzeichen, Turm und Brücke!« Ja, das ist es! Farbwerke Hoechst! Chemie, Pharma und mehr! Jetzt weiß ich, wo ich dieses Bild wieder und wieder gesehen habe. Bei Apotheken! Als Logo!

Schließlich erreichen wir ein neueres Gebäude auf der Südseite des Mains. Darin soll meine erste Aufgabe auf mich warten. In diesem Moment muss ich an die letzte Unterrichtsstunde am Gymnasium denken. An die Message des Kunstlehrers in der Abiprüfung: »Sie können nicht alles planen. Sehen Sie Ihr Leben als ein offenes Kunstwerk, dann werden Sie Erfolg haben!« Möglicherweise ist das ja jetzt hier genauso eine Situation. Dennoch frage ich Herrn Grünstadt nach dem Warum-wir-hier-sind und erhalte folgende Antwort:

»Herr Schmidt, wir halten Sie alle für intelligent genug, dass wir mit Ihnen hier Geld verdienen können. Der Drittmarkt bringt Ihnen und uns viel mehr ein, als wenn wir Sie bei uns im Hause im Luftfahrtsektor beschäftigen würden. Wo Sie mit der SAP-Software Ihre ersten Berufserfahrungen sammeln, kann Ihnen doch egal sein. Ich habe Ihnen doch beim Vorstellungsgespräch gesagt, dass wir Sie im Rhein-Main-Gebiet einsetzen!« Na ja, immerhin das. Ich bin beruhigt. Im Stillen hoffend, doch eines Tages auch für die Lufthansa einmal Prozesse zu zerlegen, um diese effektiv mit SAP-Software abzubilden. Nun werde ich also de facto für eine Pharmafirma arbeiten, der HMR GmbH, der deutschen Pharmasparte der Hoechst AG.

Alle wollen erst mal den Neuen kennenlernen. Mich überfordern die vielen neuen Gesichter. Man gibt mir einen Beraterplatz, das ist ein vakanter Schreibtisch in einem Doppelbüro, so dass ich mir zusammen mit einem Kollegen ein Büro teile. Das ist erst mal gut so, damit ich ihn fragen kann, wenn ich etwas nicht weiß. So kann ich schneller Neues lernen. Immerhin kein Großraumbüro!

Endlich setzt sich mein Berufsweg fort, erweitert sich mein geografischer Erfahrungshorizont. Nach Westen dringe ich nun in die Wasser des Atlantischen Ozeans vor. Und ich bin weiter unterwegs auf der Straße nach Süden, immer tiefer rein nach Italien, in das Mittelmeergebiet. Skandinavien gehört auch zum erreichten Horizont. Und die Ukraine.

Als ich mich als SAP-Berater vorstelle, wollen die anderen von mir wissen, ob ich denn wenigstens wüsste, wofür dieses SAP steht. Zugegebenermaßen habe ich keine wirkliche Ahnung. Das habe ich mich auch schon immer gefragt, aber nie eine Antwort erhalten. Derer bekomme ich nun gleich jede Menge. Ich werde regelrecht belehrt und aufgeklärt, was SAP angeblich wirklich bedeutet: »Software für arbeitslose Physiker«, »Suchen, anklicken, Pause«, »Sanduhranzeigeprogramm« und »Save and pray«. Auf »Schmidts alternative Perspektive« kam keiner.

In meinem neuen Job bin ich schnell gefragt. Das, was mir in der Wissenschaft verwehrt blieb, erreicht mich jetzt. Ich bin hochmotiviert, dort hineinzufinden und dann voranzukommen. Ich sehe darin einen alternativen Weg zum Ziel. Das Ziel, das ist ja der Weg!

Anfangs fliege ich immer wöchentlich nach Frankfurt. Dann schaue ich mir aus dem Flieger ganz genau an, aus welchen Richtungen die wenigsten Staus drohen, wenn ich lokal zur Arbeit pendeln soll. Dann studiere ich noch die Topografie und die Wetterdaten, um einen attraktiven Ort mit möglichst sonnigem Wetter zu erwischen, in dem ich mich auf Wohnungssuche machen kann.

Im weiteren Verlauf meiner Tätigkeit erfahre ich, dass Softwarepakete nicht in graubraunes Paketpapier eingewickelt sind, dass Schnittstellen nicht die befürchteten Schnitte im Finger nach dem Obstschälen sind, sondern eine Art von Softwarestecker zwischen zwei verschiedenen Systemen und dass Transportaufträge auch nichts mit einem großen Lastwagen zu tun haben. Softwarepakete seien schlicht sinnig zusammenhängende Programmeinheiten.

Unter dem Motto »Drei Stände minus zwei Stände sind?« gebe ich meinen Einstand. Dafür habe ich einige Flaschen Sekt und Bier extra für die anderen mitgebracht, obwohl ich ja eigentlich keinen Alkohol trinke. Außerdem ein wenig O-Saft, Wasser und Cola. Dazu ein paar von meinem Gnubbelchen gebackene Mini-Amerikaner, Oblatenberge und Rumkugeln. Als ich schließlich mit einem »Cleared for take-off!« anstoßen will, werde ich ganz seltsame Sachen gefragt: »Wie hast du das denn hier reingekriegt? Hier gilt Alkoholverbot!«

Was für eine wunderbare Regel. Warum hat mir davon keiner was gesagt? Dann hätte ich mir ja die ganzen Pullen sparen können. Wer soll die denn jetzt austrinken? Komisch. Beim braunen Brummelbären funktionierte ohne Alkohol nichts auf der Arbeit, so jedenfalls hatte ich den Eindruck. Und hier will man sich anpassen und dann das?!

Die Lösungen meiner ersten kleineren Aufgaben mit Einarbeitungscharakter habe ich immer gleich dem Kunden präsentiert und mir dabei sofort die nächste Aufgabe abgeholt. Da steht plötzlich der Herr Grünstadt in der Tür und meint: »Herr Schmidt, Sie können doch nicht direkt zum Kunden rennen und ihm sagen, dass die Aufgabe bereits erfolgreich gelöst ist! Ich habe vielleicht auch noch was dazu zu sagen. Zum Beispiel haben wir, ich und der Kunde, zusammen die benötigte Zeit geschätzt, und wenn Sie da jetzt eher fertig sind, dann könnten Sie sich in der frei gewordenen Zeit noch um was anderes kümmern, zum Beispiel an Projekten mitarbeiten, die nicht so gut laufen, oder bereits administrative Dinge erledigen.«

Da hat er im Prinzip recht. Aber diese Sache hat drei Haken. Erstens kann ich mich sowieso immer nur auf eine Sache konzentrieren. Zweitens weiß dann ja der Kunde nicht, wie gut ich performen kann. Und drittens wäre eine termindruckfreie Zeit für kreative Denkpausen auch nicht schlecht. So entgegne ich: »Ja, aber dann kriegen die ja gar nicht mit, wie gut ich bin!«

»Ich weiß das dann, und das reicht doch!«, meint Grünstadt.

Ja, das erinnert mich nun doch wieder an die Wissenschaft. Ich nehme mir vor, gut aufzupassen. Denn es sollen ja möglichst viele Leute erfahren, wie viel ich draufhabe. Damit ich auch auf der Karriereleiter vorankomme.

Manchmal muss man das Rad neu erfinden!

Schließlich erhalte ich nach meiner erfolgreichen Einarbeitung in SAP beim Kunden, der Firma HMR, meine erste größere Aufgabe. Ich soll ein kundeneigenes SAP-Programm um einige Funktionalitäten erweitern und dabei auch gleich die Performance des bereits vorhandenen Programms verbessern. Bevor ich mir die Details des Programms anschaue, lasse ich mir den damit abzubildenden Geschäftsprozess erklären. Als ich mir anschließend das Programm anschaue, kann ich viele Details nicht verstehen. Mir wird der Zweck nicht klar. Ich habe ja mal gelernt, dass man einfach die Dinge wegnehmen soll, die man nicht versteht, um dann zu merken, was passiert, wenn sie fehlen, um so zu begreifen, warum die Dinge darin enthalten sind – oder eben tatsächlich überflüssig sind. Aber so kann und darf ich natürlich hier nicht vorgehen. Ich beginne zunehmend zu verzweifeln. Mir kommt das Ganze vor, als sei dieses Programm historisch gewachsen – wie eine Stadt. Anders ist diese komische Art und Weise, das eine oder andere zu programmieren, nicht erklärbar. Wie soll ich das denn jemals verstehen? Und wie soll ich ohne dieses Verständnis das Ding darauf aufbauend optimieren und erweitern?

Ich komme zu dem Schluss, dass es einfacher für mich ist, im Detail zu verstehen, was der Anwender für einen Geschäftsprozess haben will, und dann das Ding völlig neu mit SAP-Software zu entwerfen. So frage ich den Projektleiter beim Kunden: »Ich würde das am liebsten für Sie ganz neu schreiben. Darf ich das?«

»Herr Schmidt, Sie brauchen das Rad jetzt nicht noch mal neu zu erfinden! Sie müssen doch einfach nur das bereits vorliegende Programm etwas performanter machen und um ein paar Merkmale erweitern. Dafür haben Sie vier Monate Zeit. Sie sind im SAP-Umfeld gerade mal Berufsanfänger. Da glaube ich kaum, dass Sie das völlig neu programmieren können!«

»Doch, ich denke schon!«

»Sind Sie sicher? Das existierende Programm haben erfahrene SAP-Leute geschrieben. Und Sie behaupten nun, dass man das viel besser und effektiver hätte machen können?«

»Ja, weil der oder die Autoren das Programm nach meiner ersten Durchsicht nicht gerade logisch strukturiert haben. Das scheint spaghettihaft historisch gewachsen zu sein. Hier mal was eingebaut, da mal was weggenommen. Das kann und sollte man mit einem ganzheitlichen, alle Details berücksichtigenden Konzept neu machen. Außerdem lässt sich dann mit neuen Sprachelementen, die es mittlerweile gibt, die Performance um mindestens den Faktor zehn erhöhen!«

Um ihm meine Vorgehensweise schmackhaft zu machen, sage ich ihm: »Es ist oft einfacher, eine Straße völlig neu zu bauen und später die bisherige Straße abzuhängen und wegzureißen, als die vorhandene Straße bei laufendem Verkehr zu verändern.«

Und ergänze: »Es ist oft effektiver, das Rad zum x-ten Male neu zu erfinden, als das bestehende auf neue Anforderungen hin umzubauen. Es ist effektiver und einfacher, für ein Paket neuer Anforderungen ein neues Programm zu schreiben, als ein vorhandenes erst mal zu verstehen, um es so zu erweitern, dass es keine unerwünschten Nebeneffekte gibt.«

»Wie gesagt, Sie haben die Zeitvorgabe, wenn Sie meinen, das hinzukriegen, dann dürfen Sie machen, was Sie wollen, Hauptsache, Sie liefern pünktlich ab und erfüllen die Anforderungen unseres Businesskunden!«

Wenn man mir ein Ziel vorgibt, hier also die Zeit, den Umfang und die Kosten, dann werde ich mich grundsätzlich daran halten, wenn man mir das Bestimmen über den Weg zu diesem Ziel überlässt! Das gilt es nun, wieder einmal zu zeigen. Alles oder nichts. Wie heißt es so schön: »No risk no fun!« Mein Risiko. Meine Chance! Ich kann meinem Kunden jetzt zeigen, dass ich so eine Geschäftsprozessanalyse und Modellierung machen kann, ohne jemals vorher was mit Pharma-Prozessen zu tun gehabt zu haben. Die Methoden sind doch letztendlich dieselben wie in der Geophysik. Die denken anscheinend, der weiß doch gar nicht, wie Pharma funktioniert. Aber darauf kommt es doch gar nicht an. Es kommt darauf an, gut zu beobachten, gewissenhaft zu analysieren, effektiv zu strukturieren, zu deuten und zu konzepten, und dann erst zu programmieren.

Nun soll ich auf einmal in einer Projektexcelliste angeben, wie viel

Zeit ich für welches Projekt arbeite. So, als wenn man jede Minute seines Daseins in der Firma genau einem Projekt zuordnen könne. Was ist mit Arbeitszeit, die keinem der gelisteten Projekte zugeordnet werden kann? Oder mit Arbeitszeiten, in denen man etwas gemacht hat, was mehreren Projekten gleichzeitig zugerechnet werden kann? Zum Beispiel Meetings? Was ist mit Denkzeiten, wo man im Minutentakt an verschiedene Dinge denkt? Es gibt Stunden, da habe ich nichts nach außen Sichtbares getan. Und es gibt Stunden, da habe ich alles Mögliche getan. Wie ein Künstler. Der immer mal wieder den großen Wurf macht, aber dazwischen auch kreative Schaffenspausen einlegt.

Als ich einen Kollegen frage, wie er denn das mache, erhalte ich die Antwort, dass ich einfach nur die abgeleistete Zeit den vordefinierten Projekten zuordnen müsse, unabhängig davon, ob und was ich da genau gemacht habe. Schließlich bilde ich meine Arbeiten in diesem für mich völlig ungewohnten Stundensystem so ab, wie ich meine, dass man meine Arbeit werten sollte, ohne dass das der tatsächlichen produktiven Stundenzahl entspricht. Weil man Kreativität mit so einem System meiner Meinung nach nicht sauber erfassen kann. Man erklärt mir, dass anhand der Liste die Fakturierung der Projekte beim Kunden stattfinde. Und was ist mit Zeiten, in denen ich erst etwas lernen muss?

Das ist alles irgendwie so, als wolle man die Länge einer Straße mit dem Lineal messen. Ein völlig ungeeignetes Instrument für die Art der Aufgabe. Ich habe große Schwierigkeiten damit, mir hier irgendwelche Zeiten »zurechtzulügen«. Aber schließlich bin ich ja gezwungen, die gesamte »auf Arbeit« verbrachte Zeit in irgendeiner Form solchen »internen Projekten« zuzuordnen, denn alle beim Kunden verbrachte Zeit müsse fakturierbar sein.

In den nächsten Monaten vertiefe ich mich in Betriebswirtschaft und Bestandsführung, um die pharmazeutischen Geschäftsprozesse so weit zu verstehen, wie das erforderlich ist, um diese in eine Logik zu bringen. Dann strukturiere ich die gesammelten Informationen und erlaube es mir, die bereits geschriebenen technischen Anforderungen so abzuändern, dass sie mir logisch sinnvoller erscheinen und die Anwenderanforderungen viel effektiver im System abbildbar werden.

Nachdem ich mir das Einverständnis vom Kunden geholt habe, mache ich mich schließlich an das eigentliche Werk: eine nagelneue Autobahn bauen, ein ganz neues Programm schaffen. Die ausführliche, gute Denkarbeit wird sich bei der konkreten Umsetzung auszahlen. Zeitlich und geldlich.

Und auch privat habe ich ein neues Projekt gestartet: unseren Umzug. Mittlerweile wohne ich mit meiner Familie in einer großzügigen 3,5-Zimmer-Wohnung im südhessischen Nauheim. Im Land des Melibokus. Weil man von unserer Wohnung aus direkt über das freie Feld und Groß-Geraus Kirchturm hinweg auf den Melibokus an der Bergstraße schaut.

Drei Monate später liefere ich stolz mein Werk ab, übergebe ich meine Projektautobahn dem Verkehr. Geschafft! Beweis erbracht! Ich kann SAP! Und ich kann auch Pharma!

Doch ich will mehr lernen! In der Forschung verwehrte man mir die Teilnahme an Fortbildungen im Bereich der laut Stellenausschreibungen überall so wichtigen Soft Skills mit dem Hinweis, dass mein Vertrag ja nur befristet sei und mir deswegen so etwas nicht zustehe. Da ich ja nun einen unbefristeten Vertrag habe, erwarte ich, dass mich Herr Grünstadt endlich auch mal zu solchen Seminaren anmeldet, die mich als Mensch für das langfristige Überleben im Berufsleben fit machen können. Doch auch mit unbefristetem Vertrag muss ich mir so ein Seminar erst erkämpfen. Weil der Chef meint, dass jeder Tag, an dem ich nicht beim Kunden sei, ein verlorener sei, weil die Zeit ja dann nicht in Rechnung gestellt werden könne. Mit dem Hinweis, dass das ja nicht nur für mich allein wichtig ist, sondern ich ja als Repräsentant der Firma unterwegs bin, gelingt es mir, ihm mein erstes Soft-Skill-Seminar abzuringen: »Kundenorientiertes Verhalten«.

Ich will wissen, worauf es beim Arbeiten beim Kunden ankommt. Was wie wirkt und was wie erwartet wird. Und was warum »No-Gos« sind. Das Seminar fängt lustig an. Weil der Seminarleiter alle Leute fragt: »Wer von Ihnen hat schon einmal für einen Kunden gearbeitet?« Zögerlich gehen einige Finger und Arme der Anwesenden hoch. Einige Arme bleiben aber auch unten. Dann sagt der Trainer: »Wer jetzt seinen Finger nicht erhoben hat, hat gelogen. Denn ein jeder von Ihnen, meine Damen und Herren, ein jeder von Ihnen hat schon für mindestens einen Kunden gearbeitet!«

Was für eine interessante Seminareröffnung. Raunende Stille im Raum. Dann ergänzt der Trainer:

»Sie haben doch alle einen Chef?«

Was für eine blöde Frage, denke ich so, als er auf einmal sagt: »Ihr erster und wichtigster Kunde, das ist Ihr eigener Chef!«

Ein Satz, der donnerwetterblitzend einschlägt. Der Chef ist eine Form von Kunde! Wie war das neulich? Was sagte doch mein Chef, der Herr Grünstadt, der ja demnach mein wichtigster Kunde ist: »Herr Schmidt, Sie müssen dem Kunden ja nicht gleich erzählen, wenn Sie schon fertig sind.«

Es ist der Moment, in dem ich erkenne, dass ich eigentlich niemandem sagen muss, wenn ich mit einer Arbeit vorzeitig fertig geworden bin. Denn die frei werdende Zeit kann ich nutzen, um mich zu regenerieren, ich kann es durch eine gute Performance schaffen, gar nicht erst in die ewig auflaufende Überstundenfalle zu kommen, in die anscheinend etliche Kollegen gelaufen sind.

Ich kann so doch zukünftige Aufgaben viel kraftvoller und damit effektiver als andere erledigen. Weniger ist hier mehr. Qualität vor Quantität. Und Rückzugsmöglichkeiten, die ich ja so dringend brauche, kann ich mir damit schaffen. Was einzig zählt, ist doch das Ergebnis!

Wenn der Kunde fünf Tage für die Bearbeitung einer Aufgabe vorsieht und ich nach vier Tagen den Status »erledigt« melde, kriege ich bereits einen Orden. Dass ich in Wahrheit sogar nur drei Tage brauchte, muss ja niemand wissen. Denn so erschaffe ich mir einen bezahlten Reservetag, über den ich frei verfügen kann, an dem ich mich entweder schon ohne Zeitdruck um andere Projekte kümmern kann oder den ich nutze, um mich ausreichend zu regenerieren, um gesund zu bleiben. So werde ich wohl kaum Krankheitstage melden müssen.

Genau so habe ich endlich auch im Arbeitsleben einen Weg gefunden, wie ich es verhindern kann, vorzeitig durch den Umgang mit den ganzen Menschen und durch zu viel Termindruck und den ganzen Projektstress ausgelaugt zu werden. Wie schon an der Uni, wo ich gerade dadurch schnell und gut studierte, weil ich vier Monate Urlaub hatte.

Hinter den Kulissen des Informationswürfels

Voller Stolz und Freude erhalte ich meinen nächsten Auftrag. Ich soll mich in das »SAP Business Warehouse«, kurz SAP BW, einarbeiten und anschließend sogenannte »Info Cubes«, Informationswürfel, entwerfen. Das sind Datenstrukturen, die ein hocheffektives Reporting von Geschäftszahlen aus den laufenden Systemen ermöglichen. Das klingt spannend. Nach Datenmodellen. Nach Klassifizierungen. Noch während ich mich für die neue Aufgabe begeistere, kommt Herr Grünstadt auf mich zu und stellt mir in Aussicht, dass ich bald im Südosten Bayerns für einen anderen Kunden arbeiten soll. Darüber bin ich alles andere als begeistert. Was soll ich nun bloß machen? Im Vorstellungsgespräch hat er mir noch versichert, dass ich nur im Rhein-Main-Gebiet eingesetzt werde und sonst nirgendwo, es sei denn, es herrscht Auftragsflaute. Aber davon kann ja wohl überhaupt keine Rede sein. Auch mein Gnubbelchen ist davon nicht begeistert: »Wozu sind wir denn dann extra hierher umgezogen? Wenn du stinknormaler Unternehmensberater sein sollst, der von Pontius nach Pilatus geschickt wird, dann hätten die doch nicht darauf bestehen müssen, dass wir umziehen!« Ja, so ist es.

Schon am nächsten Tag greife ich daher als allererstes zum Telefon, rufe bei dem Kunden in Süddeutschland an und erzähle ihm, was ich alles nicht kann, damit ich hoffentlich nicht dorthin muss. Einige Stunden später springt Herr Grünstadt durch die Tür und schließt sie hinter sich wieder. Das ist sehr ungewöhnlich. Das hat er noch nie gemacht. Ein Geheimgespräch liegt in der Luft.

»Herr Schmidt, Sie können doch nicht einfach beim Kunden anrufen und dem sagen, was wir alles nicht können!«

»Ich habe denen nicht gesagt, was wir alles nicht können, sondern was ICH alles nicht kann!«

»Wir haben den Auftrag vermutlich verloren, vielleicht sogar den Kunden!«

»Ja, was kann ich denn dafür? Sie hätten mich ja vorher auch mal fragen können!«

»Ich bestimme, wo Sie eingesetzt werden!«

»Das sehe ich aber ganz anders. Sie bestimmen mit oder können Vorschläge machen, aber ich erwarte schon, dass ich in solche Entscheidungen einbezogen werde, also erfahre, was es für Aufträge gibt, und mir davon die aussuchen kann, die ich am besten und damit auch am besten für die Firma erledigen kann! Außerdem habe ich doch hier genug zu tun. Wir haben doch hier einen Auftrag, der sehr gut läuft. Und man schätzt doch offenbar sehr, was ich hier abliefere. Warum soll ich denn da jetzt auf einmal woanders hin, wo ich es gerade geschafft habe, zu kapieren, wer hier was für eine Rolle hat und wie das mit diesem SAP-Kram funktioniert? Warum soll ich etwas Neues machen, womit ich mich überhaupt noch nicht auskenne? Und dann auch noch ganz woanders, nicht im Rhein-Main-Gebiet, wie wir mal abgesprochen haben!«

»Sie können sich ja sehr schnell in etwas Neues einarbeiten, das haben wir hier alle gesehen. Und wir haben da die Chance, einen neuen Kunden zu gewinnen. Mit Ihnen. Auch wenn das nicht im Rhein-Main-Gebiet liegt, könnte ich Sie da gut gebrauchen. Und außerdem steht es nicht in Ihrem Arbeitsvertrag, dass wir Sie ausschließlich im Rhein-Main-Gebiet beschäftigen. Und mündliche Nebenabreden, die Sie vielleicht anders verstanden haben als ich, haben keine Gültigkeit!«

Stille im Büro. Bis er fortsetzt:

»Wenn das noch mal vorkommt, dann fliegen Sie. Nicht in den Urlaub. Sondern direkt raus, ohne Abmahnung. Sie sind ja ohnehin noch in der Probezeit!« Er wendet sich ab und verlässt mein Büro. Mein Chef kann doch nicht einfach, ohne mich zu fragen, darüber bestimmen, wohin ich gehen soll oder nicht! Das hat er mit mir vorher zu besprechen. Ich muss einfach vorher wissen, was passieren soll, um zu funktionieren.

Klar sind die angenehmsten Mitarbeiter diejenigen, die zu allem

»Ja« und »Amen« sagen. Aber etwas wirklich signifikant voranbringen, das können doch nur diejenigen Mitarbeiter, die sich nicht in ein Schema einordnen lassen. Die Querdenker. Und zu denen gehöre ich.

Und außerdem: Woher soll ich denn wissen, was ich machen darf und was nicht?

Das alles kann jederzeit wieder passieren. Und wenn er meint, dass mündliche Nebenabreden nicht zählen, dann ist das Vertrauen wohl hin. Ich werde das am besten daran messen, ob er das nachträglich in den Arbeitsvertrag mit aufnimmt oder nicht. Und wenn er meint, dass das nicht geht, werde ich um eine entsprechende Gehaltsanpassung bitten. Eine mögliche größere Reisebereitschaft als ursprünglich gedacht sowie meine Performance haben einen Wert, den ich mittlerweile deutlich höher einschätze, als es das aktuelle Gehalt widerspiegelt.

Sollte das alles nicht fruchten, dann werde ich ihm kündigen. Zum Glück habe ich ja zu Hause noch den Arbeitsvertrag einer anderen Unternehmensberatung liegen, den ich nur zu unterschreiben brauche. Wenn ich schon durch die Gegend reisen soll, dann gegen deutlich mehr Kohle. Aber warum hat er mir dann den ganzen Umzug hierher ins Rhein-Main-Gebiet bezahlt? Als bundesweit oder gar weltweit einsetzbarer Unternehmensberater hätte ich auch bei Hannover wohnen bleiben können, finde ich!

Am nächsten Tag finde ich in meiner elektronischen Post ein Feedback von Herrn Grünstadt: »Grundsätzlich entspricht Ihre Art der Formulierung einer persönlichen Meinung nicht der eines angehenden Beraters dieses Unternehmens. Gute Arbeit zu leisten ist die eine Sache, persönliches Auftreten in Wort und Tat eine andere!« Anscheinend beschäftigt ihn die Angelegenheit weiter. Nachtragende Menschen habe ich noch nie wirklich gemocht. Das ist immer schwierig, weil ich anscheinend, und das ist immer nur eine Frage der Zeit, irgendwas sage, was andere anstößig finden. Und nie erfahre ich den wahren Grund dafür. Es ist so ein diffuses Gefühl, das dann im Raum rumschwingt. So wie jetzt. Deswegen kriegt Herr Grünstadt von mir folgende Antwort:

»Ich möchte nicht, dass mein Anruf bei dem potentiellen zukünftigen Kunden als Illoyalität ausgelegt wird. Mir ging es lediglich darum, zum einen nicht für etwas eingesetzt zu werden, was ich noch gar nicht beherrsche, und zum anderen hatten wir abgemacht, dass ich im Rhein-Main-Gebiet eingesetzt werde. Und wir haben ja hier ein laufendes Projekt, also einen Auftrag, für den ich liefere und wofür wir Rechnungen schreiben können!«

Seine Antwort kommt prompt auf den Bildschirm:

»Das Thema bei der Firma in Bayern hat sich für Sie erledigt! Aufgrund bestimmter kommunikativer Vorfälle in den letzten zwei Wochen lade ich Sie zu einem Gespräch bei einem Abendessen ein. Die Zeit gilt für Sie selbstverständlich als Arbeitszeit.«

Na endlich. Er hat es begriffen. Wir müssen reden. Richtig. Reinwaschend. Ohne diesen komischen Kram rund um die Beziehungen zwischen den Menschen. Da werde ich ihm auch gleich sagen, dass ich mit Ablauf der Probezeit im Arbeitsvertrag festgeschrieben haben will, dass ich grundsätzlich nur im Rhein-Main-Gebiet eingesetzt werde, dass eine 50-km-Umkreis-Linie festgelegt wird, dass darin Wechsel der Kunden minimiert werden, dass alle Einsätze mit mir vorher abzustimmen sind und dass ich mir vor allem Kunden aussuchen kann, wenn es mehrere Optionen gibt. Und dass ich nur bei Auftragsflaute, wenn es also keine Alternativen gibt, zu dem Kunden gehen muss, der gerade anfragt.

Das Gespräch startet in angenehmer Atmosphäre. Mir gelingt es, den Ton wie vorgenommen anzugeben. Ich mache deutlich, worin ich meinen Wert in dieser Firma sehe, und fordere eine entsprechende Gehaltserhöhung. 35 Prozent, nach Ablauf der Probezeit. »Herr Schmidt, damit würden Sie das ganze Gehaltsgefüge der Lufthansa durcheinanderbringen! Manch ein gestandener Referatsleiter erhält so viel nicht!«, antwortet Herr Grünstadt. Aber ich erfahre leider nicht, wie viel ihm meine Leistung denn nun eigentlich wert ist.

Schließlich stelle ich mit einer selbst erfundenen Satzvokabel klar: »Auf jeden Fall werde ich an meinem Ziel festhalten, mit den Adlern fliegen zu wollen und nicht mit den Hühnern zu gackern!« Anstatt das so im Raum stehen zu lassen, ergänzt mein Chef: »Es gibt auch noch andere Vögel!« Im Prinzip hat er damit sogar recht. So gönne ich ihm das letzte Wort, wohl wissend, dass ja das letzte Plakat, das geklebt ist, das ist, das man sieht.

Da die psychischen Wunden der Geschichte mit der Kündigungsandrohung, nur weil ich die Wahrheit gesagt habe und mein Recht einforderte, irgendwie noch eitern und nicht wirklich heilen wollen, spiele ich mit dem Gedanken, diese Beraterfirma noch in der Probezeit zu verlassen und für mehr Gehalt zu dieser anderen Unternehmungsberatung zu gehen.

Die Ablöse

Als ich mal wieder als externer Mitarbeiter einen Termin bei der IT-Leitung des Kunden habe, frage ich dort ganz nebenbei nach, ob der Beratervertrag personengebunden ist, und wenn ja, ob ich den Vertrag dann zu einer anderen Firma mitnehmen könne. Da kriege ich zur Antwort, dass die Aufgaben vertraglich an mich persönlich gebunden seien, meine jetzige Firma nicht einfach jemand anders schicken könne, der meine Aufgaben übernimmt.

Kaum bin ich wieder an meinem Beraterplatz, dem Schreibtisch beim Kunden, angekommen, starre ich auf einen Zweizeiler, der mich soeben per E-Mail erreicht: »Hallo Herr Schmidt, wenn Sie sich vorstellen können, auch intern für uns als unser Angestellter zu arbeiten, dann bitte ich Sie darum, sich umgehend einen Termin zu holen, damit wir das besprechen können. Mit freundlichen Grüßen, Sabine Foster.«

Ich bin verbafft. Weiß gar nicht, was ich davon halten soll.

Wenn man wütend ist, soll man ja keine Mails beantworten, denn was im Zorn gesagt wird, ist etwas anderes, als wenn man Distanz dazu hat. Dann klingt es meist weniger emotional und schlimm. Es ist, als wenn man gerade vor einem hohen Haus steht, das alles verschattet. Steht man aber in einiger Distanz zu diesem Haus, weiß man dessen Größe zu relativieren. Das Gleiche gilt sicherlich für wichtige Entscheidungen, wie in diesem Fall. Da muss die Distanz noch größer werden. Wenn wichtige Entscheidungen anstehen, müssen mindestens 72 Stunden vergehen, um in dieser Zeit alle relevanten Informationen einzusammeln und zu verarbeiten.

Als ich zu Hause meinem Gnubbelchen erzähle, dass es eine Anfrage gibt, direkt zum Kunden zu wechseln, also statt externer Berater interner Mitarbeiter zu werden, steht sofort fest, welche Vorteile das hätte: »Du bräuchtest dich nicht mehr zu sorgen, dass dein Chef dich urplötzlich irgendwo hinschickt. Und wir wären hier als Familie immer zusammen. Das Damoklesschwert, dass du mal andauernd weg sein könntest, wäre erst mal weg!«

So etwas zu entscheiden, fällt schwer, sehr, sehr schwer. Außerdem bedarf es einer Identifikation, um bei einer Pharmafirma zu arbeiten. Als Geophysiker bei einer Pharmafirma! Wenn mir das vor einigen Jahren jemand erzählt hätte, hätte ich gesagt, du spinnst! Nur Pharmazeuten arbeiten in einer Pharmafirma, so wie auf Hütten nur Hüttenleute arbeiten. Aber ich habe ja im Studium gelernt, dass auch in einer geophysikalischen Firma die meisten Mitarbeiter gar keine Geophysiker sind. Sondern Techniker und Juristen zum Beispiel.

Warum also nicht als Geophysiker in einer Pharmafirma arbeiten? Nach reiflicher Überlegung komme ich zu dem Schluss, dass ich mir den Termin bei der IT-Leitung der HMR geben lasse und mir bis dahin die ganz genauen Bedingungen überlegen werde, zu denen ich zusagen würde. Schließlich liste ich für mich selbst alles auf, was in der jetzigen Position besser hätte laufen müssen. Kommunikation zum Beispiel. Verantwortung. Eigenständigkeit. Und ich brauche viel Urlaub, um mich von dem alltäglichen sozialen Minesweeper-Spiel ausreichend zu erholen. Dreißig Tage sind absolutes Minimum, am besten gibt es Gleitzeit, damit ich noch mehr Ausgleich nehmen kann. So vierzig Tage im Jahr, dann würde ich wohl kaum krankgeschrieben werden müssen, wegen Burn-out und was es so für neumoderne Diagnosen gibt, die es aber anscheinend nur gibt, weil die Leute ihren Chefs gegenüber irgendwarum keine Grenzen setzen können oder wollen. Ich jedenfalls weiß, was gesund ist. Und »die Gesundheit ist das Wichtigste«, so lautete seinerzeit bereits §1 im »Japetusian Basic Law of Life«, jenem Regelwerk, welches ich am 1. September 1984 in Kraft treten ließ, um mich fit zu machen für die finale Schulzeit vor dem Abi und besonders auch für die Welt der Menschen jenseits der Schulpforte. »Beschäftige dich nicht mit zu vielen Details«, »Schau auf das Ganze«, »Nehme es, wie es kommt«, meine geplante Flexibilität, die Pläne A, B, C, D, E, F und den Worst-Case-Plan, um auch augenscheinlich unvorhersehbare Dinge schon kalkuliert zu haben – alles lebensbestimmende Paragraphen.

Aus diesen Dingen leite ich meine Wünsche an die angebotene Stelle beim Kunden ab. Last but not least wünsche ich mir natürlich eine signifikante Gehaltserhöhung. Die würde die Entscheidung sehr vereinfachen. Schließlich kommt es zu dem Casting bei der möglichen zukünftigen Chefin, der klein, dicklich gewachsenen und sehr freundlichen, aber bestimmenden Frau Foster. Es wird schnell klar, dass sie mich tatsächlich unbedingt haben will und bereit ist, meine Forderungen zu erfüllen, besonders die mit dem Urlaub und dem Gehalt. Na, dann steht ja einer weiteren Performance-Entwicklung nichts mehr im Wege! Da werde ich wohl wechseln, wechseln müssen, um Karriere machen zu können! Denn wenn man überholen will, muss man ja auch die Fahrspur wechseln.

Wenige Tage später habe ich einen Termin in der Personalabteilung beim Noch-Kunden, der HMR GmbH. Etwas komisch kommt mir das Ganze doch noch vor. »Herr Dr. Schmidt, was ist? Warum zögern Sie noch?«, fragt mich die zuständige Personalreferentin.

»Weil die ganze Situation für mich ganz komisch ist. Ich habe es erst vor wenigen Monaten geschafft, im SAP-Umfeld als Berater Fuß zu fassen, und soll nun gleich wieder wechseln. Eigentlich ist das nicht mein Stil, aber mein Gefühl sagt mir, ich sollte das dringend tun, sonst droht eine Katastrophe, weil mich mein Noch-Chef irgendwarum nicht wirklich versteht.«

»Herr Dr. Schmidt, Sie haben erstklassige Referenzen bekommen. Und zwar von denen, für die Sie hier gearbeitet haben. Hier brauchen Sie nicht mehr zu befürchten, dass Sie ungefragt von Pontius nach Pilatus geschickt werden. Im Gegenteil, Ihr Arbeitsplatz ist hier in diesem Gebäude, von gelegentlichen Dienstreisen einmal abgesehen.«

»Die würden mir sicherlich auch viel Spaß machen! Aber es darf eben nicht außer Kontrolle geraten!«

»Hier können Sie bis zu Ihrer Rente bleiben, es sei denn, Sie klauen hier vorher den goldenen Löffel!«, antwortet die zuständige Personalreferentin mit hell-freundlicher Stimme.

»Goldener Löffel? Was meinen Sie damit?«

»Das sagt man so. Sie müssten sich schon ganz grob was zu Schulden kommen lassen, um eine Kündigung zu erhalten. Da machen Sie sich mal keine Sorgen. Für solche Leute wie Sie haben wir hier immer Arbeit. Außerdem haben Sie sich sehr schnell in SAP eingefunden, Sie würden sich sicherlich auch in andere Aufgaben schnell einarbeiten, wenn dies erforderlich sein sollte. Wenn Sie nun hier unterschreiben, erhalten Sie einen unbefristeten Vertrag.«

Schließlich unterschreibe ich den neuen Arbeitsvertrag. Denn der ist allgemeingültig. Danach bin ich ganz schlicht ein »technischer Angestellter« und beliebig einsetzbar, also auch dann, wenn die aktuelle Position einmal einer Umorganisation zum Opfer fallen sollte. Außerdem ist die neue Stelle extra für mich erschaffen worden. Denn ich entdecke in der Stellenbeschreibung, dass diese ganz genau meine methodischen Fähigkeiten, fachlichen Stärken und die hier so wichtigen SAP-Kenntnisse enthält.

Das klingt doch alles sehr gut. Man nimmt mich so, wie ich bin. Was Besseres hätte mir gar nicht passieren können. Auch wenn ich aus freien Stücken niemals auf die Idee gekommen wäre, mich bei einer Pharmafirma zu bewerben, hier scheine ich endlich den lang gesuchten und bisher nie gefundenen Hafen erreicht zu haben. Hier kann ich mir nun endlich nachhaltig etwas aufbauen und an meiner Karriere basteln. »Wir zahlen auch die notwendige Ablösesumme, damit Sie aus Ihrem bisherigen Vertrag verlustfrei rauskommen. Darüber machen Sie sich mal keine Gedanken. Und den Urlaub in zwei Wochen dürfen Sie selbstverständlich auch wie geplant antreten, die fehlenden Tage sind dann eben Gleitzeitausgleich für geleistete Überstunden.«

Unverzüglich suche ich Hern Grünstadt auf, um ihm meine Kündigung noch fristgerecht mitzuteilen. Er gibt sich erstaunt: »Wieso? Was ist los?«

»Ich habe von Ihnen nur Kritik bekommen, aber eine angemessene

Wertschätzung meiner Arbeit in Form einer Gehaltserhöhung wurde nicht in Aussicht gestellt. Darum gehe ich.«

»Ja, aber darüber kann man doch reden!«

»Auf einmal doch? Jetzt machen Sie sich aber unglaubwürdig! Vorher ging doch auch nichts. Mein Entschluss steht fest!«

Ich frage mich, warum er mir das nicht gleich gesagt hat, denn ich hätte auch sehr gerne bei der Lufthansa weitergearbeitet. Hat er etwa erwartet, dass ich wie auf dem orientalischen Basar um mein Gehalt feilsche? Das hätte er mir dann mit klaren Worten sagen müssen.

Gut zwei Wochen später wird die Kündigung wirksam. Statt externer Mitarbeiter bin ich ab sofort ein interner Mitarbeiter, stehe also nicht mehr im Organigramm des Beratungshauses, sondern im Organigramm der Pharmafirma HMR, die bisher mein Kunde war.

Angekommen in der Hierarchie

Um einen reibungslosen Transfer zu gewährleisten, wird die Chefin der IT-Abteilung, Frau Foster, nun meine direkte disziplinarische Vorgesetzte, was es mir wie bisher erlaubt, wie als externer Berater auch für verschiedene Teams innerhalb der IT-Abteilung je nach Bedarf wie so eine Art »Libero« als interner Berater tätig zu werden. Fachlich berichte ich nun dem jeweiligen Projektleiter, für den ich gerade arbeiten soll.

Ansonsten ändern sich lediglich noch das Firmenlogo an der Tür des Büros, in dem mein Schreibtisch steht, und meine Visitenkarte, sonst nichts. Am Alltag wird sich nichts ändern.

Irgendwie bin ich auf einmal ein wenig stolz. Weil ich es nun allen Unkenrufen zum Trotz geschafft habe, in gewisser Weise doch noch »auf der Hütte«, also in der Schornsteinindustrie zu arbeiten. Kein Stahlwerk, aber dennoch inmitten von Rohren, Hallen und himmelwärts reichenden, solitär stehenden Schlotsilhouetten. Inmitten des Industrieparks von Frankfurt-Höchst.

Ich bin der Klempner, den man alleinig nach der Qualität seiner fachlichen Arbeit beurteilt. Auch der Kunde im Privathaus ist doch zufrieden, wenn der Klempner gute Arbeit geleistet hat. Da spielt es keine Rolle, was der ansonsten für ein Typ ist. Somit spielen irgendwelche zwischenmenschlichen Querelen und Ränkespiele, die es anscheinend überall gibt, für mich aktuell aus meiner Wahrnehmung heraus keine nennenswerte Rolle.

Das Strukturieren von Informationen und die Datenmodellierung spaßen am meisten. Weil ich da Logik in Geschäftsprozesse bringen kann, die die Dinge übersichtlicher und transparenter macht. Weil das auch noch jemand haben will und es anderen nützt! Weil ganze Projekte über unsauber geplante Details zu Fall gebracht werden können. Das finde ich sowieso immer wieder neu komisch, dass das Bestimmen oft diejenigen machen dürfen, die anscheinend überhaupt keine Ahnung haben von dem, was da abläuft. Menschen, denen man ein X für ein U verkaufen könnte, und die würden das nicht einmal merken. Meine Rolle sehe ich in diesen Projekten immer darin, sowohl die Details als auch die Gesamtsicht zusammenzubringen. Also die Details auf das Ganze abzustimmen und das Ganze so zu strukturieren, dass modellentscheidende Details darin als kritische Randbedingungen erkannt und auch rechtzeitig berücksichtigt werden.

Den bereits beim vorherigen Arbeitgeber eingereichten Urlaub trete ich wie geplant an. Fünf Wochen auf dem Alaska-Highway durch Kanada gen Süden. Nach meinem Urlaub erfahre ich, dass der Projektleiter für das Informationswürfelprojekt, der Herr Müller, nun auch mein fachlicher Vorgesetzter wird. Außerdem erhalte ich von meinem neuen Arbeitgeber ein Diensthandy: »So, jetzt können Sie sich jederzeit mit Ihrem Projekt kurzschließen, wenn es irgendwo mal klemmt oder Sie auf Dienstreise sind. Natürlich dürfen Sie das Handy auch gelegentlich für private Gespräche nutzen, solange sich das im Rahmen hält.«

Während mich einige der neuen Kollegen offenkundig beneiden, weil sie ein Handy als Statussymbol verstehen, überkommen mich ambivalente Gefühle: Einerseits freue ich mich über die damit verbundene Anerkennung als wichtige Person im Projekt. Andererseits bin ich nicht begeistert. Denn der Projektleiter meint: »Tja, dann kann ich Sie ja jetzt jederzeit erreichen, wenn's mal Probleme gibt!«

So ein Handy ist eine verfluchte Erfindung, wenn erwartet wird, dass man plötzlich überall und immer erreichbar sein soll. Es ist dagegen eine wunderbare Erfindung, um sich von irgendwoher jederzeit melden zu können, zum Beispiel wenn man in Schwierigkeiten ist und Hilfe braucht oder von Ferne eine kritische Projektphase steuern möchte. Man kann mit so einem Handy auf Dienstreise oder im Homeoffice sein und trotzdem dafür sorgen, dass man aktuell über akute Geschehnisse informiert ist und jederzeit eingreifen kann, wenn man es für nötig hält. In all diesen Fällen greife ich selbst zum Handy, rufe also andere Leute an.

Telefonklingeln ist dagegen jedes Mal ein kleiner Schock. Und es stört massiv meine Arbeit, die ich gerade erledige. Dann kann ich oft noch mal von vorne anfangen, weil ich einfach nicht für zwei Sachen gleichzeitig aufnahmefähig bin. Entsprechend laut und ungehalten werde ich jedes Mal, wenn man mich für Nichtigkeiten in meinem Arbeits- und Gedankenfluss stört. Manchmal lege ich den Hörer einfach neben die Gabel, damit es gar nicht erst klingeln kann. Wer was Wichtiges will, wird sich wieder melden, wenn ich empfangsbereit bin. Oder noch besser: mir eine E-Mail schicken, die ich dann anklicken und lesen kann, wenn es mir passt. Denn was dringend und wichtig ist, entscheide ich immer noch selbst.

Da ich wiederholt und immer öfter auf dem Handy angerufen werde, obwohl ich am Arbeitsplatz bin und somit auch über Festnetz erreichbar wäre, beginne ich damit, mein Handy auszuschalten. Es dauert nur wenige Wochen, bis ich Herrn Müller, ein klassisch-konservativer Grauanzugträger, und Kollegen so weit umerzogen habe, dass das Handy nicht für das telefonische Alltagsgeschäft, sondern nur für besonders wichtige oder anderweitig nicht anders machbare Kontakte zu nutzen ist. Es ist nur eingeschaltet, wenn das vorher vereinbart ist. Ständige Erreichbarkeit wie bei der Feuerwehr könnte ich nicht allzu lange aushalten. Das weiß ich. Auch wenn es anderen in dieser Hinsicht anders geht.

Um kreativ arbeiten zu können, muss ich mich stundenlang zurückziehen können, ohne irgendwelche Störungen. Lieber wäre es mir, man würde mir endlich mal ein Einzelbüro geben. Das würde meine Arbeitsergebnisse noch einmal um den Faktor 2 bis 10 verbessern.

Es dauert nur wenige Tage, bis sich die ersten Leute bei mir beschweren, warum ich auf dieses und jenes nicht reagiert hätte. Sie hätten doch auf meine Handy-Mailbox gesprochen. Ob ich denn die nicht wenigstens mal abhören würde. Ich antworte nur: »Die Mailbox ist für mich wie ein Briefkasten, in den ich ja auch nur höchstens einmal am Tag schaue. Gut möglich, dass da was übersehen wird. Wichtige Dinge haben per E-Mail kommuniziert zu werden. E-Mails sind leise, und ich entscheide, wann ich die bearbeite. So habe ich die Tageseinteilung weiter unter meiner Kontrolle, um vernünftig arbeiten zu können.« Das neue Kommunikationsgleichgewicht pendelt sich wieder ein. Und das Handy bleibt meist aus.

Aber prompt zeichnen sich die nächsten Probleme ab. Als externer Mitarbeiter war ich hochwillkommen. Ich konnte mich reinrassig auf die Sache konzentrieren. Lieferte ab, erntete Lob und fachliche Anerkennung pur – vom Kunden. Aber ich war nie Teil der Hierarchie des Kunden. Niemand von der Pharmafirma hatte disziplinarische Führungsgewalt über mich. Niemand fühlte sich bedroht. Jetzt aber scheint sich schleichend die Beziehung zum Projektleiter, der für mich jetzt ein Kollege ist, für den ich arbeite, zu vernebeln.

Mein Herunterfahren der Leistung beginnt neuerdings um genau 17:51 Uhr, eine fatamorganische Primzahlzeit, weil die 17 unteilbar ist, aber die 51 dreimal die 17 enthält. Weil das die Uhrzeit war, die ich immer wieder sah, als der Projektleiter Müller unbedingt wollte, dass ich noch etwas erledigen sollte, was ich für unsinnig hielt. Und am nächsten Tag hatte er es verworfen, nachdem ich extra für diese Sache dablieb, obwohl ich eigentlich nach Hause wollte und mit dieser Planänderung immer wieder große Probleme hatte. Ich habe mir fest vorgenommen, das wird nicht mehr vorkommen! Ich werde keine Überstunden mehr machen, wenn man rein logisch absehen kann, dass die Arbeit sowieso im Papierkorb landen wird. So gehe ich zu Frau Foster, die als Leiterin der IT-Abteilung auch seine Chefin ist, und erzähle dort Hilfe suchend, was man meiner Meinung nach anders hätte besser machen können und warum, um diese sinnlosen

Längerbleibezeiten aufhören zu lassen. Denn der Projektleiter, Herr Müller, will sich von mir zu diesem Thema nichts sagen lassen. Einige Tage später kommt Herr Müller in mein Büro und blafft mich seltsam laut an, so dass es mich durchzittert:

»Das ist ja wohl das Letzte, hinter meinem Rücken der Frau Foster zu sagen, was ich hier zu tun und zu lassen habe! Sie sind hier nicht der Projektleiter, sondern ich! Sie haben das zuerst mit mir zu besprechen! So was ist doch keine Zusammenarbeit, so was ist Mobbing! Das kriegen Sie irgendwann einmal in Ihr Arbeitszeugnis, das verspreche ich Ihnen!«

»Das ist kein Mobbing! Ich habe mehrmals versucht, mit Ihnen darüber zu reden, aber es hieß immer nur, ich sei hier nicht der Projektleiter. Ich bin oft genug wirklich gemobbt worden. Mobbing, das geht anders. Mobbing bedeutet, Intrigen zu spinnen, Dinge zu behaupten, die jeder Grundlage entbehren, um jemandem zu schaden. Das tue ich hier ganz bestimmt nicht! Ganz im Gegenteil. Ich rede Klartext. Von mir gibt es nichts als nackte Fakten, und wenn die als Mobbing deklariert werden, dann muss ich dafür sorgen, dass Sie bald ein wirkliches Problem haben, aber nicht ich! So sehe ich das!«

Dann beherrscht die Stille der Offenbarung unser gemeinsames Büro. Was ist hier geschehen? Der Mensch, der mich vor wenigen Monaten per exzellenter Referenz noch unbedingt in diese Firma holen wollte, der an mich glaubte, der gesehen hat, was ich draufhabe, der gleiche Mensch wird jetzt zum verbalen Untier. Wie ein eben noch lieblich schlabbernder Pitbull, der jetzt die Zähne zeigt. Weil ich einfach nur ein angenehmes, gesundes, Spaß machendes Arbeitsleben haben will.

Einige schweigsame Tage später finden wir doch wieder zusammen. Vielleicht hat er begriffen, dass er mich nicht so führen kann, wie er das vielleicht nach irgendwelchen Standardrezepten gelernt hat, sondern dass ich ein Mensch bin, der weiß, was geht, und der auch weiß, was nicht geht, und demzufolge nicht alles mit sich machen lässt. Am besten kann ich mit Menschen zusammenarbeiten, die Lösungswege suchen und nicht laufend Gründe finden, warum etwas nicht möglich sein soll.

Die alltägliche Projektarbeit fortsetzt sich ohne weitere Vorkommnisse. Es herrscht angespannte Ruhe. Die Fronten sind geklärt. Jeder weiß hoffentlich und anscheinend, wie weit er gehen darf. Aber dennoch graut sich der einst azurblaue Arbeitshimmel langsam immer mehr ein. Das merke ich daran, dass ein jeder sich immer öfter auf die formalen Pflichten zurückzieht, das Engagement immer zäher fließt. Einige Wochen später kommt es zu einer firmenweiten Umorganisation. Die HMR, die Pharmasparte der Hoechst AG, fusioniert mit einer französischen Firma. Die neue, vereinigte Firma heißt Aventis. Im Zuge dieser Geschichte wird die alte, genau auf mich zugeschnittene Stelle durch eine Stelle mit einer neuen Stellenbeschreibung ersetzt, die ich auszufüllen habe. Dabei verliere ich auch meine direkt an Frau Foster aufgehängte, teamübergreifende Sonderstellung. Stattdessen werde ich nun dem Projektleiter Müller, dem ich bisher nur fachlich berichtet habe und der mir mit Arbeitszeugniskonsequenzen gedroht hat, teamtechnisch im Organigramm zugeordnet und uns beiden zusammen ein ganz neuer disziplinarischer Chef vorgesetzt, der überdies noch gar keine wirkliche Ahnung von dem System hat, um das wir uns hier kümmern. Wie soll das denn alles gehen? Und warum hat mich vorher keiner gefragt, ob ich damit überhaupt einverstanden bin? Als ich einen meiner Kollegen anspreche, der darüber auch unglücklich ist, sagt der nur: »Peter, mir ist die Jacke näher als die Hose!« Was für eine triviale Feststellung. Blöder Kommentar.

So gehe ich zu Frau Foster, meiner Noch-Chefin, und erkläre ihr meine Bedenken. Insbesondere weise ich darauf hin, dass ich Schwierigkeiten damit habe, einfach über anstehende organisatorische Veränderungen informiert, anstatt in den Änderungsprozess aktiv mit eingebunden zu werden. Daraufhin erhalte ich die Antwort, dass so eine Firma keine demokratische Institution sei, sondern Entscheidungen im Management getroffen werden, die dann umzusetzen sind. Das Festlegen einer neuen Organisationsstruktur sei nicht Sache aller Mitarbeiter, sondern eine Aufgabe des Managements. Daher habe ich mich mit der neuen Organisation abzufinden.

Die Inklusion meiner Person schmilzt dahin. Ich finde mich an einem Ort und in einer Funktion in einem nicht mit mir abgestimmten Teil des Stellenplans wieder, der so nicht zu meinem Wesen passt. Ein Stellenplan sei auch dafür da, eine gewisse Austauschbarkeit der Mitarbeiter zu gewährleisten. Ich war, bin und werde immer ein spezieller Fall bleiben. Warum das so ist, weiß ich nicht. Aber ich spüre es. Und dem ist hier nicht Rechnung getragen worden.

So kommt es, wie es kommen muss, es gibt Ärger ohne Ende. Mehr Ärger als vorher. Weil es immer mehr Menschen werden, die Mitsprache in meinem Terminkalender haben wollen. Um mich von dieser ganz neuen Form von Stress angemessen zu erholen, lebe ich fortan einen klassischen 9-to-5-Job, das heißt, Punkt 17 Uhr gehe ich. Alles andere wäre ungesund!

Bis vor Kurzem glaubte ich noch, meinen Hafen endlich gefunden zu haben. Nun überlege ich zu Hause, ob ich erneut wechseln sollte. War der Hafen nur eine Fata Morgana? Nichts als heiße, flimmernde, Gegenstände vorgaukelnde Luft? Ich verlasse den kalten Konflikt per Flugzeug nach Lateinamerika, um zusammen mit meinem Gnubbelchen eine weitere Etappe der Panamericana zu komplettieren. Das Sammeln von Straßen bleibt meine wirksamste und verlässlichste energetische Kraftquelle.

Endlich Prozessverantwortung

Nach der Rückkehr erwartet mich Thomas, der Teil der IT-Leitung ist und mit dem ich zu Lufthansa-Zeiten das Büro geteilt habe und seither per Du bin, in seinem Büro: »Peter, wir haben uns das während deines Urlaubs angeschaut. Wir schätzen wirklich, was du draufhast, aber das hier geht nicht. Wir haben deine Sicht verstanden und haben uns für dich drei Alternativen überlegt: Du kannst in die SAP-Basis wechseln, etwas ganz anderes als SAP machen oder dich zukünftig um SAP-EH&S kümmern!«

Ich bin ein Mensch, der gerne strukturiert und analysiert. Dazu passt die Sache mit der SAP-Basis nicht, selbst wenn ich mich da mittlerweile auch einigermaßen auskenne. Da müsste ich etwas tun, was für mich in mehrfacher Hinsicht völlig ungeeignet ist: zeitgleich total fremdbestimmte Bereitschaftsdienste leisten. Da kann ich weder inhaltlich gestalten, noch hätte ich meinen Tagesablauf unter eigener Kontrolle. Ich könnte ja auch niemals an der Kasse im Supermarkt arbeiten. Kaum hätte ich dort die Schlange der Kunden endlich mal abgefertigt, käme ja schon der nächste Einkaufswagen um die Ecke. Ich frage mich, wie Kassiererinnen das ohne ausgedehnte Rückzugszeiten aushalten.

Und ganz plötzlich meine mühsam erworbenen SAP-Kenntnisse aufgeben, nein, das ist auch nichts. Und von SAP EH&S habe ich leider noch nie was gehört. Was soll ich jetzt bloß tun?

In diesem Moment ideet es in mir, dass ich vor wenigen Monaten auch noch nicht wusste, was ein »SAP BW« ist. Dennoch bin ich innerhalb kürzester Zeit zum Experten für Informationswürfel aufgestiegen. Das geht bestimmt auch mit diesem komischen EH&S. Also frage ich Thomas:

»Was isn das, SAP EH&S?«

»Mit dem System werden unsere Sicherheitsdatenblätter verwaltet. Das System bildet rechtliche Grundlagen ab. EH&S steht für Environment, Health & Safety, also Umwelt, Gesundheit und Sicherheit!« Schade, geschäftsprozesstechnisch öder Behördenkram also. So wirklich begeistert bin ich nicht. Aber es scheint von allen drei Alternativen noch die vielversprechendste zu sein. So fordert mich meine innere Stimme auf: Nimm das und werde glücklich!

Ich fühle mich wie ein »Noch-Nichtschwimmer«. Ja ich springe jetzt in dieses neukalte Wasser! Denn Schwimmen lernt man nicht an Land! Auch die Schwingen sollen ja im Fluge wachsen.

Ich werde einem neuen Chef zugeordnet, Günter Bach. Ein sehr großer Mensch, dessen Bürotür meist offen steht. Ein Mensch, der zuhört, was man sagt.

Nachdem ich mich über einige grundlegende Dinge anhand vorhandener Dokumente schlau gelesen habe, kündige ich mich bei denjenigen Kollegen im Unternehmen an, die sich inhaltlich für Aventis um die Belange von Sicherheit und Umwelt kümmern, meine »internen Kunden«. Die in deren Fachabteilung anfallenden Arbeiten sollen mit dem SAP-EH&S-System unterstützt werden. Und ich soll das zukünftig federführend gestalten. Dafür muss ich natürlich erst einmal das Geschäft meiner »Kunden«, der von mir in IT-Fragen zu betreuenden Fachabteilung, verstehen. Zumindest die für die IT relevanten Anteile. Auf diese Weise würde ich nach meiner Einarbeitung eine den Bedürfnissen der Fachabteilung entsprechende Weiterentwicklung des Prozesses begleiten und einen ordnungsgemäßen Systembetrieb sicherstellen können.

»Ich bin der Neue! Und ich mach's kurz und schmerzlos: Ich habe keine Ahnung von dem, was ich für Sie zukünftig tun soll! Und damit sich das so schnell wie möglich ändert, bitte ich Sie, mir einfach mal zu erzählen, wie Ihr Geschäft läuft und was davon dieses SAP EH&S machen sollte.«

Haufenweise Details prasseln auf mich ein, die erst einmal kanalisiert und geklärt werden wollen, damit ich hier wirklich etwas voranbringen kann. Ich erzähle meinen neuen Kunden, dass es bei mir etwas länger dauern kann, bis ich alles restlos verstanden habe, aber wenn, dann wird es so richtig abgehen:

»Eine Boeing 747 braucht zwar länger als eine Cessna, um abzuheben, aber dann fliegt sie viel weiter und höher als die Cessna!«

Während eine buchartige Dokumentation immer nur schweigend und einbahnstraßig zu mir spricht, kann ich im Dialog mit Menschen in Echtzeit Unklarheiten sofort beseitigen. Durch aktives Zuhören, indem ich mich ständig rückversichere, ob ich das richtig verstanden habe. Nach zwei Stunden trage ich aus dem Büro der Fachabteilung einen Wissensberg, der um ein Vielfaches höher ist als der Berg, den ich durch Anlesen von Dokumentationen je hätte anhäufen können.

In einigen weiteren Meetings hole ich alle Detailinformationen aus den Anwendern raus, die ich brauche, um zu verstehen, was dieses System genau macht oder machen soll. Und so kann ich schließlich genau beurteilen, was gut und was bislang schlecht implementiert worden ist.

Der Jumbojet hebt ab und gewinnt zügig an Höhe. Schon nach kurzer Zeit ernennt man mich zum IT-Prozessverantwortlichen für das Umweltmanagement. Na also, geht doch!

Da mein Erfolg daran gemessen wird, wie zufrieden mein Kunde, also die interne Fachabteilung ist, strebe ich einen möglichst störungsfreien Betrieb des EH&S-Systems an, für das ich ab sofort allein verantwortlich bin. Weiterhin bin ich als ein Mensch, der gerne gestaltet, eifrig dabei, das System prozesstechnisch weiterzuentwickeln. Und das gelingt mir laut des Feedbacks von Herrn Bach und der Fachabteilung sehr gut. Im Vertrauen darauf, dass meine Leistung zählt und nicht, ob ich in Hemd und würgender, völlig nonfunktionaler, allenfalls die Knopfleiste bedeckender Krawatte rumlaufen muss, verzichte ich immer öfter auf den Anzug und komme stattdessen in Jeans. Denn im Sommer schwitze ich draußen im Anzug und im Winter friere ich draußen im Anzug. Am liebsten laufe ich in ärmellosen Tops rum, wenn es richtig warm ist, also ab 25 Grad. Oder mit einer schwarzen, schulterkantigen Lederjacke mit Jeans, wenn es kühl (weniger als 18 Grad) oder kalt (weniger als 12 Grad) ist. Denn im Jackett kriecht die Kälte mir in die Brust, und die Anzughose wärmt nicht wirklich. Auch ein über den Anzug getragener Mantel ist für mich keine Option. Denn das dadurch entstehende Klamottenchaos habe ich noch nie wirklich geradegerückt gekriegt. Anzüge sehen schick aus, aber lassen sich nur dann erträglich tragen, wenn es weder zu heiß noch zu kalt ist, also zwischen 12 und 18 Grad.

Außerdem müssen Anzüge immer mal wieder in die Reinigung. Was ein ganz großer Nachteil ist, wenn man viel schwitzt. Warum hat die Modeindustrie bis heute keinen einzigen Anzug erfunden, der voll waschbar und trotzdem bügelfaltenelegant aussieht? So entscheide ich mich schließlich sogar für die totale Entanzugisierung. Nur wenn wichtigste formale Kontakte und Meetings anstehen, die weit über das Teamumfeld hinausgehen, dann zücke ich aus dem Büroschrank einen Anzug. Den trage ich dann wie eine Uniform. Ja, Berufe mit Uniform, die wären auch nichts für mich gewesen.

Irgendwie meine ich beobachten zu können, dass nach und nach auch andere Mitarbeiter immer öfter in der tragefaltengeschmückten Jeans kommen. Habe ich in meinem Umfeld die Entanzugisierung der Gesellschaft angestoßen? Oder steht das Verhalten meiner Mitmenschen ausnahmsweise mal mit meinem in Resonanz?

Auch ohne Anzug gelte ich als kompetent. Ich kann dadurch sogar Distanzen verringern. Der Anzug kann Kompetenz bedeuten, muss er aber nicht. In jedem Fall ist er Fassade. Wie die bunte Front eines Hauses in einer Wildweststadt. Dahinter kann es toll sein oder aber schäbig. Deswegen begegne ich Anzugträgern oft mit Skepsis. Vielleicht wäre eine Entanzugisierung der Gesellschaft sinnvoll, damit Inkompetenz sich nicht mehr hinter Anzügen verstecken kann. Rüschen sind ja schließlich auch seit Jahrhunderten megaout. Krawatten und Anzüge könnten es doch auch bald sein. Strenge Kleiderordnungen einiger islamischer Länder werden hierzulande gerne belächelt, aber genau genommen sind die Leute in den großen Unternehmen mit ihren Verkleidungen des wahren Ichs auch nicht besser. Ich jedenfalls verhandle und arbeite lieber mit jemandem, der nicht im Kompetenz vorgaukelnden Anzug vor mir sitzt, es sei denn, er ist aus seinem Innersten heraus jemand, der wirklich auf Anzüge steht.

Wenn ich einem Anzugträger gegenübersitze, gehen bei mir alle Alarmglocken an, da dieser Typ möglicherweise nicht bereit ist oder sein darf, seine persönliche Note zu zeigen und mir damit zu helfen, ihn zu verstehen. Über Mimik und Gesicht kann ich ja nichts erfahren. Gesichter haben für mich keine Worte.

Aber dennoch wechsele ich viele Worte mit meinen Kollegen. So tauschen wir Witze aus. Mathematische Witze. Oder Informatikerwitze. Oder Geschichten wie »Die Geheimnisse der Männer-WG«, in der sich alles darum dreht, »immer einen Kasten Bier im Haus zu haben«. Einerseits muss ich über solche Geschichten selber lachen, und das kann dann auch zu verlachten Stunden führen, andererseits offenbaren mir solche Geschichten Wahrheiten über Menschen, die ich nur vom Hörensagen kenne. Solche witzig-wahren Geschichten, die mich vielleicht etwas über das Leben lehren können, habe ich während meiner Schulzeit nie kennengelernt. Die hätten mich ganz anders angesprochen als Märchen und später der »Faust« Goethes.

Entweder rede ich viel und vortragsartig mit meinen Kollegen oder gar nicht.

Soweit ich das überblicken kann, bin ich anerkannter Teil des Teams. Dies bestätigt sich, als ich auf einmal aufgefordert werde, doch bitte mitzulaufen. Ich, der schon lange nicht mehr gelaufen ist! Beim »JP Morgan Chase Corporate Challenge«, dem JPMCCC, einem Stadtlauf, an dem nur Mitarbeiter in einem Motto-T-Shirt ihrer Firma teilnehmen dürfen. 5,6 km durch die Frankfurter Innenstadt. Ich glaube, mein letzter 1000-m-Lauf war am Gymnasium. Und da war ich nach etwa 5 Minuten fix und alle. Allen Bedenken zum Trotz, gemäß dem olympischen Motto »Dabei sein ist alles«, mache ich mit. Mein Worst-Case-Plan sieht vor, die Strecke zu gehen, dann wäre ich in etwa einer Stunde auch im Ziel.

Am Tag des Events erwartet mich ein Menschengewusel, das ich einfach ausblende. Das sind alles nur ganz bunte Bälle mit Beinen, die da wild umherspringen, um die ich da jetzt herumlaufen muss. Inklusive einer zehnminütigen Wartezeit am Start brauche ich schließlich 46 Minuten für die Strecke, auf der man mehr gelaufen wird, als dass man selber läuft. Und dann empfängt alle Zieleinläufer eine gemütliche Runde im großen zeltigen Stand von Aventis bei Wurst und Bier, bei Steak und Wein, bei Cola und Salat im Frankfurter Grün. Ich bin dabei, ich gehöre dazu. Ich bin stolz, zur Mannschaft von Aventis zu gehören. Ich nehme mir vor, jedes Jahr wieder neu bei diesem Lauf mitzumachen. Und jedes Jahr ein Stückchen schneller und schlanker zu werden. Doch dem ganzen Small Talk im und um das Festzelt herum kann ich leider nicht viel abgewinnen. Und die vielen Gesichter kann ich mir auch nicht merken.

Das Gesicht meines Jobs sind aber nicht die Menschen, die dort herumlaufen, sondern das von mir zu betreuende und weiterzuentwickelnde SAP-EH&S-System. Es ist Teil des Verbundes verschiedener SAP- und anderer Systeme, die miteinander technisch kommunizieren. So fragen die Vertriebsprozesse beim EH&S-System sicherheitsrelevante Daten an, und das EH&S-System liefert die notwendigen Informationen für chemische Gefahrguttransporte, damit der LKW das Werksgelände überhaupt verlassen darf. Wann immer irgendwo etwas geändert wird, müssen alle von dieser Änderung betroffenen Prozessverantwortlichen zustimmen. Weil nicht jeder weiß, wo die aus dem EH&S kommenden Daten eine Rolle spielen, kommt es leider immer wieder vor, dass ich vergessen werde. Weder holt man meine Zustimmung ein noch werde ich wenigstens informiert. Und das alles liegt nur daran, dass mein Prozess als weniger wichtig angesehen wird.

Ich bekomme immer dann, wenn irgendwas nicht so funktioniert, wie es sollte, natürlich eine Bitte vom Kunden, nachzuschauen, was da los ist und die Sache gegebenenfalls zu reparieren. Da ich vorm Kunden klarstellen will, dass ich aus meiner Sicht alles getan habe, damit das System ordnungsgemäß und reibungslos läuft, bin ich jedes Mal genervt, wenn sich im Nachhinein herausstellt, dass Änderungen an anderen Modulen, die mit dem EH&S zusammenarbeiten, zu den Störungen geführt haben.

So setze ich mich natürlich an die Arbeit, passe mein System den Änderungen an, bringe es wieder zum Laufen und informiere die Anwender darüber, dass es jetzt wieder geht und wer aus dem Team daran schuld war, dass es zwischenzeitlich nicht funktioniert hat. Diese Mail geht selbstverständlich in Kopie auch an die Betroffenen im Team, deren Prozessverantwortliche und an Herrn Bach.

Der kommt noch am selben Tag zu mir ins Büro und sagt: »Herr Schmidt, mit der Mail haben Sie sich einen großen Bärendienst erwiesen!«

Was für ein bäriges Lob! Ich habe also wieder einmal was ganz Tolles gemacht! Diese chefliche Bestätigung, es »Gut gemacht!« zu haben, sehe ich als Aufforderung zum »Weiter so!«.

Da damit aber das eigentliche Problem nicht aus dem Weg geräumt wird, bastele ich eine Präsentation. Titel: »EH&S? EH&S!«. Anschließend präsentiere ich das in Absprache mit Herrn Bach beim nächsten Team-Meeting seinem ganzen Team. Damit erhoffe ich mir, dass die Zahl der Störungen durch andere zurückgeht, dass man endlich versteht, wo ich mit meinem EH&S in den anderen SAP-Modulen überall mit ins Spiel komme, und ich demzufolge zumindest rechtzeitig informiert, besser noch gefragt werde, wenn irgendwo etwas geändert wird. Damit ich notwendige Anpassungen vornehmen kann, bevor das System nicht mehr läuft.

Außerdem bin ich sehr daran interessiert, den alltäglichen Pflegeaufwand für das System weiter zurückzufahren, damit ich mich mehr um die für mich wesentlich interessantere Weiterentwicklung des Systems kümmern kann.

Oft genug häufen sich Anfragen und E-Mails, nach denen ich mich um ein tagesaktuelles Problem kümmern soll. Immer wieder beschwere ich mich für alle hörbar darüber, dass es langsam mal erforderlich ist, dass ich eigene Mitarbeiter bekomme, die sich um den Support des Erschaffenen kümmern. Damit ich mich auf das konzentrieren kann, was meine Stärken sind: Projekte und Weiterentwicklungen. Aus- und Neubau von strukturellen »Autobahnen«, Konzeption und Architektur von Prozessen, aber keine Betreuung und Instandhaltung von bereits Gebautem.

Paralleles Arbeiten an mehreren Projekten gleichzeitig und das Leisten von Bereitschaftsdiensten sind mit mir schwierig. In besonders schweren Fällen, also wenn von mir aktuelle Unterstützung zu einer akuten Problemlösung gefordert wird und gleichzeitig ein vereinbarter Fertigstellungstermin für ein Projekt ansteht, werde ich entweder sehr, sehr ungehalten und laut oder es kommt zu einer geistigen Erstarrung. Dann mache ich tilt. Wie bei einem Computer, der sich aufhängt, kann man so viele Tasten drücken, wie man will, es hilft nichts, ich reagiere nicht mehr. Dann muss erst ein Reboot, also ein Neustart her.

Und einen Neustart würde auch dem vorhandenen EH&S guttun. Ich verfolge die Vision, alle EH&S-Prozesse, die wir haben, mit einem einzigen Modul standardgemäß abzubilden, um doppelt und dreifach vorhandene Aufwände in der Datenpflege zu beseitigen. Und um Systeme miteinander zu verschmelzen, damit man einige abschalten kann, die unnötig Zeit und Geld kosten. So benutzen zum Beispiel die Produktsicherheit und die Gefahrgutabwicklung die gleichen stofflichen Stammdaten, aber beide Prozesse finden noch immer in zwei verschiedenen Systemen statt. Ich habe mir zum Ziel gesetzt, die Produktsicherheit und die Gefahrgutabwicklung zu verschmelzen und anschließend zusammen in das existierende SAP-System für Logistik und Finanzen zu integrieren. Dann könnte man ein ganzes, momentan nur exklusiv für die EH&S-Produktsicherheit laufendes SAP-System abschalten, man hätte weder dessen Basiskosten noch die Pflegeaufwände für die Verbindungen zwischen den Systemen, den sogenannten Schnittstellen. Und wenn das alles in ein oder zwei Jahren funktioniert, könnte man auch rangehen, den Arbeitsschutz, das Risk-Assessment von Arbeitsplätzen, in SAP abzubilden. Das würde mir richtig spaßen!

»Wenn du ein Schiff bauen willst, dann trommle nicht Leute zusammen und vergib Aufgaben, sondern lehre sie die Sehnsucht nach dem weiten, endlosen Meer!«, das hat Antoine de Saint-Exupéry in »Die Stadt in der Wüste / Citadelle« geschrieben. Und ich muss lange nachdenken. Darüber, welche Sehnsucht ich bei den Menschen, die mir helfen sollen, meine Ziele zu erreichen, also ansprechen muss.

Was ich für meine Kunden machen kann und will, muss also nicht nur den Zielen der Firma dienen, sondern vor allem die Sehnsüchte der beteiligten Menschen befriedigen. Um mindestens Akzeptanz für meine Ideen zu kriegen, muss ich bei meinen Kunden Bedürfnisse wecken, indem ich ihnen klarmache, was sie davon haben, wenn ich mit meinen Ideen ein tolles System basteln darf.

Zum Beispiel, dass deren Arbeit übersichtlicher wird. Dass Dinge vereinfacht werden. Oder dass die Firma damit mittelfristig Geld sparen wird, wir dann indirekt alle einen höheren Bonus kriegen können. Als SAP-Experte komme ich mir vor, als wolle ich eine ICE-Verbindung bauen und müsse nun die Sehnsucht nach schneller Vernetzung lehren.

Es dauert eine Weile, aber schließlich erhalte ich tatsächlich das Okay von der Fachabteilung. Die sind auf einmal sogar begeistert, müssten sie doch fortan die Stammdaten nur noch einmal pflegen. Und ich bräuchte mich nicht mehr um zwei Systeme zu kümmern. Darüber hinaus gelingt es mir, Frau Foster, Günter Bach und Thomas davon zu überzeugen, dass wir die Verschmelzung der Prozesse der Gefahrgutabwicklung und der Produktsicherheit zusammen mit dem Upgrade-Projekt, dem sogenannten Release-Wechsel, des Haupt-SAP-Systems der Firma vornehmen können. Denn das spart Aufwände beim Testen. Und die Testerei kostet richtig Zeit und Geld, weil wir als pharmazeutisches Unternehmen die an der Produktion beteiligten Prozesse validieren müssen. Das muss alles den Regularien verschiedener Behörden entsprechen, zum Beispiel auch der FDA, der »Food and Drug Administration«, damit wir unsere Tabletten auch in den USA an die Apotheken und Krankenhäuser verkaufen dürfen. Anfängliche Bedenken meiner Chefs, dass das auch schiefgehen könnte und katastrophale Folgen haben könnte, kann ich zerstreuen, als ich denen meinen Plan für diesen Fall vorlege. Dass wir, wenn es wider Erwarten zu Problemen kommt, jederzeit beim EH&S den alten Prozess wieder in Betrieb nehmen können, nur eben mit der aktuellen Version, aber ohne dass wir die Systeme zusammengeführt haben.

Einige Monate später kann ich Vollzug vermelden. Die beiden EH&S-Prozesse sind erfolgreich upgegradet und ohne Beanstandungen erfolgreich Teil des Hauptsystems geworden.

Da ich mich nach meinen Projekterfolgen für das EH&S als kompetent und als Quereinsteiger noch unterbezahlt fühle, lege ich Herrn Bach eine Powerpoint-Präsentation mit dem Titel »Fortführung der finanziellen Entwicklungsplanung« vor. Darin stelle ich dar, was ich fachlich für die Company erreicht habe, was das gekostet hat, wie viel Geld das in Zukunft sparen wird und wie ich mir auf Basis dieser Daten meine zukünftige Gehaltsentwicklung vorstelle.

»Herr Schmidt, wir haben da ein grundsätzliches Problem! Es gibt da ein Gruppenbudget. Jede Mark, die ich Ihnen mehr gebe, die müsste ich jemand anders wegnehmen. Wenn Sie also eine außergewöhnlich große Gehaltserhöhung bekommen, muss ich anderen kleinere als die durchschnittliche Gehaltserhöhung geben, um das wieder auszugleichen!«

»Es gibt also eine Gehaltstorte für die Abteilung! Und wenn ich da nun für besonders gute Leistung ein größeres Stück bekomme, kriegen die anderen im Schnitt weniger, als sie sonst bekommen hätten. Ja, verstehe, das ist keine Lösung. Aber wie soll sich dann Leistung lohnen? Natürlich möchte ich nicht, dass ich mehr Gehalt auf Kosten der anderen im Team bekomme. Aber es muss doch Wege geben, Leistung unabhängig von den anderen zu honorieren?«

Schließlich gelingt es mir, eine außerplanmäßige Gehaltserhöhung und weitere Projektbudgets bei den Anwendern durchzusetzen, um meine Vision von einem prozessübergreifenden EH&S-System hochmotiviert voranzubringen. Schnell werde ich als der »progressive Golive-Setzer« bezeichnet, weil ich es immer kaum abwarten kann, bis wieder eine neue Funktion wie eine neu gebaute Autobahn dem Verkehr übergeben werden kann.

Im Zeichen des gespaltenen Golfspielers

Um mich auch als Mensch weiterzuentwickeln, erhalte ich immer mal wieder Seminare, in denen Kommunikation trainiert wird. Immer wieder frage ich mich, warum es solche fundamentalen Lektionen nicht bereits an der Schule gab? Stattdessen hat man dort viel Kram lernen müssen, der überhaupt nicht dabei hilft, das Leben unter Menschen zu gestalten. Anstatt etwas über Dinge wie Konfliktmanagement, Rhetorik und Moderation zu erfahren, häufte man viel unnützes Wissen an, das uns Schülern als Gehirnjogging verkauft worden ist.

Die sehr sinnvollen Seminare finden in einem abgelegenen, schicken Hotel im Westerwald statt. Damit wir uns als Teilnehmer kennenlernen und abends auch noch zusammen sitzen können.

Das Erste, was mir sofort beim Betreten des Hotels auffällt, ist ein gut ein Meter hoher, hölzerner, gespaltener Golfspieler, der in der Lobby des Hotels gleich neben dem Fahrstuhl steht. Das Holz, aus dem die Figur ist, weist einen breiten, klaffenden Spalt auf. Da sich diese Figur mir sofort allbestimmend charakteristisch für dieses Hotel einprägt, ist sie für mich das erste und stets wieder willkommen heißende Wahrzeichen dieses Hotels.

Das Allererste, was ich nun in den Seminaren lerne, ist, dass angeblich nur maximal zwanzig Prozent der Kommunikation wortwörtliche Sachinformation seien und mindestens achtzig Prozent über eine »Beziehungsebene« ablaufen würden. So wie bei einem Eisberg lägen diese achtzig Prozent unter der sichtbaren Oberfläche. Themen, Ziele und Inhalte, all das, womit ich glänzen kann, würde nur maximal ein Fünftel der Kommunikationsleistung am Arbeitsplatz darstellen. Der

»Löwenanteil« der Kommunikation bestünde dagegen aus solchen Dingen wie Emotionen, Einstellungen und Wertungen.

Ich kann das kaum glauben. Wenn das so sein sollte, hätte die Schule ja vollkommen versagt, das gute Abitur wäre der blanke Hohn, weil die wirklich wichtigen Dinge nicht Teil der Prüfung waren. Dann hätte dort in dieser Hinsicht ja ein regelrechtes Am-Leben-vorbei-Lernen stattgefunden. Das kann ich mir überhaupt nicht vorstellen. Wenn das mit der Beziehungsebene wirklich stimmt, dann würde ich ja vollkommen kommunikationsblind sein. Das wäre ja, wie wenn mir mindestens ein Bein fehlt. Nein, es wäre schlimmer, als wenn einem nur ein Bein fehlt, weil es noch störender wäre, um die Ziele des Lebens zu erreichen. Ich wäre fundamental behindert.

Nach dem ersten Seminartag erkundschafte ich das Hotel weiter. Dabei entdecke ich im Keller auch einen kleinen, aber feinen Swimmingpool im orientalischen Stil. Mit einer löwig-wasserstrahlenden Wand. Und mit einem mich faszinierenden, filigran farbigen Lichterspiel an der Decke. Die winzigen Lämpchen leuchten wie ein bunter Sternenhimmel über dem Pool, dem Ort der verinnerlichenden Entspannung und meinem Pool der Erleuchtung. Mit massageartigen Wasserspielen und Pool-Geysiren, die man per Knopfdruck in Gang bringen kann. Im Wasser zu sein und diesem Lichterspiel zuzuschauen, das sortiert meine Gedanken. Hier kann ich den Tag Revue passieren lassen. Und alles, was tagsüber in mein Hirn wie ein ungeordneter Papierstapel auf dem Schreibtisch zum Liegen kam, bewerten, sortieren und archivieren. Was ich heute noch nicht weiß, diesen wundervollen Ort werde ich noch öfter sehen. An diesem wundervollen Ort werden noch einige Ideen geboren, die mich auf Wegen weiterbringen, deren Existenz ich nicht für möglich hielt.

Ich gebe mich meinen Gedanken hin. Wenn es wirklich achtzig Prozent der Kommunikation sind, die ich nicht bewusst senden und empfangen kann, dann könnte ich ja gar nicht richtig am kommunikativen Leben teilhaben. Ist das etwa der Fall? Kann das sein? Wenn man an die merkwürdigen Verhaltensweisen der Menschen denkt, die ich nicht verstehe, könnte man das glatt vermuten, aber ich kann doch mit anderen Menschen reden. Daher widerspreche ich schließlich am nächsten Tag dem Seminarleiter: »Dieses komische Eisbergmodell glaube ich nicht! Das entspringt vermutlich dem wissenschaftlichen Elfenbeinturm. Kein Gericht der Welt fällt Urteile nach einer Beziehungsebene, sondern immer nach dem, was wortwörtlich gesagt worden ist. Nicht mehr und nicht weniger.«

Daraufhin sagt er noch etwas Bizarreres:

»Herr Schmidt, auch wenn Sie nicht reden, reden Sie! Man kann nicht nicht kommunizieren! Ihre Mimik, Ihre Körperhaltung, all das sind Informationen, die beim Empfänger zur Botschaft werden!«

»Mag sein, die sind dann aber krassen Fehlinterpretationen ausgesetzt, darüber kann doch keine wirklich verlässliche, nachhaltige Kommunikation laufen!«

»Herr Schmidt, Kommunikation ist eine hochemotionale Angelegenheit, die Musik spielt auf der nonverbalen, nicht direkt sichtbaren Beziehungsebene, glauben Sie mir!«

Dass er so darauf beharrt, könnte ein Hinweis sein, dass das doch irgendwie stimmt. Denn der muss es doch eigentlich wissen. Aber woran man denn solche Dinge wie »Beziehungsebene« erkennt, kann mir niemand schlüssig beantworten. Jede Antwort bleibt ein Kreisschluss. So als wenn man einem Blinden oder jemandem, der nur schwarz-weiß sieht, die bunte Welt der Farben beschreibt.

In einem Buch über nonverbale Kommunikation, das die Mau, wie ich mein Gnubbelchen nenne, mir mal geschenkt hat, las ich, dass es eine Rolle spielen soll, welche Körperhaltung man einnimmt oder wie man schaut. Da habe ich auf diesem Gebiet zwar ein wenig üben können, aber anscheinend kenne ich hier nur ein Randmeer eines noch viel größeren, mir noch völlig unbekannten Ozeans.

Am nächsten Tag erfahre ich, dass man nach »Johari« das Wissen um seine eigene Person in vier Kategorien einteilen könne:

1. »Öffentlich« sei alles, was ich über mich weiß und anderen über mich erzähle,

2. »geheim« sei alles, was ich über mich weiß und was ich für mich behalte,

3. der »blinde Fleck« sei das, was ich anderen über mich erzähle, ohne es selber zu wissen, und last but not least gebe es noch

4. die »große Unbekannte«, die alle Informationen bezeichnet, die es zwar gibt, die aber weder mir noch den anderen bekannt seien.

Laut dem dritten Punkt gibt es also angeblich Dinge, die nicht einmal ich über mich selbst weiß, die wohl aber die anderen über mich wissen, weil ich sie ohne Sprache kommunizieren würde, durch Verhalten, durch körperliche Bewegungen, Mimik und Gestik. Hier würden beim Gegenüber Botschaften ankommen, die man gar nicht bewusst, aber dennoch ganz eindeutig gesendet hat. Dieser dritte, nicht öffentliche Bereich soll sogar noch sehr viel größer sein als der öffentliche!

Und noch schlimmer: Diese für mich unsichtbaren Dinge sollen die Beziehungen zwischen den Menschen bestimmen, die letztendlich über Erfolg und Niederlage entscheiden. Da würden Emotionen die allbestimmende Rolle einnehmen. Weil sie Befindlichkeiten triggern. Ob jemand Angst hat, ehrgeizig ist oder demzufolge auf Erfolge anderer neidisch ist, bestimmt nachhaltig die Zusammenarbeit, keine nackten Fakten, kein fachliches Können, kein noch so tolles Wissen. Das, was ich kann, womit ich punkten kann, das ist zwar in Form fachlicher Qualifikationen eine notwendige Einstiegsbedingung, aber keine hinreichende Bedingung, um eine Karriere voranzubringen.

Und dann der Punkt 4. Eine Art verhülltes Gebiet, das für alle Beteiligten gleichermaßen unzugänglich ist. So wie es in der Raumzeit Gebiete gibt, die niemals miteinander in Kommunikation treten können, also niemals eine Kausalbeziehung eingehen können, die voneinander nichts wissen, obwohl diese Informationen dennoch existieren. Weil durch die Mauer der Lichtgeschwindigkeit Ereignisse im Raum-Zeit-Kontinuum auftreten können, die niemals voneinander erfahren können. Das wäre dann das ewig verhüllte Gebiet.

Für mich war und ist Kommunikation immer nur eindimensional, wortdimensional. Nur das gesprochene oder geschriebene Wort zählt. Aber auch das Wort soll mehrere Dimensionen haben, wie ich beim nächsten Seminar erfahre. Eine Aussage soll mindestens vier Seiten haben, die Kommunikation soll also vierdimensional sein: »Die Ampel ist grün!«, für mich bisher eine reine Faktenfeststellung. Doch es soll auch heißen: »Eh, mach hin, gib Gummi!«, also die Aufforderung zum

Losfahren. Das kann ich noch bedingt nachvollziehen, obwohl ich dem Fahrer das dann direkt gesagt hätte.

Und noch rätselhafter ist für mich, dass es beim Austausch von Worten auch eine Beziehungsseite geben soll. Was ich vom Fahrer halte oder wie ich zu ihm stehe. Und die vierte Botschaft soll dann eine »Selbstoffenbarung« sein: »Ich hab's eilig!« Wenn das so wäre, dann würde ich das aber auch sagen! Sonst weiß er das doch gar nicht. Reicht es wirklich, dann zu sagen »Die Ampel ist grün«? Wenn das bei den anderen so wäre, dann hätte das ja zur Folge, dass andere meine Äußerungen in allen möglichen Varianten interpretieren. Und auch in Varianten, die ich gar nicht im Sinn hatte. Das hätte also verheerende Konsequenzen.

Bei einem weiteren Seminar erhalte ich die Gelegenheit, etwas über mich selbst zu erfahren und wie ich kommunikative Beziehungen zu anderen erfolgreich gestalten kann. Für diese Analyse der »Bio-Struktur« müssen wir Fragen beantworten, aus denen sich dann ein Tortendiagramm ergibt, das sich zu verschieden großen Teilen aus den Farben rot, blau und grün zusammensetzt. Jede dieser Farben steht für einen Typ Mensch, je nachdem, welcher Teil des Gehirns, Stammhirn, Zwischenhirn oder Großhirn, persönlichkeitsbestimmend dominieren würde. So gebe es rote, blaue und grüne Typen sowie alle möglichen Mischformen davon. In meinem Fall besteht das Tortendiagramm zu etwa 90 % je zur Hälfte aus den Farben Rot und Blau, und nur 10 % entfallen auf Grün. Damit ergibt sich, dass ich klar ein rotblauer Mischtyp sei. Das ist höchst interessant! Weil genau diese beiden Farben seit meinem sechzehnten Lebensjahr meine Staatsflagge zieren. Eine tiefenpsychologische Vorhersehung?

Rote Typen sehen das Leben als Bühne, sie seien unter anderem egozentrisch, sehen im Small Talk verlorene Zeit, sie seien beharrlich, durchsetzungsfähig, mitreißend und erfolgreich. Blaue Typen würden vor allem kommunizieren, um Informationen auszutauschen, sie seien logisch-analytisch, ehrlich, sachlich und würden manchmal gefühllos wirken. Und grüne Typen wären sehr gefühlvoll, anpassungsfähig, kontaktfreudig, sensibel, aufopfernd und damit besonders teamfähig. Rote Menschen seien ergebnisorientiert, blaue Menschen lieben Zahlen, Daten, Fakten und sind meist Experten für ein bestimmtes Fachgebiet und grüne Menschen pflegen besonders gern Freundschaften und Netzwerke.

Rote Typen seien Menschen, die eine natürliche Autorität ausstrahlen. Menschen, die die Welt mittels konkreter, anschaulicher Denkmodelle begreifbar machen und damit Bodenhaftung zur Realität behalten. Dadurch würden sie andere begeistern und mitreißen können.

Blaue Typen würden in einem Datensalat Ordnungen finden. Auch solche Dinge wie Mathematik, die ein hohes Abstraktionsvermögen erfordern, wären typisch blau. Reinrassig blaue Typen seien zum Beispiel Freaks und Nerds oder besonders pedantische Persönlichkeiten.

Grüne Typen hätten das größte Interesse an anderen Menschen. Bei ihnen sei das Bedürfnis nach Harmonie am größten ausgeprägt. Menschen dieser Sorte seien oft die, die sagen: »Das haben wir schon immer so gemacht, und es hat sich bewährt!«

Dann kommt der realitätsnahe, dominante Rotmensch mit seinem blau gefärbten Detailblick und Faktenwissen daher und sagt: »Ja, aber die Rahmenbedingungen, unter denen das mal eingeführt wurde, haben sich geändert, und deshalb müssen wir das jetzt anders machen.«

Im Seminar bleibt es nicht bei der Selbsterkenntnis, welcher Typ Mensch man ist, sondern diese Erkenntnis soll bei der Kommunikation auf der Beziehungsebene von Nutzen sein. Jenem Terrain, das für mich doch so verrätselt ist. Ich darf eine weitere Erschließungsstraße in diese unbekannte Gegend befahren.

»Im Small Talk können Sie schnell herausfinden, ob vor Ihnen ein roter, blauer oder eher grüner Typ steht!«, erklärt uns der Seminarleiter. »Dazu müssen Sie im Verlauf des Gesprächs immer wieder Fragen stellen. Wenn Ihr gegenüber zum Beispiel knapp oder mit Superlativen antwortet, könnten Sie es mit einem Roten zu tun haben. Wenn aus den Antworten hervorgeht, dass er auf Zahlen und Fakten steht, zum Beispiel indem er Ihnen erzählt, wie viele Bruttoregistertonnen das Schiff bei seiner letzten Kreuzfahrt hatte, dann haben Sie es vermutlich eher mit einer blauen Person zu tun. Wenn derjenige aber gerne darüber berichtet, wen er alles auf dem Schiff getroffen hat, dann haben Sie es eher mit einer grünen Person zu tun. Je mehr Sie die Worte Ihres Gegenübers nach solchen Merkmalen abscannen, desto schneller wissen Sie, wie Sie mit ihm umgehen müssen, um mit ihm gut auszukommen!«

Im weiteren Verlauf des Seminars sollen wir Teilnehmer uns in Rollenspielen gegenseitig Autos verkaufen. Wem ich wie ein Auto verkaufen kann, hängt dabei natürlich davon ab, worauf mein Gegenüber abfährt. Ich müsse mir klarmachen, dass ich kein Auto verkaufe, sondern eine Emotion wie Stolz, Freude oder Glück. Nie würde jemand nur die nackte Sache kaufen wollen, sondern immer das, was diese Sache in ihm emotional auslöst. Wer eine Achterbahnfahrt kauft, würde nicht die Fahrt kaufen, sondern den Nervenkitzel. Da könnte was dran sein. Wenn ich eine Reise mache, dann natürlich um die Strecke zu erleben. Aber das wiederum bereitet mir Freude. Welch höchst interessante Sichtweise! Alle Dinge sind nur Auslöser, Trigger oder Katalysatoren für Emotionen. Man kauft Freude, Stolz, Geltung, Spaß, indem man materielle Wünsche befriedigt. Aber wenn das stimmt, dann will auch keiner wissen, was ich für Ideen in der Geophysik habe, welche tollen Systeme ich in einer Firma einführen könnte, sondern man würde das nur wissen wollen, wenn damit beim Kunden eine Sehnsucht nach einer Emotion befriedigt würde.

Wenn ich einem Blauen den Wagen erfolgreich verkaufen will, müsse ich den Wagen dafür mit den Fakten, die man früher als Kind auf den Quartettkarten nachlesen konnte, anpreisen, also etwas über den Motor, die Leistung, die Reichweite sagen.

Wenn ich einem Roten das Auto verkaufen will, müsse ich ihm den Wagen schmackhaft machen, indem ich das Besondere an dem Wagen herausstelle, die Austattung, den Status zum Beispiel, Superlative wie besonders selten oder besonders schnell von null auf hundert oder welches Alleinstellungsmerkmal auch immer den Wagen besonders macht. Und wenn ich einem Grünen den Wagen verkaufen will, dann müsse ich schauen, dass ich erzähle, wie gemütlich das Auto ist, dass man damit viele Leute mitnehmen könne und so weiter. Rhetorik sei also immer wirkungsorientiert, gegenüberorientiert. Welche Mittel geeignet sind, bestimmt die Situation!

Abgesehen von der rein analytischen Sicht, ob jemand rot, grün oder blau sein könnte, bleibt für mich aber verrätselt, woran man denn die gesamte soziale Gesprächssituation erkennen kann. Da erhalte ich als Antwort wieder diesen Hinweis auf diese seltsame Beziehungsebene: »Das spüren Sie! Das ist die Kommunikation auf der Beziehungsebene, nicht die auf der Sachebene! Da ist niemand, der Ihnen sagt, welche Gefühle im Raum sind. Dafür müssen Sie die Leute schon anschauen!«

Na, toll! Erstens kann ich die Leute kaum richtig anschauen. Und wenn ich mich dann doch überwinde und mich gegen die Blickschwerkraft erhebe, dann heißt es: »Was glotzte denn so?«

Einige Wortwechsel weiter sagt dann der Seminarleiter: »Wenn Sie das Gefühl haben, bei Ihrem Gegenüber kommt nicht an, was Sie sagen wollen, weil Sie das aus irgendwelchen Gründen nicht können, dann SCHWEIGEN Sie!« Ja, das ist dann wohl der Grund, warum ich in vielen Situationen im Leben schon geschwiegen habe, weil ich merkte, die verstehen mich ja sowieso nicht, schon in der frühesten Kindheit war das ja so. Oder warum ich die Leute vollgetextet habe, wenn sie mich nach dem Weg oder nach dem Wetter gefragt haben und ich hohes Interesse an einem Vortrag witterte. Das richtige Maß habe ich nie gefunden.

»Da fehlen Ihnen Basics, Herr Schmidt, Basics!«

Sowohl meine internen Kunden in der Fachabteilung für das Umweltmanagement als auch Günter Bach loben weiterhin mein Engagement und meine Ergebnisse. Es spaßt sehr, Geschäftsprozesse zu strukturieren und diese mit Hilfe der Software von SAP zu standardisieren und zu optimieren. Dabei fordere ich Anforderungen der Fachabteilung auch heraus und prüfe, inwieweit man die verallgemeinern kann, damit sie mit möglichst wenig Aufwand mit Hilfe von Standardsoftware abgebildet werden können. Denn nur dann macht die Einführung von Standardsoftware wie SAP Sinn. Andernfalls habe ich einen hohen Nachpflegeaufwand bei jeder Änderung, bei jedem Update. Der Standard stellt gezielt Andockpunkte zur Verfügung, wo man individuelle Lösungen anbauen kann, ohne den Standardablauf damit zu umgehen.

Beim nächsten anstehenden Zielvereinbarungsgespräch berichte ich Günter Bach über meine auf die jeweiligen Situationen abgestimmten Ideen und Vorgehensweisen. Da es verschiedene Alternativen gibt, die auch einen Einfluss auf die Anzahl der von mir benötigten Projektmitarbeiter haben, frage ich ihn nach meinen weiteren Entwicklungsmöglichkeiten, wie es mit mir karrieretechnisch weitergeht, inwieweit ich mit eigenen Mitarbeitern rechnen kann. Darauf antwortet er: »Ich bin nach wie vor mit Ihren fachlichen Leistungen mehr als zufrieden. Aber bevor Sie disziplinarische Führungsverantwortung bekommen können, müssten Sie einmal ein neutrales Feedback erhalten, wie Sie auf andere Menschen als Mensch wirken. Das könnte Ihnen sehr helfen, sich zu entwickeln. Vielleicht verstehen Sie dann eher, was einer ganz großen Karriere da im Weg steht.«

Stille im Raum. Ich erzähle ihm, wie ich mein Leben als Straße durch ein Gebirge wahrnehme. Dass ich mich wie ein Außerirdischer im Team fühle. Wie ich das Erschaffen von neuen Softwarelösungen mit dem Straßenbau vergleiche, bis er mich unterbricht:

»Herr Dr. Schmidt, ich empfehle Ihnen ein Seminar, das Ihnen hilft zu verstehen, wie andere Leute die Welt sehen, wie Ihre Worte und Ihr Verhalten auf andere rüberkommen! Das wiederum versetzt Sie dann vielleicht in die Lage, Ihr Eigenbild, wie Sie sich selber sehen, mit dem Fremdbild, wie andere Sie sehen, abzugleichen! Das Ergebnis könnte Sie überraschen. Wer die Wahrheit sucht, darf nicht erschrecken, wenn er sie findet!«

Das klingt spannend. Ich könnte etwas über mich erfahren, was andere über mich wissen, was ich selber nicht weiß. Also dem »blinden Fleck« aus diesem Johari-Modell etwas näher kommen.

Das ist der Spiegel, mit dem ich meine mir selber noch unsichtbare Seite sehen kann. Das würde mich in meiner Reflexionsfähigkeit natürlich unheimlich weiterbringen!

Ich wende mich an die Personalentwicklung. Die empfiehlt mir ein

Seminar mit dem sehr allgemeinen Titel »Führung und Zusammenarbeit«, aber warnt mich ausdrücklich:

»Herr Dr. Schmidt, dieses Seminar wird Ihr Innerstes schonungslos enthüllen. Sie erhalten nicht nur das subjektive Feedback eines einzelnen Menschen, sondern eine unvoreingenommene und damit aussagekräftige Rückmeldung aller Teilnehmer. Ein Feedback von Bezugspersonen wie Eltern und Freunden ist rollenspezifisch vorgeprägt und damit wenig hilfreich. Ebenso die Meinungen und Diagnosestempel einzelner Psychiater, die einer wenig verlässlichen Momentaufnahme einer ärztlichen Laborsituation entspringen.«

Ja, dann scheint das ja wirklich ein Seminar zu sein, das die ungeschriebenen Spielregeln des Lebens endlich mal so richtig auf den nackten, nicht durch Höflichkeitsfloskeln ansonsten immer verhüllten Punkt bringt! Drei Monate später befinde ich mich in einem schicken Hotel direkt am Starnberger See.

Während alle anderen Kommunikationsseminare bisher mit Kollegen stattfanden, bin ich diesmal der einzige Teilnehmer meines Unternehmens, damit ich mich auch mit Dingen outen kann, über die sonst eigentlich nie geredet wird. Das sei Voraussetzung für den Seminarerfolg. Auch Kaffeepausen und Schlafenszeiten seien Teil des Seminars und Handys selbstverständlich nicht erlaubt.

Die persönlichen, internen Karrieregeschichten der anderen Teilnehmer drehen sich allesamt um die mir unverständlichen Spielregeln menschlichen Daseins. Denn da geht es in keinem einzigen Fall um fachliche Probleme und wie man damit umgeht, sondern immer nur um für mich bislang bedeutungsloses emotionales Beiwerk, das aber anscheinend die Welt regiert. Dinge, für die ich keine Antennen habe, Dinge, die sich meiner Wahrnehmung entziehen. »In welcher Welt leben Sie denn, Herr Schmidt? Das ganze Berufsleben ist doch ein Haifischozean!«, sagt mir ein Teilnehmer auf Nachfrage beim gemeinsamen Essen.

Alle gruppendynamischen Prozesse, nicht nur die, die beim Lösen gestellter Aufgaben während des Seminars stattfinden, nein, auch und besonders diejenigen beim Mittagessen, in den Kaffeepausen oder beim sportlichen Einsatz am Nachmittag, werden beobachtet und ausgewertet. Nach einigen Tagen werden Resümees von den Teilnehmern über die Teilnehmer erarbeitet. Der Seminarleiter fragt moderierend in die Runde:

»Was, meine Damen und Herren, was haben Sie am Verhalten von Herrn Dr. Schmidt beobachtet?«

Das Brainstorming der Gruppe liefert Antworten, der Flipchartmitschreiber notiert die in Häkchen gesetzten Satzteile:

Er »findet oft ungewöhnliche Lösungen, die verblüffen und Angst machen zugleich«, »er hat keinen Zugang zu den Emotionen der anderen«, »es fehlt ihm an Empathie und Einfühlungsvermögen«, »man kann von ihm stets viel lernen, aber er lässt niemanden an sich heran, stattdessen kommt es im Gespräch mit ihm immer wieder zum Aufbau eines rationalen Schutzwalls«. Für die rationale Argumentation scheint es nur wenig Verständnis zu geben.

Im Berufsleben kommt es anscheinend mit zunehmender Verantwortung immer weniger auf die Sache und immer mehr auf die Menschen, genauer: auf diese mir völlig verrätselte Beziehungsebene an. Meine Stärken werden so natürlich auf Führungsebenen überhaupt nicht mehr angemessen gewürdigt. Warum machen die Menschen das? Das erklärt im Nachhinein auch, warum eine wissenschaftliche Laufbahn nicht funktioniert hat. Da sollte man meinen, da steht der Forscherdrang im Vordergrund, aber nein, da waren und sind es auch Menschen, Menschen, Menschen. Das sagte ja auch bereits Dr. Stefan Weiß: Die Geophysik würde von Menschen gemacht. Erst jetzt wird klar, was er meinte. Und dass ich da ein grundsätzliches Problem unbekannten Ursprungs habe.

Am allerletzten Tag des einwöchigen Seminars erwartet mich die finale Stunde der Wahrheit. Es geht darum, mit je einem kurzen, knappen, knackigen Slogan klarzustellen, wie das Verhalten, die Wirkung jedes Einzelnen beschrieben werden kann. Wieder steht ein Flipchartschreiber bereit, um die Kernaussagen illustrativ und einprägsam zu verewigen. Dann fragt der Seminarleiter in die Runde: »Was meinen Sie? Was zeichnet den Herrn Dr. Schmidt auf der Beziehungsebene aus? Mit welchem Slogan könnte man das auf den Punkt bringen?«

Einer der Teilnehmer ergreift sofort das Wort: »Kein Anschluss unter diesem Kollegen! Ich denke, das trifft es am besten. Genau so könnte man den Herrn Schmidt im teamorientierten Arbeitsalltag wohl charakterisieren!«

Nachdem auch die übrigen Teilnehmer des Seminars, die mich ja unvoreingenommen kennengelernt haben, diese Beobachtung mit eigenen Worten bestätigt und damit erhärtet haben, bringt es die erste Zeile, die nun auf dem Flipchart steht, auf den nacktknackigen Punkt: »Kein Anschluss unter dieser Nummer!« Das also ist sie, die Wahrheit, vor der ich gewarnt worden bin, über die ich nicht erschrecken darf. Laute Denkstille. Weitere Feedbacks werden gesammelt.

Schließlich fasst der Seminarleiter im Namen aller zusammen:

»Wir haben Herrn Schmidt als den einsamen Wolf, der über seine eigene Intelligenz stolpert, kennengelernt.« Vertiefend erhalte ich als finales Feedback vom Seminarleiter, dass ich Auswege dort finden würde, wo Standardrezepte versagen, dass ich wie ein Wolf wäre, der auch im strengsten aller Winter für sein Rudel noch Futter finden würde. Doch weil ich die Spielregeln des Rudellebens nicht beherrsche, würde ich vermutlich keinem Rudel angehören, geschweige denn, dass man mich grundsätzlich zum Chef eines Rudels machen würde.

Abschließend summiert er: »Im Umgang mit sozialen Situationen, Herr Schmidt, da fehlen Ihnen Basics, Herr Schmidt, Basics, die praktisch jedes Grundschulkind bereits perfekt beherrscht!«

Dieser letzte Satz brennt sich mir nachhaltig ins Gedächtnis ein. Nach allem, was ich auf diesem Seminar über mich gelernt habe, scheint es fast ein Wunder zu sein, dass ich eine Frau habe, die mich liebt, dass ich eigene Kinder habe. Das mit der stolpernden Intelligenz sehe ich allerdings anders. Meine Intelligenz scheitert eher an dieser unbekannten Mauer, die mich gläsern umgibt. Mir wird klar, dass alles, was ich kann, alles, was ich weiß, niemals reichen wird, Menschen führen zu dürfen, weil ich keine Emotionen erkennen kann. Wie ein Porsche, der seine PS deswegen nicht ausfahren kann, weil er zu schlechte Reifen hat, um eine sichere Kommunikation mit der Straße herzustellen.

Über mehrere Wochen versuche ich, das Gelernte anzuwenden,

um mich emotional weiterzuentwickeln. Aber so richtig funktioniert es nicht. Weil es »nicht von Herzen kommt«, wie mir zum Beispiel meine Frau sagt. Ich verstehe nicht, warum die Menschen sich mit diesem kräftezehrenden Theater ständig etwas vormachen. All diese Höflichkeitstuereien, die lediglich Mitgefühl vortäuschen, wo doch im Grunde gar keines ist? Das Seminar hat mir zwar die Mauer gespiegelt, aber die ewig wiederkehrenden Warum-Fragen bleiben doch unbeantwortet!

Ähnlich wie bei einer Chemotherapie der Krebs geheilt werden soll, aber der Körper geschwächt wird, merke ich, wie mich meine Anstrengungen immer schneller erschöpfen. Und das, worin ich mal stark war, verkümmert zusehends. So konzentriere ich mich wieder darauf, das zu tun, was mir guttut, was mich aufblühen lässt, und das zu lassen, was mich kaputt macht.

Notgedrungen stelle ich den zwischenzeitlich aufgenommenen Kantinengang, um Small Ttalk zu trainieren und zu networken, wieder ein. Denn meine Frau kocht ohnehin abends warm zu Hause für die ganze Familie. Jedes Mal musste ich in der Schlange stehen, weil alle zur gleichen Zeit in die Kantine latschen. Jedes Mal musste ich dann diese hallende, wirrwarrende Lautstärke ertragen. Jedes Mal woanders sitzen. Und jedes Mal habe ich entweder die ganzen Kollegen angeschwiegen. Oder wenn ich mich am Gespräch beteiligt habe, weil irgendein Thema aufkam, das mich interessierte, dann wurde ich irgendwann darauf hingewiesen, dass man das, was ich da erzähle, jetzt gar nicht genauer wissen wolle. Kantinenzeit sollte als Arbeitszeit gelten! Erstens bin ich da auf Arbeit und zweitens gibt es da keine Erholung. Die muss ich dann anschließend oft noch nachholen.

Ein weiteres Problem im Arbeitsalltag ist das Büro. Als externer Mitarbeiter wurde ich beim Kunden seinerzeit zu Thomas ins Büro dazugesetzt. Das machte auch zur Einführung vorübergehend Sinn, um möglichst schnell und viel von den anderen zu lernen. Mit zunehmender Selbstständigkeit jedoch behinderte mich das Teilen des Büros mit anderen an meiner Entfaltung. Zu zweit im Büro kann funktionieren, hat auch funktioniert, vor allem dann, wenn der andere sich nach mir richtet oder sich durch mich nicht gestört fühlt. Aber manchmal saßen wir auch zu dritt in einem Büro, das war dann sehr anstrengend, aber zum Glück stets nur vorübergehend. Auf Dauer würde das zumindest mit mir nicht gehen.

Am meisten stört mich nach wie vor das alarmierende Telefongeklingel. Wenn dann der Kontaktalarm auch noch losgeht, obwohl er gar nicht mir gilt, ist das umso ärgerlicher. Ein Gedankengang ist dadurch für nichts und wieder nichts futschikato, kaputt. Dann kann ich mich gleich noch mal von vorne in das gerade bearbeitete Problem reindenken. Andere Kollegen stört so etwas auch, aber sie finden viel schneller als ich wieder in ihre Gedanken rein. Sie sind im Gegensatz zu mir multitaskingfähig.

Auch ärgert es mich, wenn die anderen laut gackernd und lange mit Leuten im Raum über für mich sinnloses, undienstliches Blabla reden.

»Peter, jetzt sei doch endlich mal ein bisschen leiser!«, verlangen dagegen genauso die anderen, wenn ich mal wieder laut denken muss, um zu Ergebnissen zu kommen, um meine Inspiration fließen zu lassen.

Dass die einzig logische Lösung auf dieses doppelseitige Problem, dass ich zum einen grundsätzlich meine Ruhe brauche, aber zum anderen jederzeit selber laut sein dürfen muss, wenn es nötig tut, das Einzelbüro für mich ist, will niemand wirklich einsehen. Nur die Chefs kriegen hier anscheinend ein eigenes Büro. So kann man aber nicht das meiste aus den Leuten rausholen, jedenfalls nicht aus mir. Daher finde ich so eine Regel merkwürdig. Es gibt nun mal Menschen, die gerne mit anderen in einem Büro arbeiten, weil sie sich sonst vereinsamt fühlen, und es gibt Menschen wie mich, die funktionieren auf Dauer nur dann erträglich, wenn sie sich zurückziehen können.

Obwohl ich bei Herrn Bach meinen Bedarf nach einem eigenen Büro deutlich mache, ändert sich aber vorerst nichts. Schade. Wenn das noch ewig so geht, werde ich, der im Berufsleben so gut wie nie krank war, plötzlich dauerhaft krankgeschrieben werden müssen. Und zwar urplötzlich. Von einem Tag auf den anderen. Eben noch anscheinend voll gesund. Plötzlich dauerhaft krank. Ohne sichtbare Vorwarnung. Ganz genau so wie bei der Titration. Wo das gesunde Rot plötzlich krank blaute.

Lost at sea

In einem weiteren Seminar zeigt sich, dass es auch sehr sinnvoll sein kann, aus der Reihe zu tanzen. »Jetzt wollen wir mal eine Übung machen, die Ihnen zeigen soll, was ›Out-of-the-Box‹-Denken heißt, wer von Ihnen ein Querdenker ist, wer das Potential hat, kreativ Dinge voranzubringen. Das sind ja durchaus Fähigkeiten, die im Arbeitsalltag gefragt sind und eine Pharmafirma voranbringen können, zum Beispiel in der Forschung!«

Da malt der Tutor drei mal drei Punkte, also neun quadratisch angeordnete Punkte auf sein Flipchart und fragt uns: »Sie kennen bestimmt alle das ›Haus vom Nikolaus‹. Ich bitte Sie nun, in gleicher Weise diese neun Punkte mit einem Strich, der aus vier einzelnen geraden Linien besteht, ohne abzusetzen, zu verbinden. Wer von Ihnen kennt diese Aufgabe?« Kein Finger geht hoch. Meine mathematische Logik sagt mir sofort, dass es keine Lösung im klassischen Sinne geben kann. So erlaube ich es mir, einfach Linien zu erfinden, die das Gebiet der Punkte verlassen. Als ich mein Ergebnis fragend vorlege, meint einer der neben mir sitzenden Teilnehmer sofort: »Peter, das gilt doch gar nicht! Du bist ja gar nicht innerhalb des Quadrates geblieben!«

»Da steht nirgends, dass das nicht erlaubt ist! Was nicht explizit verboten ist, ist erlaubt. Sonst würde ich heute hier nicht sitzen. Ich bin schon oft im Leben weitergekommen, weil ich Dinge gemacht habe, die man angeblich nicht machen dürfe, die dann aber gut und richtig waren.«

Der Seminarleiter bekommt diese Diskussion mit, stellt fest, dass er selten jemand erlebt habe, der diese Aufgabe derartig schnell löste, ohne sie bereits gekannt zu haben, und beschwichtigt anschließend die Kritiker meiner Lösung: »Niemand hat die Regel aufgestellt, dass die Linien innerhalb der Figur liegen müssen!« Diese Erkenntnis sei auf das berufliche Umfeld, wo es auf neue, weiterführende Ideen ankommt, zu übertragen! Ja, Bingo! Im praktischen Leben hat sich allerdings wiederholt gezeigt, dass ungewöhnliche Denkergebnisse nicht selten völlig unerwünscht sind. Besonders in der öffentlichen

Wissenschaft habe ich diese Erfahrung gemacht. Querdenken passt nicht in starre Organigramme und Hierarchien, die das Fortkommen der Querdenker eher verhindern als fördern. Denn nur der Mitarbeiter, der unreflektiert macht, was man ihm sagt, ist leicht führbar und damit angenehm für Vorgesetzte. Der Querdenker, der reflektiert, der alles erst einmal grundsätzlich in Frage stellt, der könnte zwar vieles durch die Störung des Gewohnten voranbringen. Seine Qualitäten machen ihn allerdings schwer führbar. Ein Handicap für den Chef. Und für den Mitarbeiter selbst, wegen der Konflikte.

Querdenker können da weiterhelfen, wo Standardrezepte und Richtlinien nicht ziehen, weil solche Vorgaben sich immer am bekannten Alltag orientieren, aber nicht an Dingen, für die es noch keine Erfahrungswerte gibt. So gibt es Situationen, in denen »Out-of-the-Box-Denken« überlebenswichtig ist. Anhand einer praktischen Übung sollen wir Teilnehmer lernen, was für erfolgreiche Projekte entscheidend sein kann:

»Lost at sea! Meine Damen und Herren, stellen Sie sich einmal vor, Sie seien auf hoher See und Ihr Schiff sinkt innerhalb weniger Minuten. In dieser Zeit müssen Sie sich in Ihr Rettungsboot begeben. Dabei können Sie auch noch ein paar Gegenstände mitnehmen, die Ihnen möglicherweise helfen könnten, zu überleben. Ihre Aufgabe ist es nun, aus einer Liste von Gegenständen diejenigen rauszusuchen, die Sie zuerst mit an Bord nehmen wollen – und auf welche Sie am ehesten verzichten würden, wenn die Zeit zum Beladen oder der Platz im Boot nicht mehr reicht! Dafür haben Sie dreißig Minuten Zeit. Anschließend präsentieren Sie bitte Ihr Gruppenergebnis!«

Dann teilt uns der Seminarleiter in vier unterschiedlichst bestückte Gruppen ein. Eine Gruppe mit Sachbearbeitern und Experten, zwei Gruppen, die gemischt aus Führungskräften, Sachbearbeitern und Experten bestehen, und eine Gruppe, die nur aus Führungskräften besteht. Ich gehöre zu einer der beiden Mischgruppen. Als Experte.

Kaum sind wir in einen separaten Raum verschwunden, geht das allgemeine, wirre Gebrabbel los. Ich kann es kaum ertragen, wie alle erst einmal drauflosreden. Ohne Ordnung. Ohne Sinn und Verstand.

Still sitze ich am Diskussionstisch. Und still schreibe ich alle Gegenstände auf Moderationskarten. Eine Karte pro Gegenstand.

Schließlich überwinde ich mich, um hier endlich einen ergebnisorientierten Beitrag abzuliefern, und ergreife das Wort: »Ich denke, mit so einem unstrukturierten Meinungswirrwarr kommen wir hier nicht innerhalb von dreißig Minuten zu einer präsentablen Lösung. Da sind wir abgesoffen, ohne überhaupt irgendwas ins Boot genommen zu haben. Ich habe uns in der Zwischenzeit mal alle Gegenstände auf Karten geschrieben und lege jetzt mal alle diese Gegenstandskarten untereinander hin.«

»Und was soll das bitte werden?«, fragt einer.

»Ganz einfach. Wir diskutieren jeden Gegenstand kurz durch. Am Ende wird der Gegenstand, der nach Meinung der Gruppe am wichtigsten ist und damit als Erstes an Bord des Rettungsbootes kommen sollte, oben liegen und der unwichtigste Gegenstand unten. Zum Start wird eine beliebige Karte hingelegt und wir einigen uns darauf, ob die zweite Karte im Vergleich zur bereits gelegten wichtiger oder unwichtiger ist. Dementsprechend kommt sie über oder unter die erste Karte. Je nach Ergebnis wird so jede weitere Karte eingepuzzelt. Wenn alle Karten verbraucht sind, haben wir automatisch eine präsentable Reihenfolge.«

»Das ist gar nicht so dumm, was der Peter da vorschlägt!«, bestätigt mich ein anderer.

Wir diskutieren, ob wir lieber mehr Wasser oder mehr Öl und Streichhölzer mitnehmen sollten. Wasser sichert Überlebenszeit, die dicken Rauchschwaden von brennendem Öl könnten helfen, schneller von anderen gesehen zu werden. Die einen finden den Kompass wichtig, die anderen sehen in ihm Ballast. Schließlich gelingt uns eine Reihenfolge, die wir präsentieren.

Die anschließenden Präsentationen bergen die eine oder andere Überraschung. Die Gruppe, die nur aus Führungskräften besteht, liefert eine leere Präsentation ab. Sie konnten sich nicht auf eine Lösung einigen und haben gar nichts zustande gebracht. Das kommentiert der Seminarleiter eindrucksvoll und nachhaltig wirkend:

»Eine Mannschaft, die aus einem Ensemble aus Stars besteht, ist noch lange kein Garant für den Teamerfolg! Deswegen sind Ihre Vorgesetzten jetzt keine Nullnummern, aber es zeigt, dass es keinen Sinn macht, im Team nur Alpha-Tiere zu haben.« Ach ja, richtig. Alpha-Tier. Bestimmer. Als unser Team der gesamten Gruppe das Ergebnis präsentiert, feedbackt der Moderator: »Ich habe Sie alle ja beobachtet. Dabei ist mir besonders der Herr Schmidt aufgefallen. Er hielt sich relativ lange Zeit passiv im Hintergrund. Er wollte aber nicht mit dem Schiff untergehen, in keinem Looser-Team sein. Denn plötzlich ergriff er die Initiative und gab der Arbeit eine effektive Struktur. Die in der Diskussion verlorene Zeit wurde mehr als eingeholt.

Einerseits haben Sie alle als Team dann seine Intiative angenommen und auf dieser Basis zügig ein Ergebnis als Kompromiss zustande gebracht. Andererseits hatte wiederum der Herr Schmidt als Experte durchaus auch ein paar sinnvolle Ideen, die vom Team per demokratischen Mehrheitsentscheid abgeschmettert worden sind, die jetzt möglicherweise dazu führen, dass Ihre Überlebenschancen im Boot geringer sind, als wenn Sie dem gefolgt wären, was der Herr Schmidt vorgeschlagen hat. Um es mal krasser zu formulieren, Herr Schmidt hätte die Aufgabe alleine effektiver gelöst als Sie alle zusammen.« Betretene Stille im Seminarraum. Der Seminarleiter fährt fort:

»Meine Damen und Herren, mit dieser praktischen Einstiegserfahrung habe ich Ihnen hoffentlich zeigen können, was Sie in den kommenden Tagen hier erwartet. Wie man Projekte im Team zum Erfolg macht.«

Und darüber habe, wie wir weiter im Seminar erfahren, auch ein Herr Belbin nachgedacht und folgende Rollen in einem idealen Team erkannt: Erneuerer oder Erfinder, Wegbereiter oder Weichensteller, Koordinator oder Integrator, der oder die Macher, Beobachter, Teamarbeiter und Mitspieler, Umsetzer, Perfektionisten und Spezialisten. Wenn ich mir diese Idealtypen so anschaue, stelle ich fest, dass ich am meisten vom Erneuerer und Spezialisten und am wenigsten vom Mitspieler und Umsetzer habe. Es gibt aber auch merkwürdige Widersprüche. So bin ich auch ein Wegbereiter im Sinne eines »Key Opinion Leaders«, knüpfe aber kaum soziale Kontakte, was dieser Rolle aber zugeschrieben wird.

Nach diesem Belbin-Modell sehe ich mich aber sehr wohl als teamfähig, auch wenn andere schon oft das Gegenteil behauptet haben, vor allem gleichrangige Mitarbeiter. Nämlich dann, wenn man mir die Rolle im Team gibt, die zu meiner Natur passt. Dann bin ich die Kapazität, ansonsten der Widerstand.

Damit Projekte optimal laufen, müsste man wie beim Fußball vorgehen. Der eine spielt in der Abwehr, der andere spielt im Angriff. Rollentausch ist nicht vorgesehen, würde dem Ergebnis auch nicht guttun. Im Arbeitsleben scheint dagegen eher die Austauschbarkeit in den Rollen gefordert und gefördert zu werden. Dabei entspricht das doch überhaupt nicht dem Talentgedanken, der Individualität, der Diversity. Oder nehme ich da was nicht wahr?

Oft genug scheitert die optimale Nutzung des Mannschaftspotentials an den Organigrammen. Welcher Chef hat schon ein Team, in dem alle Rollentalente vorliegen? Manche Vorlieben sind mehrfach belegt, andere fehlen ganz, was dann zu einer innerteamlichen Konkurrenz mit hohen Reibungsverlusten führt. Auch lerne ich wichtige Zahlen, die aufzeigen, dass Teamarbeit, nur weil sie angesagt ist, nicht immer automatisch die beste Lösung ist. Zwar würde in 70 % aller Fälle ein Team einen höheren Output bringen, als der beste Einzelbeitrag liefern kann. In den anderen 30 % aber würde die Einzelleistung eines Teammitglieds das Teamergebnis übertrumpfen, und dann wäre ein Team zur Erarbeitung eines bestimmten Ergebnisses eher hinderlich.

Oft würden Firmen sich externe Berater einkaufen, die dann die Arbeit erledigen, auch wenn man intern genügend fähige Fachkräfte hätte, weil Gruppen mit ihren gruppendynamischen Prozessen gerne gute Ideen Einzelner abtöten, meint der Seminarleiter. Ich bin irritiert. Normalerweise wollen alle unbedingt diese Teamarbeit, auch da, wo sie wirklich wenig sinnt. Und jetzt bestätigt mir dieses Seminar das, was ich schon immer gesagt habe: Es gibt Aufgaben, die ich alleine viel effektiver lösen kann, als wenn ich mit anderen zusammenarbeite.

Diese mir nicht nachvollziehbaren Gruppenprozesse machen mich nicht selten frustig und wütend. Besonders dann, wenn ich mich mal wieder durch die anderen behindert fühle. Passend dazu erhalte ich ein weiteres Seminar: »Keep cool« heißt es. Darin geht es um Frustration und Wut. Wir müssen eine Liste voller Emotionen auf einer Skala von Ärger bis Wut eintragen. Ob ich sauer bin wie eine Zitrone, eine Pflaume oder vielleicht ja nur wie ein Apfel. Schließlich wird erarbeitet, wie Frust, Wut und Ärger überhaupt entstehen, um diese Emotionen an der Wurzel zu bekämpfen. Um Ärger gar nicht erst aufkommen zu lassen, solle man seine innere Einstellung zu einer Sache ändern. Wut würde dadurch entstehen, dass man dichotomisch denke, also ein schwarz-weißes Anspruchsdenken habe und dass man einen Tunnelblick habe, also nur seine eigene Sichtweise sehe, ohne sich in andere hineinversetzen zu wollen. Es fehle sozusagen die Feinabstufung in der emotionalen Wahrnehmung und außerdem würde man die Sache, über die man sich ärgert, nur mit eigenen Maßstäben bewerten. Es kommt zu Irritationen und Feindseligkeiten, die sich je nach Intensität und Charakter in Wut und Ärger äußern.

Das grundsätzliche Problem haben also alle Menschen. Sonst würde es so ein Seminar nicht geben. Aber anscheinend sollen wir in diesem Seminar lernen, in der emotionalen Wahrnehmung die Feinabstufungen zu nutzen, um aufkommenden Ärger in Schach zu halten. Interessanterweise habe ich keine Feinabstufungen in der Wahrnehmung. Bei mir sind die Sachen erst zu leise, dann plötzlich zu laut, zu dunkel, dann plötzlich zu hell, zu kalt und plötzlich zu heiß. Der Komfortbereich scheint bei mir erheblich schmaler zu sein als bei den anderen Menschen. Es fällt mir ungleich schwerer, die richtige Dosis einer Emotion oder einer Wahrnehmung zu haben. Das Ärgerstadium wird bei mir glatt durchschlagen, wenn sich andere mal wieder nicht an die Regeln halten, vor allem wenn sie das offenkundig vorsätzlich machen. Dann macht mir das entweder gar nichts aus oder ich werde gleich wütend. Und wie man sich wie von der Seminarleitung gefordert in andere hineinversetzen können soll, erschließt sich mir auch nicht wirklich. Ich bin jetzt »lost at sea«, verloren auf dem Meer der Emotionen.

Endlich Gestaltungshoheit

Mein Engagement wird schließlich im Organigramm sichtbar belohnt. Ich bekomme eine Stelle als »Key Account Manager«. Erst bin ich etwas verwirrt, ist das doch genau das Wort, das immer in den ganz großen FAZ-Stellenanzeigen steht. Mit dem großen Telefon drauf, dass man da am besten gleich anrufen solle. Doch Herr Bach klärt mich auf: »Herr Schmidt, hier geht es um das ›One-Face-to-the-Customer‹-Prinzip. Sie sind ab sofort der alleinige Ansprechpartner gegenüber dem Business, also der Fachabteilung im eigenen Haus. Das EH&S bekommt gewissermaßen Ihr Gesicht! Sie nehmen die Anforderungen der Anwender entgegen und sorgen dafür, dass die bewertet und gegebenenfalls angemessen im Sinne unserer Strategie umgesetzt werden!«

Damit habe ich endlich eine Form von Führungsposition. Zwar ohne disziplinarische Verantwortung für Mitarbeiter, aber mit projektbezogener, fachlicher Führung. Ab jetzt habe ich endlich in Absprache mit Günter Bach die Möglichkeit, alle Arbeiten zu delegieren, die keiner Weiterentwicklung, sondern der Instandhaltung oder der Bereitschaft dienen, also dem Tagesgeschäft. Dafür leiste ich gerne Know-how-Transfer, um mich selbst frei zu machen für die Dinge, die helfen, das System weiterzuentwickeln.

In der neuen Führungsrolle muss ich meine Route mal wieder ohne Wegweiser finden. Weil Wegweiser eben nur die glatten, gewöhnlichen Wege in Form von Richtlinien beschildern, aber keine innovativen Routen. Nun muss ich Lösungen finden, konkurrierende Bedürfnisse zu kooperierenden Strategien zu vereinigen. Es ist schwierig, die an der Alltagspraxis sich orientierenden Bedürfnisse der Anwender mit den visionär ausgerichteten, strategischen Bedürfnissen des Managements in Einklang zu bringen. Da ich nicht so genau spüren kann, welches dieser Bedürfnisse gerade Priorität haben sollte, bin ich in einer stürmischen Krise.

Aber Krise sei Gefahr und Chance zugleich. Das lerne ich auch in einem weiteren Seminar: »Konfliktmanagement«. Im Chinesischen würde der Begriff Krise durch zwei Zeichen, die Gefahr und Chance bedeuten, dargestellt. Kommunikation und unsichtbare Beziehungsebenen als Gefahr. Und Chance. Bei Konflikten würden die allermeisten Menschen schier aussichtslos an ihren Positionen festhalten, anstatt für ihre hinter diesen Standpunkten liegenden Interessen zu kämpfen. Und hinter verschiedenartigen Positionen können sich ja durchaus gleiche Interessen verbergen. Die zu finden, das sei der Schlüssel zur Konfliktlösung.

Nachdem ich dem Seminarleiter erzählt habe, dass ich immer mehr den Eindruck habe, dass es weder an der Uni noch in einer Behörde und auch in keinem Wirtschaftsunternehmen wirklich um die Sache gehe, bestätigt er mir meine Beobachtung. Er stellt noch einmal klar fest, dass immer die Menschen, ihre Befindlichkeiten und Emotionen im Vordergrund stünden. Und dann käme lange nichts. Erst dann käme die Sache, um die es eigentlich gehen sollte. Da mich das alles sehr irritiert, schickt er mir auf Verlangen im Anschluss an das Seminar eine seltsam klingende Präsentation. Laut diesem Papier soll es in gestaltenden Positionen tatsächlich weniger um die Sache, als vielmehr um ein emotionales Spiel gehen. Wer in Managementpositionen überleben will, wer gestalten will, müsse bestimmte kommunikative Rollen beherrschen oder zumindest kennen, damit er weiß, was andere mit ihm spielen wollen. Der Agent. Der Fischer. Der Star. Das Orakel. Und viele andere Rollen mehr.

Mit absoluter Ehrlichkeit würde man andere verletzen, nur mit Täuschung und Diskretion würde man führen können. Und besonders mit kaum beherrschbaren Emotionen. Nicht bei mir! Da ticke ich komplett anders. Ich bin schockiert, als ich begreife: Meine Stärken, Ehrlichkeit und Gradlinigkeit, das sind also in Wahrheit Handicaps, Schwächen. Zumindest aus dieser Rollenperspektive.

Ein anderer Trick sei, Taktik vorzutäuschen, wo es keine gibt, weil alle dann anfangen zu spekulieren. Und zwar ins Leere. Oder genau das Gegenteil. Es gebe Situationen, in denen es besser sei, als Manager ein Verhalten zu zeigen, das für andere keinen Sinn und Zweck erkennen lässt, um Menschen gezielt zu verunsichern. Welchen Sinn soll das machen? Ich muss an die Locken denken, die früher immer gesagt hat: »Das stellt sich raus!« Immer wenn der Spruch kam, lief mit mir gar nichts mehr. Wer also Leistung von mir will, kriegt keine, wenn er mich verunsichert. Und so eine Firma will doch Leistung! Irgendwas verstehe ich da nicht.

Die allermeisten Dinge, die ich hier lerne, würden mit mir nicht funktionieren. Weil im Zentrum der Anleitung immer das Spiel mit den Emotionen der anderen steht. Seltsam sind auch die Tipps für den Umgang mit negativen Emotionen. Man solle den Gegner auch mal wütend machen, dann verliere er vielleicht seine Fassung durch voreiliges Handeln, und man selber könne dann souverän weitertaktieren. Was für ein Machwerk! Es gibt also wirklich Anleitungen dafür, wie man auf die fiese Art managt.

In einer Anleitung fühle ich mich allerdings ausnahmsweise mal bestätigt: Man solle sich rar machen. Verknappung erhöhe den Preis. Daher solle man das Handy auslassen. Wenn man selber bestimme, wann kommuniziert wird, habe man die Führung und den Tagesablauf in der eigenen Hand. Herrlich, das ist ja genau das, was ich brauche und schon immer sage! Wenn auch aus anderen Gründen.

Insgesamt klingt das alles für mich nach »Dallas« und »Denver« live. Ich werde nie dazugehören, aber zumindest weiß ich jetzt, dass und wie dieses Spiel gespielt wird, auch wenn ich es nie wirklich beherrschen werde.

Ich fühle mich jetzt wie der Cowboy, der durch die Schlucht reiten muss und nun weiß, dass da oben Indianer stehen könnten. Eines geht schon einmal nicht mehr: der Überraschungsangriff. Erkannte Gefahr ist gebannte Gefahr. Ich muss jederzeit damit rechnen, dass andere solche Spiele mit mir spielen.

Ich bin ein Mensch, der in eine Gestaltungsposition gehört, um zu bestimmen, wo es langgehen soll. Aber ohne sich um die Emotionen kümmern zu müssen, die da eine Rolle spielen. Momentan fühle ich mich wie ein Navigator, der im Maschinenraum des Schiffes arbeiten muss, aber auf die Brücke gehört, weil er da unten an der Maschine hilflos zusehen muss, wie das Schiff immer wieder Gefahr läuft, auf ein Riff aufzulaufen, weil es einfach nicht den optimalen Kurs fährt.

Mit mir wird ab sofort eine ganz neue Art von Fisch in diesem emotional-beruflichen Haifischbecken mitschwimmen. Das wird lustig! Jetzt spiele ich mit den Emotionen der anderen, obwohl ich sie gar nicht lesen kann. Die werden hinter allem und jedem eine Taktik vermuten, wo keine ist. Das muss es sein, das Spiel, das Grundschulkinder bereits perfekt beherrschen. Und ich muss da jetzt gleich auf höchstem Niveau einsteigen. Da diese ominöse Beziehungsebene unter der Oberfläche der sichtbaren Kommunikation liegt, erklärt sich auch der Widerspruch zwischen Konkurrenz und Kooperation im Projekt. Sachlich wird von allen Seiten Kooperation bekundet und gefordert. Aber auf der Beziehungsebene, da herrscht Konkurrenz. Damit liegen diese beiden Dinge windschief zueinander wie zwei Geraden, die sich im dreidimensionalen Raum nicht schneiden.

In dem seltsamen Papier finde ich noch weitere interessante Anleitungen zum Überleben im Haifischbecken des Berufslebens wie beispielsweise diese beiden:

»Nutzen Sie Small Talk zum Auskundschaften der emotionalen Interessen Ihrer potentiellen Gegner in der Organisation! Seien Sie 007!«

»Erschaffen Sie sich eine eigene Identität, die Aufmerksamkeit erregt. Seien Sie jemand, der sein Publikum niemals langweilt. Dabei zählen allein Ihre Taten, nicht Ihre Argumente. Erklären Sie nichts, schaffen Sie Fakten! Dann nimmt man Sie ernst, egal wo Sie im Organigramm stehen. Dann werden Sie wichtig.«

Schon immer bin ich ein »Key Opinion Leader« gewesen. Nicht kraft Amtes. Sondern kraft Kenntnissen und Kompetenz. Und diese Stärke muss ich jetzt ausspielen. Wie beim Skat versuche ich jetzt, »Ohne vier, Spiel fünf« zu spielen, denn wirkliche Trümpfe in der Beziehungsebene habe ich ja nicht in der Hand. Aber die Spielansage dank meiner Asse in der Sachebene!

Für das Lösen von Konflikten am Arbeitsplatz erarbeite ich mir meine eigene Methode: Die PARs. Sie bringen das Problem auf den Punkt:

»Problem«: Worum geht es, was läuft nicht gut und warum?

»Aktion«: Vorschläge, wie man das Problem lösen könnte.

»Resultat«: Feststellung, was man aus dem Vorfall gelernt hat, wie man Abhilfe geschaffen hat und was es gebracht hat. Das alles wird genau protokolliert.

Mit dieser strukturierten Methode des Dokumentierens schaffe ich es, etliche Dinge durchzusetzen, die vorher als unmöglich galten. Man muss offenbar erst transparent den Nutzen einer Aktion präsentieren, manchmal muss man auch erst ein Problembewusstsein erzeugen.

Als ich wegen eines Meetings in eine andere Abteilung und in das Büro eines mir bisher unbekannten Kollegen kommen muss, bleibt mein Blick an seinem Türschild hängen. Ich entdecke dort ein Foto dieses Kollegen und darunter ein kleines, farbig unterlegtes Set mathematischer Diagramme, das meine ganze Neugier fesselt. Auf Nachfrage erfahre ich, dass seine Gruppe ein Teambuilding, also das genauere gegenseitige Kennenlernen aller Teammitglieder, bei einer amerikanischen Seminarfirma namens »Management by strengths« absolviert habe. Das Diagramm stamme von diesem Event und gebe auf einen Blick Auskunft darüber, was er für ein Typ sei, worauf er abfahre, was er für Stärken habe, kurzum, wie man mit ihm umgehen muss, um die beste Leistung aus ihm rauszuholen.

Das ist ja der Hammer! Ein Foto an der Tür jedes Kollegen hätte ich schon immer gut gefunden, so könnte ich mir ein Gesicht viel besser merken. Und nun hängt da in dieser Abteilung an jeder Tür ein Diagrammset, das über den Charakter des Kollegen informiert. Damit man nicht mehr aneinander vorbeiredet, sondern aufeinander zuredet. Einfach genial.

Für jeweils vier Grundcharakterzüge gibt es Fieberkurven in den vier Grundfarben. Dabei werden Offen- und Gradlinigkeit, die rote »Directness«, die Fähigkeit, aus sich herauszukommen, die grüne »Extroversion«, die Arbeitsgeschwindigkeit, die blaue »Pace«, und die Art und Weise, seine Arbeit zu strukturieren, die gelbe »Structure«, auf den ersten Blick einsichtig transparent dargestellt.

Eine Woche später kenne ich nun auch mein eigenes Set und mehr noch, man kann verschiedene Diagramme miteinander in Beziehung setzen, um auf diese Weise zu erfahren, wie eine optimale Kommunikation zwischen genau diesen zwei Leuten in bestimmten Situationen ablaufen muss, damit beide Seiten sich angemessen verstanden fühlen.

Fortan habe ich mit allen Kollegen, die ein solches buntes Kurvenset an ihrer Tür haben, erheblich weniger Probleme. Und ich zeige ihnen jedes Mal auch meine Kurve, damit sie gleich wissen, wie ich ticke. Was mit mir geht. Und was überhaupt nicht funktioniert. Alle Schiefstände in der zwischenmenschlichen Kommunikation können zwar nicht beseitigt werden, aber einige wesentliche. Und jeder Fortschritt zählt. Die Kurven bringen mich ein gutes Stück weiter, sie erschließen ein signifikantes Stück des kommunikativen Ozeans, von dem ich anscheinend beim Beginn des Berufslebens nur ein klitzekleines Randmeer kannte. Mittlerweile kenne ich immerhin den Nordatlantik. Aber es gibt ja noch viel, viel mehr Wasser, was unbekannt ist.

EH&S – Current Progress

Meine Vision ist es, das EH&S-System mehr und mehr zu optimieren und immer mehr Prozesse darin zu vereinen. Mein Traum von einem System, das alle standardisierbaren Prozesse aus den Einzeldisziplinen des Umweltmanagements, also der Produktsicherheit, der Gefahrgutabwicklung, der Arbeitssicherheit und der Abfallwirtschaft unter einem Dach vereinigt, aber gleichzeitig Andockstellen für spezielle Prozesse hat. Schließlich gehe ich zu meinem internen Kunden, um mir das Okay dafür abzuholen, das System der Systeme für die Company bauen zu dürfen:

»Lassen Sie mich Ihnen meine Vision erklären. Das System, das ich für Sie gerne erschaffen würde, lässt sich in gewisser Hinsicht mit einem Bus und Ihre ganzen alten Systeme lassen sich mit Fahrrädern vergleichen. So ein Bus, der kann viele Passagiere mitnehmen, viel mehr Gepäck, vor allem auch schweres und unhandliches, transportieren, er kommt schnell vorwärts und fährt ganz lange Strecken. Er benötigt allerdings eine professionelle Wartung, fährt mit einem lizensierten Fahrer und kann nur auf Straßen fahren. Das System Bus wird durch mich gefahren, durch die IT-Abteilung betreut und folgt in seinem Betrieb vereinbarten Regeln. Dafür bekommen Sie eine hochgradig integrierte Lösung, so dass Sie viele Arbeiten nicht mehr doppelt und dreifach machen müssen.

Im Gegensatz zum Bus können und müssen Sie Ihre Systeme namens Fahrrad in einem Bastelkeller selbst reparieren. Das System Fahrrad kann nur einen Passagier aufnehmen, der auch noch selber strampeln muss, kommt nur langsam und mühsam vorwärts und legt nur kurze Strecken pro Tag zurück. So ein Fahrrad ist flexibel, man kann damit auch mal querfeldein fahren, aber es ist viel weniger leistungsfähig als der Bus.

Wir von der IT-Abteilung würden Sie von allen IT-lastigen Arbeiten entlasten, Sie erhalten dafür einen Standard, mit dem Sie viel mehr und effektiver wegschaffen können als bisher. Für alles, was keine sehr speziellen Anforderungen voraussetzt, kann ich Ihnen nur den Bus empfehlen!«

Schließlich schaffe ich es, Wege zu einer umfassenden SAP-EH&S-Systemlandschaft zu finden. Aber die menschliche Wetterlage auf all diesen Wegen ist für mich weiterhin sehr schwierig. Meinem Arbeitgeber nur Gewinn und Nutzen zu bringen, wäre viel einfacher, wenn es ganz nackt nur auf die fachliche Sache ankommen würde. Auch in der Politik wird ja gerne betont, dass »Sachentscheidungen« im Vordergrund stehen, doch die Ziele, wofür sie angeblich kämpfen, wirken wie oder sind oft Kulisse. Wie sonst wäre es zu erklären, dass einer, der eben noch Verteidigungsminister war, ab morgen plötzlich Bildungsminister sein kann. Spezialisten, die bestimmen müssten, wie etwas einzurichten ist, kommen nicht dort zu Wort, wo sie effektiv Wege bestimmen und beeinflussen könnten. Warum?

Sowohl aus dem Buch »Forschen auf Deutsch« als auch aus dem Buch »Wahnsinnkarriere« habe ich seinerzeit entnommen, dass man stets dafür sorgen muss, dass höherrangige Chefs im Unternehmen davon erfahren, was man für die Company leistet. So bin ich stets bestrebt, meine Beiträge zu publizieren. Zusammen mit einer Unternehmensberatung, die mich schon seit Längerem bei EH&S mit Programmierarbeiten unterstützt, veröffentliche ich meinen Projekterfolg in deren Kundenzeitschrift »Go Ahead«. Außerdem ist die SAP AG sehr daran interessiert, mit mir »success stories« zu veröffentlichen.

Was für eine Win-win-Situation! Die können mit mir als einem ihr Produkt lobenden Kunden Marketing machen und ich kann intern Projektmarketing machen. Die Anerkennung, die aus der eigenen Abteilung in Form einer Beförderung in einer zu mir passenden, fachlichen Führungsrolle fehlt, kann ich mir auf diese Weise sogar aussagekräftig und unabhängig vom eigenen Chef verdienen.

Außerdem kann ich ein Signal in Richtung anderer Teams setzen, die in der Company an EH&S-Lösungen arbeiten: Hey, da ist jemand in Deutschland, der weiß ganz genau in jedem Detail, wie so ein System funktioniert. Der weiß, was Sinn macht und was man besser nicht standardisieren sollte. Und der Typ kann sein innovatives Wissen auch andernorts einbringen, vielleicht einmal eine weltweit führende Rolle innerhalb dieses pharmazeutischen Konzerns einnehmen. Doch dabei stellt sich heraus, dass es auf globaler Ebene eigene Leute für diese Thematik gibt. Die ziehen bereits ihr eigenes Ding durch, ohne mich aus meiner Sicht angemessen in ihre Informationsflüsse einbeziehen zu wollen.

Die globalen Jungs wollen natürlich standardisierte Prozesse einführen. Das macht auch Sinn. Aber nur grundsätzlich. Nicht immer. Man muss erkennen, was man globalisieren kann und was man lieber lokalspezifisch lassen sollte. Dann muss ich immer wieder Aufklärungs- und Überzeugungsarbeit leisten:

»Wir können das ja gerne so machen, wie ihr das haben wollt, aber es wird viel teurer kommen, als ihr das kalkuliert habt. Wenn man sich für eine Standardsoftware wie die von SAP entschieden hat, dann heißt das, man hat sozusagen einen Anzug von der Stange gekauft. Diese Entscheidung hat die Company getroffen.

Den SAP-Anzug kann man gerne noch ein wenig im Bein kürzen oder die Gesäßnaht auftrennen und die SAP-Hose enger oder weiter machen. Aber man sollte daraus kein neues Modell machen. Denn dann hätte man gleich eine große No-Name-Stoffbahn kaufen können und den gewünschten Anzug daraus maßschneidern lassen können. Das trifft die Anforderungen am Ende besser, billiger, effektiver und produktiver.«

Irgendwie erinnern mich solche Gespräche an meine eigene Situation in der Firma. Nicht nur bei Systemen, nein, auch und besonders wenn es um mich geht, muss ich gegenüber Chefs und Kollegen immer wieder neu darum kämpfen, meine Rolle meinem Wesen entsprechend ausfüllen zu dürfen. Im Arbeitsalltag werde ich immer wieder mit Standardlösungen konfrontiert, die zwar grundsätzlich sinnvoll sein mögen, aber unter bestimmten Bedingungen das Gegenteil von dem bewirken, was sie eigentlich sollen. Auch im Leben werden gerne Regeln aufgestellt, die Austauschbarkeit und Standardisierungen verlangen, ohne zu bedenken, dass es Fälle wie mich gibt, die oftmals viel besser funktionieren, wenn für sie andere Regeln gelten. Bedürfnisorientierte, individuelle Lösungen sind im Leben meist effektiver.

Leider erhält sich ein System naturgemäß selbst, weil nicht sein kann, was nicht sein darf. Alles was Teil des Systems ist, unterliegt den Regeln, die im System gelten. Und die sind immer systemerhaltend. Änderungen können nur von außen kommen.

Um also etwas zu verändern, um etwas weiterzubringen, darf man entweder nicht zum System gehören, man muss davon unabhängig sein, oder man muss mit seinem Außen-auf-das-System-Blick intelligent gegen die Regeln, die das System definieren, verstoßen. Denn »das Außergewöhnliche geschieht nicht auf glattem, gewöhnlichem Wege«, das sagte auch bereits Goethe. Ungewöhnliche Probleme erfordern ungewohnte Lösungen! In der IT steht oder fällt der Projekterfolg mit dem Detail.

Leider mangelt es mir an eigenen Mitarbeitern, denen ich nach Belieben diejenigen Aufgaben delegieren könnte, die mir schwerfallen, die aus Sicht anderer aber einfach sind. Zum Beispiel, um Kleinstprogramme zu schreiben oder Berechtigungen im System an neue Benutzer zu vergeben.

Immerhin erlauben die Projektbudgets das Engagement externer Mitarbeiter, die mich in meiner Projektarbeit unterstützen. Auf diese Weise erhalte ich die dringend benötigte Entlastung bei den Arbeiten wie Testen und Dokumentieren, um mich voll auf das für mich Wesentliche konzentrieren zu können, die Weiterentwicklung des Systems.

Derweil sehe ich mich zunehmend konkurrierenden Anforderungen aus der globalen IT-Abteilung und der lokalen Fachabteilung, die ich berate, gegenüber. Statt Kooperation sehe ich auch Konkurrenz. So nach dem Motto, mal schauen, wer das bessere System hinstellen kann. Ich als Einmannbetrieb gegen ein ganzes Team.

Um mehr Aufmerksamkeit auf der internationalen Ebene zu bekommen, verschicke ich eine E-Mail mit großem cheflastigen Verteiler, Betreff: »Wake-up-Call«. Darin bitte ich alle Verantwortlichen, endlich aufzuwachen, die immer die Details vergessen, die letztendlich darüber entscheiden, ob etwas funktioniert oder nicht. Doch meine »Wake-up-Call«-Mail ändert leider nichts. Im Gegenteil. Die Zusammenarbeit mit den global verantwortlichen Kollegen scheint nur noch problematischer zu werden. Dabei habe ich es doch nur gut gemeint.

Beim nächsten Mitarbeitergespräch bringe ich das Problem bei Herrn Bach zur Sprache. Der antwortet: »Herr Schmidt, ich habe Ihnen schon mehrmals gesagt, dass Sie sich mit solchen Mails einen Bärendienst erweisen! Warum können Sie es nicht lassen, solche Mails zu schreiben? Ihre Anregungen, Ihre Kritik mag ja durchaus inhaltlich berechtigt sein, aber doch nicht so! Sie müssen den Menschen eine Chance lassen, ihr Gesicht zu wahren!«

Denkende Stille im Chefbüro. Bis er fortsetzt:

»Niemand möchte öffentlich zum Trottel gestempelt werden. Denn dann würde er sein Gesicht verlieren.«

»Gesicht verlieren? Wie soll das denn gehen? Ich skalpiere doch niemanden?!«

»Ansehen verlieren! Das ist damit gemeint!«

Ich schweige. Schon wieder so eine Satzvokabel. Gesicht wahren, Gesicht verlieren. Es geht also gar nicht um die Wahrheiten, um Fakten, sondern mal wieder nur um Emotionen. Man muss sich wundern, wieso die Menschheit es so weit gebracht hat, wenn doch diese Befindlichkeiten viele unnötige Blockaden auslösen.

Nach einer Weile fortsetzt Herr Bach:

»Herr Dr. Schmidt, Sie wollen mir doch jetzt nicht allen Ernstes sagen, dass Sie nicht wissen, was es heißt, wenn jemand sich, der Abteilung, dem Team oder wem auch immer einen Bärendienst erweist?«

Komisch, plötzlich redet er mich mit Dr. an, das hat er noch nie gemacht. Ich ahne, dass ich da jahrelang was falsch verstanden haben könnte und antworte ihm:

»Wenn das nicht die Eins mit Sternchen war, nein!«

»Die Eins mit Sternchen? Nein, die war das gewiss nicht, Herr Schmidt! Sie machen sich mit einer ausgesprochenen Wahrheit oder einer guten fachlichen Leistung nicht immer nur Freunde! Hier geht es um Politik. Um Macht. Um Befindlichkeiten. Und wenn Sie das weltbeste SAP-System für EH&S in der Pharmaindustrie einführen! Es menschelt halt überall.«

Der Bärendienst – kein Lob, sondern Tadel? Ich verbaffe. Eine Satzvokabel, die ich völlig falsch verstanden habe! Ich frage hilflos, was ich denn dann machen soll, wenn andere etwas falsch machen und das nicht auf mich zurückfallen soll.

»Herr Schmidt, das Spiel nennt man ›Schwarzer Peter‹, spielen Kinder schon im Kindergarten perfekt!«

Mein Gerechtigkeitsempfinden wird empfindlich gestört. Ich bin demotiviert. Kann dazu erst mal nichts sagen, bis es wieder aus dem Mund meines Chefs wörtert:

»Am besten, Sie sitzen das aus!«

»Was heißt das?«

»Sie machen einfach gar nichts, basta! Sie müssen sich immer fragen, wer denn das Problem hat. Wenn ein Projekt den Bach runtergeht, trifft es in der Regel den Manager. Nicht das Team. Das führt nur aus, was die da oben sagen!«

»Ja, aber das ist ja so, als wenn da nun ein Kunde auf meiner Tankstelle steht und der fährt mit einem Benziner vor und ich sehe ihn, wie er gerade dabei ist, die Pumpe für Diesel in seinen Tank zu halten, dann muss ich doch als Tankwart einschreiten, oder? Ich will doch, dass der Kunde zufrieden ist und wiederkommt.«

»Im Prinzip haben Sie recht. Aber jetzt stellen Sie sich mal vor, der Autofahrer in Ihrem Beispiel ist unbelehrbar und tankt trotzdem Diesel. Dann sind Sie für den der meckernde Idiot, denn Sie können und dürfen ihm letztendlich nicht verbieten, sein Auto kaputt zu fahren. Er wird das Problem haben, nicht Sie.«

Ich muss an dieser Stelle lernen, dass Arbeitszeit, die aus meiner Sicht verplempert wird, um solche Probleme zu lösen, ganz typische Managerarbeitszeit sei. Mehr noch, ein Manager würde gar keine fachlichen Kenntnisse nötig haben, sondern seine Aufgabe sei, sich ausschließlich um so etwas zu kümmern.

Ich werde zukünftig noch mehr Projektpublikationen erstellen müssen, damit ich mit meiner Performance auch wahrgenommen werden kann. Und dafür werde ich einfach eine eigene Zeitung herausbringen. Meine eigene Projektbühne. Auf der ich Regisseur und Darsteller zugleich sein kann. Und ich weiß sogar auch schon den Titel: »EH&S – current progress«. Das klingt richtig gut! Ich klopfe mir selbst auf die Schulter.

Mein Newsletter »EH&S – current progress« wird quartalsweise berichten, was geschafft worden ist, was gerade gemacht wird, welche Probleme es dabei gibt und wie ich denke, dass man die lösen kann. Auch laut meiner Seminarerkenntnisse muss ich Fakten schaffen. Ich werde also den von mir gebastelten System-Prototyp auf relevanten Kongressen der deutschen und amerikanischen SAP-Anwendergruppen zur Diskussion stellen, um Anregungen für die Optimierung meiner fachlichen Arbeit zu kriegen. Dadurch werde ich in der Community als wichtig wahrgenommen, weil das, was ich abliefere, für alle interessant zu sein scheint. Und alles, was ich da aufschnappe, werde ich in meiner eigenen, für die Fachabteilung bestimmten Zeitung berichten. Außerdem werde ich reportergleich firmeninterne Newsletter, in denen Statusberichte abgedruckt werden, füttern, wann immer ich das für sinnvoll halte.

Im Zeichen der großknorrigen, dickbäumigen Allee

Sowohl die IT-Leitung, Frau Foster, als auch mein direkter Vorgesetzter, der Herr Bach, fördern mich weiter. Und ich setze Segel im wehenden Projektwind. Laut Feedback meiner von mir IT-seitig zu betreuenden Fachabteilung bin ich derjenige, der sowohl die richtigen Dinge tut als auch die Dinge richtig tut. Ich bin also effektiv und effizient. Ich bin sowohl der Gestalter des SAP-EH&S, der Systemmanager, aber auch der nach wie vor gefragte technische Klempner, der sich mit den Details, die das Ganze gestalten, auskennt, den man allein daran beurteilt, ob er den Auftrag fachgerecht und mit hoher Qualität ausführt oder ausführen lässt. Denn für mich gibt es nur ein Ziel, auf das ich alle anderen Projektziele zurückführen kann: Kundenzufriedenheit durch ein leistungsfähiges, führendes System zu erhalten.

Um die Belastung durch die zahlreichen Überstunden so gering wie möglich und meine Performance auf hohem Niveau zu halten, mache ich gerne von der betriebsvereinbarungsgemäßen Möglichkeit Gebrauch, ganze Gleitzeittage als Freizeitausgleich zu nehmen. Besonders gerne nutze ich diese Tage für außerbetriebliche Erledigungen und Engagements, da ansonsten die regulären Urlaubstage hinten und vorne nicht reichen würden. Die sind rein für das Abschalten da und nicht für das Arbeiten an anderen Dingen, die auch sein müssen. Außerdem sind Einzelurlaubstage ineffektiv, weil ich immer erst in den Urlaub reinkommen muss. Anfangs hatte Herr Bach lange Zeit Schwierigkeiten, das zu akzeptieren. Mittlerweile hat er aber erlebt und verstanden, dass es gerade dann besonders gut funktioniert, wenn ich ganztägige Gleitzeitausgleiche nach angesammelten Überstunden nehmen kann. Herr Bach hat auch endlich eine Lösung dafür gefunden, dass ich mein eigenes Büro haben kann. Meine Kollegen, die es mit mir aushalten mussten, sind froh, und ich bin froh, endlich mein Reich zur eigenen Entfaltung zu haben. Was für eine Win-win-Situation!

Wie ich aber im Nachhinein erfahre, habe ich mein Einzelbüro nicht bekommen, weil mir das zusteht oder weil ich es haben wollte. Nein, es sei auch als eine Art von Bestrafung zu sehen. Denn die anderen sprechen von Einzelhaft. Das erinnert mich an den Kindergarten. Dort hat man mir gerne angedroht, dass ich nicht mehr mit den anderen Kindern spielen dürfe. So eine Strafe kam bei mir stets als Belohnung an. Endlich! Irgendwie scheint es hier auch so zu sein. Aber egal. Nur das Ergebnis zählt. Ich müsse zwar hin und wieder einen Berater in meinem Büro aufnehmen, aber die meiste Zeit könne ich allein in dem Zimmer sein.

Die Einrichtung ist die eines klassischen Zweierbüros. Ein riesiges Fenster an der einen Seite, mit Blick auf die das Gebäude umgebende Grünanlage mitsamt einem kleinen Teich, und Schränke auf der Flurseite, wo es zur Türe rausgeht. In der Mitte stehen zwei sich gegenüberliegende Schreibtischarbeitsplätze, von denen nun einer unbesetzt ist. Die Wandgestaltung, die ich von Beratern übernehme, die vorher in diesem Raum saßen, ist zunächst spartanisch. Ein riesiger wandübergreifender Jahreskalender, in dessen Mitte sich eine Straßenkarte von Deutschland befindet, füllt die ansonsten weiße Wand in meinem Blickfeld. Der sehr übersichtlich gestaltete Kalender kommt von der Lufthansa Systems AS, meinem ehemaligen Arbeitgeber. Und hinter mir hängen einige uralte, Nostalgie ausstrahlende Werbeplakate, ebenfalls von der Lufthansa. Mein Schreibtisch ist stets aufgeräumt. Nur wenn sich gerade mal vorübergehend die anfallende Arbeit aufstaut, kommt es zur Anhäufung von Mappenstapeln. Aber ich hasse Stapelverarbeitung. Stapel sind immer ein Indiz dafür, dass die zur Verfügung stehende Zeit aktuell nicht ausreicht, die reinkommenden Arbeitsaufträge abzuarbeiten. Auf meinem Schreibtisch habe ich ein Stück Privatsphäre in Form eines Familienfotos installiert. Das ist neu. Denn nun habe ich ja die alleinige Schlüsselgewalt über den Raum. Und ich habe meine Textmarker, die ich in allen bunten Regenbogenfarben besitze, halbkreisförmig neben meinen Arbeitsplatz gelegt. Als praktisch nutzbare, geordnete Dekoration, die mich glückt.

Das Einzige, was mich manchmal nervt, ist, wenn die Putzfrau, die ja auch einen Schlüssel hat, mal wieder meine Anordnung der Textmarker beim Putzen zerstört hat. Es ist ja gar kein Problem, mal irgendwo gegen zu kommen, aber dann hat sie das gefälligst hinterher wieder aufzuräumen! Aber ich lerne, nachsichtig zu sein.

Im eigenen Büro geht es mit meiner Performance gleich doppelt so gut weiter. Meine EH&S-Lösung wächst und gedeiht. Weit besser, als ich in den letzten Zielvereinbarungen ausgehandelt habe.

Der kleine Teich, auf den ich vom Büro aus blicke, wird für mich immer mehr zum »pond of inspiration«. Immer dann, wenn ich mal wieder Abstand vom Bildschirm brauche, wenn ich mich bewegen will, wenn das Sitzen und gedankliche Brüten am Schreibtisch mich keinen Meter weiterbringen, dann gehe ich einfach mit meinem Notizbuch raus und besetze eine der Bänke am Uferweg dieses Teichs. Da kommen mir oft die allerbesten Ideen. Inspiriert von der Natur, vom Anblick dieses Teiches mit seiner grünen baumbuschkuscheligen Umgebung. Und so finde ich auch für Probleme Lösungen, für die andere vorher keine gefunden haben.

Bei meinen Kunden gelte ich weiterhin als der »progressive Live-Setzer«, weil ich andauernd neue Funktionalitäten bereitstelle. Schließlich erhalte ich von der IT-Leitung die Chance, an den Kongressen der American SAP User's Group ASUG teilzunehmen. Denn dort gibt es im Gegensatz zu Deutschland eine starke, meinungsbildende SAP-EH&S-Community, die auch Einfluss auf die Entwicklungen von SAP nimmt. Genau da gehöre ich hin. Genau da fühle ich mich wohl. Mein erster ASUG-Kongress findet in Miami Beach statt. Eine super Location. Ein super Publikum. Eine tolle Erfahrung. Aber so toll das Ganze auch ist, nach dem letzten Kongresstag brauche ich am direkt folgenden Wochenende noch zwei Tage Erholung vor Ort. Dazu lasse ich mir die Gelegenheit nicht entgehen, die südlichste Stadt der Lower 48 anzufahren. Key West. So komme ich erholt und frisch gestärkt mit Wissen zurück an den heimischen Schreibtisch.

Ein Jahr später bin ich im kalifornischen Anaheim. Auch dort ist das Gewusel der vielen Menschen sehr groß und anstrengend. Da so eine Community auf gegenseitigem Geben und Nehmen beruht und ich einige interessante Beiträge in den Diskussionen und Gesprächen abgeliefert habe, fragen mich die Amerikaner hier, ob ich beim nächsten Mal nicht auch als Speaker an vorderster Front dabei sein könne und möchte. Na klar will ich, aber da muss ich erst mal in der eigenen Firma fragen, ob ich das denn darf und soll.

Unmittelbar nach Ende des Kongresses begebe ich mich noch für einige Stunden in die Gegend um Amboy an der alten Route 66. Dort warten bizarre, schwarzdunkle Vulkankrater und eine skurrile, weißgrell helle Salzfläche auf mich, um in der Stille die vergangenen Tage Revue passieren zu lassen. Erst diese kontrastreichen Stunden ermöglichen es mir, die erhaltenen Eindrücke und Informationen vom Kongress vollends zu verarbeiten und langfristig Nutzen bringend zu speichern.

Wieder zurück in Frankfurt, erhalte ich zu gegebener Zeit tatsächlich die Erlaubnis, meine Projekte und Ergebnisse auch vor amerikanischem Publikum zur Diskussion zu stellen, um Anregungen zur Weiterentwicklung zu finden. Dafür finde ich einen Weg, interne Informationen außen vor zu lassen und nur das zu präsentieren, was direkt in Zusammenhang mit der SAP-Software von allgemeinem Interesse sein sollte. Es geht zum einen darum, zu demonstrieren, dass man in Deutschland auch globale Anforderungen abdeckt, und zum anderen noch viel wichtiger darum, dass die kundeneigenen Ideen möglichst von der Firma SAP in den Standard ihrer Software übernommen werden, damit es zukünftig keine Aufwände bei Upgrades gibt. Und das erreicht man, wenn sich herausstellt, das andere Firmen eigentlich dieselben Anforderungen haben, aber im Gegensatz zu mir noch keine Lösung. So erstelle ich eine Präsentation, wie ich zusammen mit externen Mitarbeitern, die mich bei der technischen Umsetzung unterstützt haben, mit der Software von SAP die Geschäftsprozesse im Umweltmanagement vereinigt habe, die auf gemeinsamen Stammdaten beruhen.

Das darf ich auf einer EH&S-Anwendertagung in Charleston, South Carolina, vorstellen. Kurz vor dem Abflug nach Atlanta bekomme ich jedoch eine schwere Stimmbandentzündung. Ich bin verzweifelt. Die erste Chance meines Lebens, international aufzutreten, ist in akuter Gefahr. Ich fühle mich wie ein Sänger, der davorsteht, aus gesundheitlichen Gründen einen ganz besonderen Bühnenauftritt absagen zu müssen. Bisher hat es keinen einzigen Tag gegeben, an dem ich krankheitsbedingt in der Firma fehlte. Warum ausgerechnet jetzt? Von Stunde zu Stunde werde ich stummer und stummer. Schließlich kriege ich keinen einzigen Ton mehr heraus. Die Kommunikation mit den Kollegen läuft nur noch über Zettel und Computer. Auch mit meiner Frau und den Kindern bessert sich am Nachmittag nichts. Im Gegenteil. Am nächsten Tag bin ich vollends stumm und still. Herr Bach fragt nach, ob es unter diesen Umständen überhaupt sinnvoll sei, dass ich nach South Carolina fliege.

Ich kriege innerlich die totale Panik. Ich zittere am ganzen Körper. Ich gehe zum Arzt, der verschreibt mir Antibiotika. Doch nichts hilft auf Anhieb. Ich bleibe still, starr und stumm.

Ich bin kurz davor, völlig auszurasten. Ein Cocktail aus Frust, Verzweiflung und Wut braut sich in mir zusammen. Doch der Wutvulkan schweigt ebenfalls. Ich spüre, dass mir das noch mehr schaden würde. Stattdessen wippe ich vor und zurück, missbrauche den Bürostuhl als beruhigenden Schaukelstuhl. »Du musst nicht immer so viel mit dem Stuhl kippeln! Du machst den Stuhl kaputt!«, schimpfte früher oft die Locken. Meine Gedanken zischen im Kopf hin und her. Ich bin auf Reisen. Weit, weit weg. Dort, wo ich meine Energien für das Leben im Dienst herhole. Da blitzt es im Hirn hell auf!

In diesem Moment erinnere ich mich an meine Perureise im Jahr 2000, an den Bus nach Cuzco, der in Arequipa schon vor einer Stunde abgefahren sein sollte. Wo ich nach einem anstrengenden Tag davor verschlafen hatte und völlig verzweifelt war, da die ganze Planung zu kippen drohte. Entgegen aller Gewohnheiten hatte ich damals so wie jetzt auch keinen Plan B. Nur Plan A. Und damals gab es nur eine einzige Lösung. Trotz abgelaufener Abfahrtszeit noch schnell ungewaschen, ungeduscht, ungefrühstückt mit dem Taxi zum Busbahnhof zu fahren und zu hoffen, dass ausgerechnet jetzt das passiert, was mich sonst immer nervös und ungehalten werden lässt: Der Bus möge mindestens eine Stunde Verspätung haben. Und so war es! Damals zogen zwei neue kurzbuchstabige Sprachelemente bei mir ein, wenn ich emotional blockiert und nicht mehr in der Lage bin, vollständig zu reden: NGU und DSDS, »Never give up!« und »Du schaffst das schon!«. Wo ein Wille ist, ist ein Weg.

Vergiss deinen Chef! Mach, was du für richtig hältst! Was die anderen sagen, war schon so oft falsch, weil du anders bist. Zerdenk das jetzt nicht, sondern flieg dahin, mach das, es wird schon klappen, DSDS! NGU! Und wenn du mit Zetteldolmetscher vorträgst! Hör auf deine innere Stimme!

Zwei Tage später hebt der Flieger auf dem Frankfurter Flughafen ab. Destination Atlanta. Still, starr und stumm schaue ich aus dem Fenster. Erst auf dem Weg nach Charleston spüre ich ganz allmählich, dass sich da in meinem Rachen eine Stimme neu bilden will. Vor Ort erwartet mich ein vorhängevolles Hotel im nostalgisch alten Südstaatenstil. Einige Gäste begrüßen mich typisch amerikanisch mit: »Hi Peter, welcome back, great to see you again!« Weil sie mich wiedererkennen. Aus Anaheim in Kalifornien. Aus Miami in Florida. Die EH&S-Aktivisten unter sich. Schade, dass ich dagegen die Leute überhaupt nicht wiedererkenne. Und da ich kaum reden kann, fragt mich einer: »Peter, what happened to your voice?« Leider kann ich noch immer nicht wirklich sprechen. Außerdem schone ich meine Stimme so weit wie möglich, denn am nächsten Morgen muss ich ja am Vormittag auf die Bühne. Einige bieten mir an zu tauschen, so dass ich später drankommen kann. Aber ich weiß, dass das auch nicht gut ist. Weil dann nicht nur der offizielle Ablaufplan durcheinander ist, sondern auch mein innerer. Das schmerzt. Und es könnten ja Leute extra zu meinem Vortrag kommen wollen, die den dann verpassen würden. Am besten, es bleibt alles so, wie es ist. So wie ich mich darauf eingestellt habe.

Am Abend gehe ich mit den Kollegen der letzten Kongresse der American SAP User's Group durch die Altstadt von Charleston, um irgendwo einzukehren. Dabei machen wir auch Halt in einem Musikladen. Dort lerne ich etwas Unfassbares kennen: Einer aus unserer EH&S-Aktivisten-Clique setzt sich an das dort stehende Klavier, spielt alle möglichen bekannten Pop-, Rock- und Klassikstücke an und behauptet, dass er jeden Song ad hoc nachspielen kann, wenn er ihn nur genau einmal gehört hat! Ich bin sprachlos. Stumm lauschen wir alle seinem Talent. So etwas habe ich noch nie vorher erlebt. Wie geht das? Wie macht er das? Da erhalte ich eine interessante Antwort: »Peter, it's somehow similar when you talk to us about your roads!« Peter, das ist so ähnlich wie du mit deinen Straßen.

Ja, das wird mir immer wieder gesagt. Ich könne mir Strecken merken wie kaum ein anderer. Und ich finde das normal. Ich wundere mich immer, warum andere das nicht können. Jetzt ist es umgekehrt. Jetzt wundere ich mich. Wie schön ist es, wenn ein Talent dermaßen gewürdigt wird. Und wie schade, wenn es wegen irgendwelcher zwischenmenschlichen Befindlichkeiten nicht aufblühen kann.

Am nächsten Tag gelingt es mir beim Aufstehen, die ersten Sätze rauszubringen. Und drei Stunden später stehe ich hinter dem Mikrofon: »Ladies and Gentlemen, I am here to present you the way how to merge processes in the EH&S business using SAP software for dangerous goods management and product safety …«

Wie ein Kugelschreiber, der zu Beginn gut schreibt, dem dann aber mehr und mehr erbleichend die Farbe ausgeht, trage ich meine Ideen nasalheiser vor. Erst bei der allerletzten Folie versagt meine Stimme vollends. Na ja, die Nimm-mits kann das Publikum ja selber lesen. Und dann stehen auf einmal alle auf und rufen: »Peter, you made it!«

Was für ein mehrdeutiges Kompliment! So etwas habe ich noch nie erlebt. Die haben alle gemerkt, wie wahnsinnig anstrengend das für mich war. Wenige Worte der Diskussion quetsche ich noch aus mir raus, dann bin ich zum Schweigen verdammt.

Ein halbes Jahr später bin ich erneut auf einem ASUG-Kongress. Diesmal bin ich als Speaker in New Orleans am Mississippi eingeladen und berichte dort darüber, wie man Prozesse im Arbeitsschutz und Risk-Assessment mit SAP Mitteln im EH&S abbilden kann. Ich stelle dort meine eigene Entwicklung vor, einen Prototypen zur softwaretechnischen Abbildung von Prozessen im Sicherheitsmanagement, den ich selbst gebastelt habe. Das Publikum ist begeistert, ich erhalte sogar Angebote, für amerikanische Firmen zu arbeiten. Man würde die Sache mit dem Arbeitsvisum oder einer Greencard unkompliziert regeln, ich müsse nur wollen. Da erinnere ich mich an 1987. Damals habe ich die wichtigsten Universitäten abgeklappert, um dort vielleicht eine Karriere als Geowissenschaftler fortzusetzen. Und überall gab es das gleiche Problem: zu wenig Urlaub. Auch diesmal ist kein wirklich tragfähiges Angebot dabei, das mich am Ende glücklich machen würde. Ich weiß zwar nicht, was mir entgeht, aber ich weiß, was ich jetzt habe und dass es mir in dem Job, so wie er sich momentan darstellt, ganz gut geht. Ich kann mir Innovationen ausdenken und dafür sorgen, dass sie umgesetzt werden. Das habe ich mir doch immer gewünscht.

Natürlich ist auch nach dem Kongress in New Orleans erst mal eine Erholung vor Ort wichtig. So fahre ich zur Oak Alley Plantation, einer typischen Südstaatenfarm am Ol' Man River, dem mighty Mississippi westlich von New Orleans. Als ich dort auf dem Anwesen wandele, fallen mir die alten knorrigen, dicken Bäume auf. Besonders die Exemplare, die wurzelstark wohlgeordnet alleeig angeordnet sind. Ja, so eine dickbäumig knorrige, schattige Allee passt richtig zu dem altehrwürdigen Anwesen. Mir gefällt die Allee so gut, dass ich mir überlege, auch auf meinem noch zu gründenden Anwesen eine solche Allee zu pflanzen. Da fällt mir ein und bewusst auf, warum es in Neubaugebieten immer so kahl aussieht: keine hohen Bäume. Nichts Altehrwürdiges wie das hier. Da frage ich mich, ob diejenigen, die diese wunderschöne altbaumige Allee angepflanzt haben, sie überhaupt selber so gesehen haben? Die erwachend erleuchtende Antwort liefert pure Logik: Nein, natürlich nicht. Und damit würde auch ich meine eigene selbst gepflanzte Allee in dieser Pracht niemals selber erleben können.

Die großknorrige, dickbäumige Allee sieht niemals derjenige, der sie pflanzt! Mein Fazit. Die Erkenntnis. Alles, was ich so mach(t)e im Leben, sind Pflanzungen oder das Aussäen von Samen in der Erde. Die ausgewachsene Pflanze oder deren Früchte werde ich vielleicht niemals sehen. So wie Alfred Wegener auch niemals sah, wie seine verwegene Theorie der Kontinentalverschiebung in Form der Plattentektonik schließlich doch anerkannt wurde. Und wer weiß, was mit meiner Frontentektonik einmal passiert, wenn ich längst wieder entkörpert bin. Aber ich lebe jetzt und hier. Und will Vulkanlandschaften als Ausgleich live erleben.

So habe ich mir im Vorfeld von Herrn Bach die Erlaubnis eingeholt, diesmal Gleitzeitausgleich vor Ort zu nehmen, so dass ich noch weitere zehn Tage mit dem Mietwagen durch die Gegend fahren kann. In der kleinen, aber feinen Lava- und Kakteenwelt der Chihuahua-Wüste im Westen von Texas finde ich meine Oasen der Stille, die mir helfen, alles zu verarbeiten, was ich beim leutevollen Kongress aufnehmen durfte.

Nicht zuletzt dank dieser Kongressbesuche habe ich das firmeninterne Rennen um die beste EH&S-Lösung nach Auskunft meiner internen Kunden, der Fachabteilung, klar gewonnen. Nicht zuletzt deshalb bekomme ich endlich Gelegenheit, das EH&S auch international mitzugestalten. Aber nach wie vor ohne wirkliche Weisungsbefugnisse, ohne die offizielle Führungsrolle.

C'est la vie à Paris

Fortan muss ich in der EH&S-Mission immer wieder nach Paris fliegen. Weil wir ja mittlerweile eine französisch geprägte Firma sind. An Tagen, an denen ich ohne Routine ungewohnt früh aufstehen muss, bin ich allerdings zum einen deutlich weniger leistungsfähig und zum anderen können mich klitzekleine Kleinigkeiten schnell aus der Bahn werfen. Da muss sich dann bereits das Flughafenpersonal manch eine aggressive Bemerkung anhören, weil ich diese stets verschlangten Abfertigungen nur mit großer Mühe aushalten kann.

Daher reise ich nach Möglichkeit grundsätzlich am Tag vorher an. Dann kann es mir egal sein, wann ich in Paris ankomme. Und ich kann mich viel besser auf den dortigen Rhythmus einstellen und auf die Arbeit konzentrieren.

Auch bei Privatreisen empfinde ich Flughäfen immer wie eine schmerzvolle Geburt des Urlaubs. Zum Glück ist dann der Aufenthalt zwischen den Flügen wochenlang. Nicht so aber bei so einer immer wiederkehrenden, geschäftlichen, fremdbestimmten Parisreise. Die zur Routine wird, ohne zur Routine zu werden. Denn jede Reise ist anders, in der Regel nur zwei Tage lang und demzufolge für mich mit einem sehr hohen Stresspegel verbunden. Der Aufwand an den stressreich-chaotischen Flughäfen, der im und auf dem Vorfeld einer Dienstreise getrieben werden muss, steht in keinem gesunden Verhältnis zur Gesamtdauer der Reise.

Nach der Ankunft in Paris rattere ich mit der »RATP«, der »RER« oder der Metro zum gebuchten Hotel.

In der Regel übernachte ich in einem der kleinen, aber feinen Hotels im Quartier Latin inmitten der Stadt. Im altehrwürdig jung gebliebenen Universitätsviertel. Altehrwürdige Architektur. Junge Studenten, die durch die Straßen flanieren.

Jeden Morgen starte ich meinen Tag mit herrlichen, knusprig knackigen Croissants. Die wohl butterig besten in ganz Paris, vielleicht sogar in ganz Frankreich. Und das alles in einem wandbebilderten, urigen Kellergewölbe des Hotels. Besser und motivierender als mit so einem gemütlich urfranzösischen Warm-up-Frühstück kann ein Tag in Paris kaum starten!

Aber effektiv arbeiten kann ich im aktuellen Projekt in Paris nicht. Weil ich dort kein eigenes Büro habe. Stattdessen sitzt das ganze Team in einer Bürolandschaft, in der sich viele Leute Räume teilen müssen und wuselig zusammensitzen. Und zu alledem kommt, dass direkt unter der Fensterfront eine Autobahn verläuft, die man auch noch deutlich hört. Als Kind im Kindergarten hätte mir diese Autobahn unterm Fenster sehr gefallen, um die ganzen Autokennzeichen zu notieren und den Verkehrsfluss zu beobachten. Auch wenn ich jetzt wie früher am liebsten den ganzen Tag am Fenster stehen könnte, um die vorbeiziehenden Autos zu beobachten, ich kann und darf es nicht. Hier soll und muss ich für mein Geld was anderes arbeiten. Und dafür brauche ich Ruhe, absolute Ruhe. Es ist mir ein Rätsel, wie es die anderen schaffen, hier etwas zu produzieren. Oder tun die alle nur so, als ob? Wenn ich was zu sagen hätte, würde es solche gesundheitsschädlichen Sammelbüros überhaupt nicht geben. Das sogenannte Arbeiten im Autobahnbüro im Süden von Paris ist für mich reine Zeit- und Geldverschwendung. Aber die Manager scheinen das ganz anders als ich zu sehen. Sonst hätte man das Büro ja woanders untergebracht. Ich freue mich jedes Mal, wenn ich endlich da raus kann und zurück im Hotel bin.

In unmittelbarer Nähe des Hotels liegt zum Glück der Jardin du Luxembourg. Dort finde ich oft gärtnerisch grüne Entspannung. Manchmal gehe ich singend durch den ganzen Garten und genieße einfach diese grüne Oase der raschelnden Stille im ansonsten verkehrsverrauschten Paris. Oder gehe durch die urigen Gassen des Quartier Latin bis zur Notre-Dame, dem nullten Meilenstein, der im Boden vor dem großen Portal eingelassen ist. Von dort zählen alle Straßenkilometer französischer Routen.

Beim Anblick dieser Meilenursprungsmarkierung hänge ich meinen Gedanken nach.

Irgendwie spüre ich, dass es für mich trotz großer, fachlicher Erfolge im EH&S-Bereich keine wirkliche Chance gibt, die ganz große Karriere zu machen.

Zurück in Frankfurt suche ich daher das Gespräch mit Herrn Bach. Der schätzt meine Leistung, sieht auch, was ich für das EH&S geleistet habe, aber ich sei nun einmal nicht in einer Gruppe, deren Kompetenz der verantwortliche internationale Ausbau des Systems sei. Ich sei ein Baum, der anderen zu hoch geworden sei: »Je höher der Baum, desto neidischer der Wind!«, sagt er mir.

Im Gespräch stellen wir fest, dass meine Situation einem Sportwagen ähnlich ist, der auf der Überholspur ankommt, aber nicht vorbeigelassen wird. Nur wenn du die Fahrspur wechselst, kannst du überholen! Oder du nimmst eine andere Route! Oder lässt dich zurückfallen und genießt die Fahrt und die vorbeiziehende Landschaft! Oder wartest, bis der vor dir abfährt und du freie Fahrt hast! Es gibt viele Optionen, es ist meine Entscheidung. All diese Alternativen zucken wie neuronale Blitze durch meinen Kopf.

So komme ich zu dem Schluss, dass man mir auf internationaler Ebene zunehmend den Erfolg in Deutschland wegnehmen will. Ich sehe für mich also mittelfristig keine Zukunft mehr beim deutschen EH&S, die ich gestalten kann. Denn die Zukunft ist global. Wenn ich weiterhin in einer gestaltenden Rolle tätig bleiben will, muss ich mir entweder bald eine neue Funktion in der Software-Abteilung in der Deutschland-Organisation suchen oder mich einfach mal ganz offiziell global anbieten, ohne dass die mich vorher gefragt haben.

Damit die Firma endlich global von meinen Kenntnissen profitieren kann, bewerbe ich mich schließlich in der globalen Software-Abteilung für eine gestaltende Rolle für mein Thema EH&S. Denn das wäre sowohl für mich als auch für die Company die einzige Lösung, mein erarbeitetes Know-how weiterhin effektiv zu nutzen. Ich erhalte schon bald eine offizielle Einladung zum Vorstellungsgespräch. Das deute ich so, dass man an mir tatsächlich Interesse hat. Erwartungsvoll trete ich zum Termin an, der nur einige Gebäude weiter auf dem Gelände des Industrieparks stattfindet. Doch das Gespräch beginnt gleich nach der Begrüßung mit einem völlig unerwarteten Paukenschlag:

»Peter, we do NOT want to have a superstar like you in our team!«

Statt eines Angebotes oder zumindest einer Diskussion, wie man mich in das globale Team bringen kann, sagt mir der potentielle globale, dickstämmig gewachsene Chef, dass es kein Stil sei, die globale IT-Abteilung erst durch Erschaffung einer wettbewerbsfähigen nationalen Lösung zu deklassieren, um sich anschließend für diese Abteilung interessant zu machen. Ich mache ihm klar, dass ich nicht ein einziges Mal zu irgendwelchen Steuerungsgruppen-Meetings auf globaler Ebene eingeladen worden bin, demzufolge außer durch das Schaffen von Fakten keine Möglichkeit gehabt habe, mich zu präsentieren und zu zeigen, wer in der Firma zu diesem Thema Best-in-Class ist. Deswegen sei ich ja jetzt hier, um endlich an der globalen Stelle offiziell mitreden zu können, was man tun sollte und was nicht und warum. Dass in einem IT-Projekt nicht nur das große Ganze zählt, sondern Erfolg oft an kleinen Details hängt, dass Misserfolg in IT-Projekten oft der Vernachlässigung kleiner, aber wichtiger Details folgt. Details sind nicht selten bei IT-Projekten erfolgskritisch. Und den Blick für Details, die für das große Bild wirkungswichtig sind, den habe ich. Das ist eine meiner Stärken, die ich so gerne an höherer Stelle direkt einbringen möchte. Weil kleine Dinge mit großer Wirkung gerne vom Management übersehen werden.

Aber letztendlich bekomme ich keine Chance, führender Teil des internationalen Teams zu werden. Man stimmt mir zu, dass ich fachlich hervorragende Resultate erzielt habe, dass man mich jetzt brauche, um das, was ich erschaffen habe, auf die globale Ebene zu kopieren. Aber nicht, indem man mir die Verantwortung dafür überträgt, weil ich menschlich für eine international bestimmende Gestaltungsrolle nicht weit genug entwickelt sei. Mein Umgang mit den Menschen sei nicht akzeptabel. Warum?

Da muss ich an die Ingenieursfrau aus dem Film »Schindlers Liste« denken. Andere greifen sich anscheinend gerne ab, was ich an Innovation schaffe, aber alle darüber hinaus gehenden Lorbeeren, die ernten immer wieder andere. Und wenn ich dann in Veröffentlichungen deutlich mache, wer für das Rudel im schärfsten Winter die Beute gefunden hat, so wie es einer in dem Selbsterkennungsseminar wörterte, dann heißt es, du willst dich ja nur in den Vordergrund spielen. Dann wird auf einmal die Neidkarte gezogen. Es muss doch erlaubt sein, zu sagen, wer Mist gebaut hat. Nur so kommt man doch weiter. Nur so verhindert man doch, dass man noch mehr in die falsche Richtung investiert. Nur so verhindert man doch unnütze Kosten.

Wieder zurück in meinem Büro, suche ich erneut das Gespräch mit Günter Bach und sage ihm geradeheraus, dass mir die Lust vergangen ist. Dass ich mit dem EH&S nichts mehr zu tun haben möchte. Warum ist es möglich, im Sport oder in der Musik allein mit sportlichen beziehungsweise musikalischen Glanzleistungen auf der Bühne des Erfolges stehen zu dürfen, aber hier nicht? Warum spielt auf einmal hier das für mich unbegreifliche Zwischenmenschliche so eine wichtige, kriegsentscheidende Rolle? Wenn Michael Schumacher ein Formel-1-Rennen gewinnt, wenn Boris Becker ein Match gewonnen hat, wenn Michael Ballack Tore schießt, dann jubeln alle. Was hinter den Kulissen los ist, weiß keiner. Ist auch nicht wichtig.

Aber mir dämmert, dass das vielleicht doch die entscheidende Rolle spielt. Dass die auch alle nur so weit gekommen sind, weil sie vorher, sozusagen unter Ausschluss der Öffentlichkeit, diese komische Hürde mit dem Menschlichen genommen haben. Denn um im Sport groß rauszukommen, um eine Plattenfirma zu finden, braucht man »Connections«. Es könnte sein, dass auch in diesen Bereichen das Können allein nicht reicht. Dass diese Stars einfach nur menschlich kompatibler sind als ich. Dann aber wäre meine menschliche Nichtkompatibiliät eine Behinderung, die schwerer wiegt, als ein körperlicher Krüppel zu sein. Wenn man zum Beispiel nur ein Bein hat, kann man wenigstens noch Karriere machen. Und man darf den Behindertenparkplatz beim Supermarkt nutzen. Wenn man aber den zwischenmenschlichen Code nicht beherrscht, der anscheinend kulturunabhängig weltweit gleich ist, auch in China und in Papua-Neuguinea, dann wird man frustreich benachteiligt, weil die Intelligenz verschattet wird. So wie der Mond bei einer totalen Sonnenfinsternis im Weg des Lichtes der Sonne zur Erde steht.

Wenigstens habe ich privat alles im Griff. Beharrlich verfolge ich meinen Plan vom eigenen Haus mit großem, grünem Garten. Bisher schlugen alle Versuche fehl, in der bisherigen, klimabegünstigten Wahlheimat, dem Melibokusland, wie ich die Gegend um Nauheim bei Groß Gerau nenne, ein eigenes Heim zu erwerben. Viele Objekte haben wir uns angeschaut, auch mit einem Makler. Als dieser uns nach etlichen vergeblichen Kaufangeboten sagte, das Haus, das wir suchen, würde gar nicht erst bei einem Makler angeboten werden, sondern würde unter der Hand weggehen, ziehe ich in Erwägung, in Andorra State, meiner Heimat aus Jugendtagen zu bauen. Einziges Problem dabei: Es gibt für die Stelle, wo das Haus hinsoll, keinen gültigen Bebauungsplan. Noch nicht.

Begeistert von meiner Idee frage ich Günter Bach, ob ich, sofern mir die entsprechende bauliche Genehmigung für mein eigenes Haus erteilt wird, dann auch von zu Hause aus arbeiten kann. Weil dann die Entfernung etwa 350 Kilometer betragen würde und das für mich familientechnisch nur Sinn macht, wenn ich dort nicht nur an den beiden Wochenendtagen bin. Er sagt mir, dass Homeoffice grundsätzlich kein Problem sei, solange sich das auf einen oder zwei Tage in der Woche beschränkt und ich den Kontakt zu den Kollegen durch Anwesenheit in Frankfurt auch pflegen würde, soweit dies für die Lösung der anstehenden Aufgaben erforderlich ist. Außerdem müsse natürlich dafür ein entsprechender Raum im Haus vorhanden sein, in dem man ungestört arbeiten kann.

Dann könnte ich nämlich tatsächlich in Gadenstedt wohnen und in Frankfurt arbeiten, wobei ich mir dann eine Art Pensionszimmer für die Nächte in Frankfurt mieten würde. Das benötigte, angemessene Arbeitszimmer werde ich zu gegebener Zeit in die Grundrissplanung aufnehmen. Als ich darüber mit Kollegen rede, geben die mir das Feedback, dass ich das vergessen könne. Wo es keinen Bebauungsplan gibt, kann man auch nichts bauen. So einfach sei das. Wieder einmal muss ich mich selber motivieren, kann nicht auf Hilfe von außen bauen, zu ungewöhnlich scheint mein Vorhaben für die anderen zu sein. Wieder einmal muss ich an mich glauben, dass ich neue Wege finden werde.

Der Architekt im Leuchtturmteam

Es gibt Berge, über die man hinüber muss, sonst geht der Weg nicht weiter. Diese indische Weisheit half mir schon oft, mir den entscheidenden Tritt in den eigenen Hintern zu geben. Doch diesmal liegt in meiner Lebenslandschaft vor mir ein großer Fluss. Um ans jenseitige Ufer zu kommen, musst du den Fluss durchqueren, sage ich mir. Gehe dafür gegen den Strom ins Wasser und setze bei jedem Schritt den Fuß seitlich, nicht geradeaus, um nicht abzudriften. Denn manchmal ist es hilfreich, das genaue Gegenteil von dem zu tun, was man erwartungsgemäß tun würde, um seinen Weg einzuhalten. So wie man ja auch nach links lenken muss, um bei hoher Geschwindigkeit auf glatter Straße driftend nach rechts um die Kurve zu fahren.

Henry Ford sagte einmal: »Wer immer tut, was er schon kann, bleibt immer das, was er schon ist.« Und das stimmt genau.

Wieder muss ich an die Oak Alley Plantation denken. Die tolle Allee am Mississippi. Ich habe der Company mit meinem EH&S so eine Allee gepflanzt. Aber ich werde sie nie in voller Pracht erleben. Zögernd bietet mir Günter Bach an, statt des EH&S zukünftig an der Entwicklung von global ausgerichteten IT-Lösungen für die Marketingabteilung mitzuarbeiten.

Im Rahmen der konzeptionellen Projektarbeit erfinde ich als Allererstes unser eigenes Projektlogo mitsamt Bezeichnung: das Leuchtturmteam! Man soll sehen, wo es langgeht. Mit unserer Hilfe. Als Motivation und für den Spaßfaktor schreibe ich sogar einen Song. Es entsteht der Lighthouse-Team-Song mit dem einprägsamen Refrain: »Come on and join the winning team, and share with us our growing dream.«

Das Team ist international und hält regelmäßige Meetings per Videokonferenz ab. Während einer Meetingpause trage ich meinen deutschen Mitstreitern den ausgedachten Song vor – und ernte plötzlich Beifall aus aller Welt. Denn weder der Ton noch die Kameras sind ausgeschaltet, was ich nicht wusste. Ich fühle mich ertappt. So war das gar nicht gedacht, eher ein wenig Spaß zum ernsten Spiel. Aber mit diesem Einstand nimmt man mich, den Neuen, als den kreativen und lustigen Typen wahr. Ich scheine richtig beliebt zu sein.

Doch die ersten Rückschläge lassen nicht lange auf sich warten. Denn leider werde ich wieder in ein Büro gesetzt, das ich mir mit jemandem teilen muss. Aber das ist immerhin ein Mensch, der weitestgehend ruhig vor sich hin arbeitet. So wie ich. Der stört mich sogar überhaupt nicht. Vielmehr stört mich, dass das Büro mit Möbeln vollgestellt ist. Dass da kein Platz ist, um mal laut denkend herumzulaufen.

Da mir das Projekt nicht zügig genug an Höhe gewinnt, zu viele Abstimmungen und Abhängigkeiten zu beachten sind, die ich nicht unter eigene Kontrolle bringen kann und darf, betrachte ich den augenblicklichen Job nur als Transitverantwortung. Denn ich brauche unbedingt eine Tätigkeit, egal was, bei der ich endlich ganz offiziell mein eigenes Büro mit klar abgegrenztem eigenem Kompetenzbereich habe, wo ich etwas Nutzenbringendes gestalten kann.

In dieser Zeit zeichnet sich eine Übernahme durch die Firma Sanofi-Synthelabo aus Frankreich ab. Damit würden wir endgültig zu einer französischen Firma werden. Wieder einmal bin ich kreativ, werden in der Übernahmeschlacht die Waffen der Kreativität gewetzt. »Hände weg von Aventis«, zu diesem Motto des Betriebsrates schreibe ich innerhalb kürzester Zeit schnell einen spaßigen Song zusammen. Ein Arbeitskollege findet die Idee »hammer«, das Ding erscheint tatsächlich als CD und wird vom Betriebsrat verbreitet. Sogar ins »Handelsblatt« bringt es dieser musikalische Appell. Doch ernsthaft aufhalten kann er die kommende Übernahme von Aventis durch Sanofi wohl nicht. Wer weiß, wozu es gut ist.

Ich nutze die Chance und studiere wieder interne Stellenausschreibungen, um in dem aufziehenden Wind der Veränderung vielleicht einen auf mich besser passenden Platz zu finden. Dabei stoße ich schließlich auf eine Position im globalen Umfeld, das mich ja beim EH&S nicht haben wollte. Vielleicht kann ich dort auf andere Weise doch noch helfen, die meist sehr an der Tagespraxis orientierten Sichtweisen der Anwender in den lokalen Organisationen mit den globaleren, strategischen Sichtweisen des Managements in eigenen Visionen als Software-Architekt zusammenzubringen.

Es gelingt mir diesmal tatsächlich, im internen Casting mehrere

Franzosen unter der Führung von einem freundlich zuvorkommenden Pascal zu überzeugen, auf mich zu setzen. Auch sei es grundsätzlich kein Problem, einmal in der Woche Homeoffice zu machen. Die meisten Kollegen im Team würden ohnehin in Paris sitzen. Und da sei es im Prinzip auch egal, ob ich mich von zu Hause oder von Frankfurt aus per Telefonkonferenz zuschalte oder per Mail kommuniziere.

Nur wenige Wochen später habe ich einen neuen Chef. François heißt er. Ein Franzose. Er ist »le Patron«. Ein konservativer, kantigkarger, klassisch gekleideter Mann. Meinen Chef finde ich nun nicht mehr auf demselben Gang im Gebäude wie bisher, sondern in Paris. Auf meiner neuen Visitenkarte steht nun statt »Key Account Manager« die Bezeichnung »Senior Enterprise Architect«. Und ein neuer Firmenname: Sanofi-Aventis.

Ich sitze in Frankfurt ab jetzt in einem anderen Gebäude. Und endlich wieder im eigenen Büro. Das ist diesmal auch vom Mobiliar her ein richtiges Einzelbüro. Von einem Kollegen, der die Abteilung gewechselt hat, erhalte ich eine ausrangierte, riesige Weltkarte. Diese hängt nun wandfüllend hinter mir. Auf ihr habe ich mit rotem Wachsmalstift alle Strecken eingetragen, die ich auf der Erde bereits auf dem Landweg erlebt habe. Fortan glückt mich diese Karte stets, wenn ich ins Büro komme. Wie Hintergrundmusik spulen sich immer wieder gerne Erinnerungen an die gesammelten Strecken ab. Und liefern so Inspiration für meine Arbeit.

Ich gehöre nun zu einem internationalen Team aus französischen, deutschen und amerikanischen Kollegen. Und wir haben alle Pascal als teamübergreifenden Gruppenchef. Motiviert versuche ich, meine neue Position mit eigenen Initiativen auszufüllen. Aber auch hier werden innerhalb weniger Monate neugute Zeiten zu altguten. Die latenten Probleme im zwischenmenschlichen Umgang holen mich bei aller fachlichen Stärke ein. Ich beginne schlussendlich zu begreifen, dass eine signifikante Karriere in Richtung höheres Management für mich irgendwarum in diesem Leben nicht sein soll.

Ich fühle mich immer mehr wie ein Nomade, der immer weniger frei durch das Land ziehen kann. Mir kommt das Leben vor, als ziehe man immer mehr Zäune, die meine Art zu leben zerstören. Immer mehr Richtlinien und Gesetze, die alles regeln sollen, auch das Unregelbare. Und dort, wo Regeln angesagt wären, da kommen keine. Zum Beispiel klare Kriterien für die Karriere.

Als Gastarbeiter in Deutschland

In der Zwischenzeit hat sich tatsächlich die Gelegenheit ergeben, in der Heimat, in Andorra State, ein Haus bauen zu dürfen. Die zuständigen gemeindlichen Gremien haben zugestimmt und einen Bebauungsplan aufgestellt, der genehmigt worden ist. Damit ist der Weg frei für das eigene Reich.

Der Hausbau in Gadenstedt findet in enger Zusammenarbeit mit einer lokalen Baufirma durch mein Projektfernmanagement statt. Nur zu regelmäßigen Statusüberprüfungen und wenn wichtige Baufortschritte komplettiert sind, autobahne ich mit der Familie nach Gadenstedt. Allen Unkenrufen zum Trotz klappt das. So lerne ich, dass man nicht wirklich anwesend zu sein braucht, um ein Projekt zu managen. Das gibt mir die Zuversicht, dass ich auch nach dem Einzug erfolgreich von zu Hause aus für die Firma arbeiten kann. Mein geografisch-beruflicher Erfahrungshorizont reicht mittlerweile weit über Europa hinaus bis in die Sahara und nach Grönland. Und ich befinde mich auf bestem Wege, anderskontinentale Erfahrungen zu sammeln. Am 31.07.2004, einem zahlenbunten, blaugelbgrünen Tag, wird aus den States of Japetus on Earth, wie ich als Kind meine irdische Kolonie einer erdfernen Welt nannte, Geolucia. Das Licht gewordene Gebiet auf der Erde, in dem meine Regeln gelten. Aus Andorra State wird »Silencia«, so nenne ich das neue Haus. Ein kleines Grillfest auf der baustelligen Terrasse am Rohbau begründet meine neue irdische Basis, meine Oase der Ruhe.

Noch vor Ablauf des Jahres 2004 ziehen wir vollständig in unser neues Heim. Gerade noch rechtzeitig zu Weihnachten. Rockin' around the Christmas tree und Camping im eigenen Haus. Weil die allermeisten Möbel erst nach Weihnachten per Umzugslaster nachkommen.

Zum Einzug erhalte ich von der Baufirma einen großformatigen Kalender. Darauf steht ein Spruch, der mich weiter motiviert, das Leben trotz aller Schwierigkeiten positiv anzugehen: »Wer fest an sich glaubt, dem öffnen sich alle Möglichkeiten!«

Das große und teure Projekt »Hausbau« habe ich stets vollständig unter meiner Kontrolle gehabt. Die Zusammenarbeit mit der Baufirma klappte hervorragend, alle im Vertrag vereinbarten Merkmale wurden fristgerecht und gut abgeliefert, geringe Nachbesserungswünsche sofort und problemlos erledigt. Nun heißt es abzahlen, abzahlen, abzahlen. Und genießen, genießen, genießen.

Doch wirkliche Ruhe will auch im eigenen Haus nicht einkehren. Weil das Licht, das meine zwei kleinen Kinder, so niedlich und liebenswert sie auch sind, ins Haus bringen, manchmal zu grell wird. Wenn sie mir immer wieder den Tagesablauf zerstören, immer wieder herumlärmen und emotionale Kontakte einfordern, die ich ihnen so nicht liefern kann, wie sie das erwarten. Trost, wenn sie mal gefallen sind. Sich mit ihnen zusammen über etwas freuen, was mich gar nicht weiter anspricht. Beispielsweise ein Märchenbuch. All das überfordert mich regelmäßig. Ich finde das schade, kann es aber nicht ändern. Und wenn ich es versuche, heißt es, das käme aber nicht von Herzen.

Immerhin habe ich im eigenen Haus auch meinen eigenen Raum. Das Arbeitszimmer. Das fehlte in Nauheim. Und darin mache ich ab sofort in der Regel einen Tag in der Woche Homeoffice. Ebenso an Brückentagen oder zwischen Weihnachten und Neujahr, sofern ich keinen Urlaub genommen habe. Damit habe ich weitere wichtige Rückzugsmöglichkeiten zur Regeneration erworben. Ganz nebenbei stellt sich heraus, dass ich alle konzeptionellen Tätigkeiten von zu Hause aus sogar besser und effektiver erledigen kann als im Büro in Frankfurt, wo ständig die Klimaanlage rauscht. Außerdem bin ich in meiner gewohnten Umgebung.

Allerdings warten mit der neuen Heimat in Silencia neue Herausforderungen auf mich. Denn nun, da ich nicht mehr unter der Woche zu Hause bin, wo mein Gnubbelchen kocht, muss ich in Frankfurt wieder in die Kantine gehen. Ich entdecke bald eine Lösung: Ich besuche die Kantine grundsätzlich am Schluss der Essenszeit. Denn dann gibt es keine Schlangen und keinen schallenden Lärm mehr. Ich kann immer sitzen, wo ich möchte, da es genug freie Plätze gibt. Damit wird die Kantinenzeit tatsächlich zur Pause. Nur alleine essen ist Genuss.

Von zu Hause bringe ich nun immer einen Vorrat an Obst mit, das ich stets wohl und übersichtlich geordnet auf dem im Büro stehenden kommodenartigen Schrank ablege. So bekomme ich mit, welches Obst wann dran ist, gegessen zu werden. Ein Problem gibt es noch mit dem Kantinengang: das Wetter. Ich hasse Regen. Schade, dass Deutschland nicht in einer trockenen Gegend liegt. Besonders an labil wolkigen Tagen muss ich immer erst das Niederschlagsradar im Internet abrufen, um festzustellen, ob und wann es möglich ist, trocken hin- und zurückzukommen. Denn auch das Tragen von Schirmen mag ich nicht. Nur wenn es einigermaßen trocken ist, trete ich den mittlerweile gewohnten Weg zur Kantine an.

Ein anderes Problem ist das Zugfahren. Das Ausgeliefertsein, wenn der Fernzug nicht kommt. Ich hasse es, zu spät zu kommen. Sowohl auf dem Hinweg zum Dienst als auch auf dem Rückweg, wenn man endlich wieder nach Hause darf. Wenn ich dann in Frankfurt am Bahnsteig stehe, kostet fast jede Minute, die der Zug zu spät einfährt, einen Fingernagel. Das Abreißen der Fingernägel war seit jeher, ist immer noch und bleibt wohl ewiglich Blitzableiter Nummer eins für Stress.

Als ich früher mit dem Wagen gependelt bin, hatte ich selbst bei Stau immer das Steuer selbst in der Hand. Ich sah, was los war. Und konnte reagieren. Die Fahrbahn oder Route wählen, die ein Vorankommen versprach. Anders beim Zug. Während ich auf den Zug warte, blicke ich oft auf das Weichenvorfeld. Nicht von jedem Bahnsteig kann man die Gleise erreichen, die schließlich den Weg zur und über die Mainbrücke nehmen. Ja, nicht nur am Bahnhof, nein, auch im richtigen Leben bestimmen die Startbedingungen und vorhandene Vernetzungen, auf welchem Weg man wohin kommen kann oder nicht.

Wenn mein Zug dann endlich gekommen ist, wartet der nächste Stress: das Einsteigen. Ich kann es nicht ertragen, wenn alle ungeordnet einsteigen. Daher stehe ich nach Möglichkeit an der richtigen

Stelle, um einer der Ersten zu sein. Und wenn mich dann Menschen unsanft berühren, kommt es schon einmal vor, dass meine Arme und Beine reflexartig alles wegdrücken und wegtreten, was mir zu nahe kommen will. Der Stress ist erst vorbei, wenn ich sitze. Am liebsten wäre es mir, ich hätte so eine Karte, die mir Vorrechte gewährt, wie Behinderten, die vorm Supermarkt auch nahe an der Tür in der ersten Reihe parken dürfen. Denn augenscheinlich habe ja immer nur ich diese Unerträglichkeitsprobleme in einer Menschenmenge. Sicherlich ist diese Situation für alle unangenehm, alle würden gerne als Erste einsteigen, nur für die anderen scheint es weitaus weniger Folgewirkungen zu haben. Mein Verhalten wird von den anderen wieder einmal völlig zu Unrecht als Egoismus wahrgenommen. Dabei ist es für mich reinster Überlebenstrieb, mehr nicht.

Sobald der Zug endlich losgefahren ist, klappen immer mehr Menschen ihre Laptops auf und beginnen im fahrenden, schaukelnden, ratternden Zug zu arbeiten.

Ich habe das mehrfach ebenfalls versucht. Vergebens. Da kommt bei mir nichts Vernünftiges bei heraus. Nur Mehrarbeit. Ich bewundere die Menschen, die im Zug noch geistig arbeiten können. Ich könnte mich bei all dem Gewusel überhaupt nicht konzentrieren.

Und wenn es dann dazu noch kommunikative Probleme in der Firma gab, dann bin ich vermutlich der Einzige im ganzen Zug, der gerade hofft, dass der ICE doch endlich entgleisen möge, damit das manchmal unerträgliche Berufsleben, das völlig nebulöse, nicht durch Fakten, sondern durch unmessbare Befindlichkeiten und Emotionen geprägte Erfolgskriterien hat, endlich vorbei ist. Denn irgendwie scheine ich wie Andy Holzer, der als Blinder die Gipfel der Welt besteigt, die Berge des Berufslebens blind besteigen zu wollen. Es gelingt, aber zu einem vielleicht doch zu hohen Preis. Manchmal würde ich mich am liebsten zurückziehen, doch die Rente, die ich dann kriege, würde für das, was ich noch machen will, nicht reichen. Oft bleibt die Erinnerung daran, was mir alles an Reisen und Erlebnissen entgehen würde, die einzige Motivation, aus dem Stimmungstief wieder herauszukommen.

Das Zusehen, wie mich mit zunehmendem Alter immer mehr Kollegen karrieretechnisch überholen, nicht nur hier in der Firma, sondern auch im Bekanntenkreis oder bei den ehemaligen Kollegen bei der BGR, schmerzt auch sehr. Ich bin nicht neidisch, sondern frage mich, was mit mir bloß verdammt noch mal nicht stimmt. Warum würdigt niemand meinen Output so, dass ich eine Position erhalte, auf der ich wirklich rein auf der Basis sachlicher Informationen etwas zum Wohl der Firma bewegen könnte? Was haben die alle zwar nicht offensichtlich, aber latent gegen mich? Was steht da bloß im Weg? Warum gibt es immer wieder dieses Gefühl der Mauer?

Es gibt Tage in der Firma, da muss ich stundenlang auf das Niederschlagsradar im Internet schauen, das ich dann wie einen anregenden Bildschirmschoner lade. Vor allem dann, wenn eine gewaltige Front über Deutschland zieht oder viele gelbrot gekernte Gewitterzellen plötzlich platzregnend aufpoppen, langsam weiterziehen und sich dann woanders wieder verlieren. Das Niederschlagsradar beruhigt und tröstet mich.

Der Berg ruft zum Tanz mit DJ Ötzi

Meine Stelle als »Senior Enterprise Architect« ist zwar keine Führungsrolle, aber sie macht dennoch Spaß. Weil es eine hochwertige Spezialistenstelle ist.

Dienstlich bin ich mittlerweile im Schnitt zweimal im Monat für mehrere Tage in Paris. Im Gegensatz zu meinen ersten sporadischen Besuchen habe ich dort nun auch je nach Verfügbarkeit ein eigenes Büro, wenn ein französischer Kollege mal abwesend ist. Mein Arbeitsplatz ist nun in einem anderen Gebäude als damals in dem EH&S-Projekt. In einem anderen Stadtteil von Paris. Eine vergleichsweise sehr ruhige Gegend. Fern aller Autobahnen. Und dadurch kann ich endlich auch in Paris vernünftig arbeiten.

In Frankreich bin ich außerdem wie schon in Papua-Neuguinea »Alien per Pass«. Die natürliche Barriere durch Sprache und Kultur tarnt meine Andersartigkeit, zumindest teilweise. Insofern scheint hier die zwischenmenschliche Zusammenarbeit mit meinen Kollegen sogar besser als in Deutschland zu klappen.

In der Kantine finde ich mit meinen französischen Kollegen sogar gelegentlich Spaß. Weil ich mal wieder mein Französisch polieren kann. Und wenn es mit dem Small Talk dann doch nicht klappt, schmeckt hier wenigstens das Essen. Ja, kochen können die Franzosen. Schon allein deswegen ist die Kantine hier ein Muss und ein Genuss.

Nach Feierabend mache ich mittlerweile oft Sightseeing im Schnelldurchlauf. Dann sporte ich in kurzknappen Klamotten kilometerlang kreuz und quer durch Paris. Fast immer auch entlang der breiten Champs-Élysées bis zum Arc de Triomphe und auf einer anderen Route am Eiffelturm vorbei zurück zum Hotel.

Zum Berufsalltag in der Firma gehören auch hin und wieder Events wie Sommerfeste, bei denen man alle möglichen Spiele zur Teambildung macht, bevor es das große gemeinsame Essen gibt. Oder die alljährlichen Weihnachtsfeiern, die man sich auch sparen könnte. An den Tischen halte ich entweder Vorträge oder rede so gut wie gar nicht. Meinen Spaß an solchen Veranstaltungen finde ich meist erst nach einer längeren »Anlaufphase« oder auch nie. Aber ich bin immer dabei, denn ich möchte dazugehören, sehen und gesehen werden.

Zu meinen Aufgaben als »Senior Enterprise Architect« gehört es auch, Kongresse mit dem Schwerpunkt SAP-Software zu besuchen, auf denen die neuesten Entwicklungen präsentiert werden. Und stets gibt es an einem Tag auch ein Abendprogramm, damit man sich in entspannter Atmosphäre mit den Leuten austauschen kann. So versuche ich, im anstrengenden Gewusel der Leute auch meinen Spaß zu finden.

Zum Beispiel einmal bei einer Bauernolympiade. Beim Bullenreiten. Im Rodeoring. Das spaßte besonders, weil ich irgendwann raushatte, wie die Maschine funktionierte, wann ich mit welchen Stößen rechnen musste, und ich mich kurz vorher entsprechend in den Sattel hing und festhielt. Ich war einer derjenigen, die sich mit am längsten auf dem störrischen Bullen halten konnten. Dafür kassierte ich große Bewunderung: »Peter, das hätten wir dir gar nicht zugetraut!«

Anscheinend habe ich nach außen hin so eine behindernd wirkende Aura, und wenn man mich dann kennenlernt, kommt eine Überraschung nach der anderen. Auch wenn ich den Leuten erzähle, wie ich in der Welt herumreise, habe ich im Nachhinein schon oft gehört: »… und ich dachte, du erzählst uns da Märchen. Ich hätte nie gedacht, dass du das wirklich gemacht hast!«

Auch beim 15-jährigen Abitreffen vor ein paar Jahren wunderte man sich wiederholt über mich. »Waaaassss, deeerrr?«, hieß es, als bekannt wurde, dass ich eine Familie habe. Und fast ebenso verwundert war man über meinen Berufsweg. Man habe sich gar nicht vorstellen können, dass ich irgendwo in einer Firma arbeiten könnte. Vielmehr habe man mich entweder in der Forschung als angehenden »zerstreuten« Professor gesehen oder aber als irgendeine Art von Künstler, aber auf jeden Fall nicht als normalen Arbeitnehmer.

Im nächsten Jahr finde ich wieder meinen Spaß auf so einem SAP-Kongress. Und der steht unter dem für mich hochinteressanten und vielversprechenden Motto »Der Berg ruft«. Ich habe mir mehr noch als letztes Mal auch diesmal vorgenommen, mir alles zuzutrauen, was da geboten wird. Auch das, was für mich als völlig unmöglich gilt. Damit ich spüre, dass ich dabei bin, dass ich dazugehören kann. So stürme ich nach dem Essen die gefährlich aussehende, senkrechte, hohe Kletterwand hoch. Mein Motto ist ganz einfach: »Die würden hier so etwas nicht hinbauen, wenn es wirklich gefährlich wäre.«

Da ich sehr gerne tanze, begebe ich mich in Richtung fetziger Musik. Dort stehe ich am Rand der Tanzfläche. Starr sinnierend. Ich muss an das Physiker-Fasching aus dem Studium denken. Damals hatte ich keinen wirklichen Zugang zum tanzenden Gewusel. Und wunderte mich über den Spaß, den die anderen hatten. Diesmal ist es ganz anders. Ich will Spaß, muss dafür aber immer noch diese innere Blockade überwinden, den Rhythmus finden. Sogar im Wortsinne. Und die Zeit läuft! Jede Minute, die du brauchst, den Zugang zum Spaß zu finden, ist eine zu viel, die du deiner Lebensfreude nimmst!

Jetzt bloß nicht warten, bis ein meiner Meinung nach passender Einstiegsmoment kommt!, sporne ich mich selbst an. Sondern einfach rein und los! Auch wenn das hier kein Paartanz ist, auch wenn das Überwindung fordert. Zögere nicht, sonst ist das Rennen gelaufen, bevor du gestartet bist. Geh auf die Fläche und tanze!

Es ist voll, voller und am vollsten. Ich entdecke eine runde, freie, erhöhte Fläche in der Mitte des Raums. Darauf steht der Sänger mit einer weißen Sockenmütze. Ich genieße die Freiheit, neben ihm frei von Berührungen zu tanzen. Ich falle in Trance. Bis ich vor mir ein Mikrofon erblicke. »Sing!«, fordert mich der Sockenmützentyp scharf auf. »Anton, Anton, Anton aus Tirol«, hauche ich raus. Mehr schaffe ich nicht. Dann zieht er das Mikro weg. Und ich kann wieder unbehelligt neben ihm tanzen.

»Sag mal, machst du das immer so? Einfach auf der Bühne tanzen?«, fragen ein paar Leute aus der SAP-Anwendergruppe.

»Wieso, da war Platz! Und nicht so ein Gedränge!«

»Sag mal, weißt du eigentlich, mit wem du da gerade vor versammeltem Publikum aufgetreten bist?«

»Nee, der Typ hat sich bei mir nicht vorgestellt!«

»Na, wer singt denn den ›Anton aus Tirol‹?«

»DJ Ötzi?!«

»Ja, genau der!«

Ungläubig stehe ich da. Bis ich innerlich über mich selbst erschrocken bin. Ja, er ist es. Ich habe mit DJ Ötzi getanzt – und wusste davon selber nichts. Ich schaue mir den Sockenmützentyp an und kann es wieder einmal nicht fassen. Ja, jetzt sehe ich es auch. Manchmal ist es gut, naiv zu sein. Naivität eröffnet Routen, die andere nicht mehr sehen.

Die Urlaubsblockade

Beim nächsten Zielvereinbarungsgespräch überrascht mich François mit einer merkwürdigen Vereinbarung: »respect for delay«. Respektiere die Verspätung, das ist das, was bei mir ankommt, es darf auch mal später werden. Ich solle doch einfach mehr Gelassenheit haben und lernen, dass es doch nicht so schlimm sei, wenn man mal Meilensteine nicht einhalten könne. Das sei im Tagesgeschäft sogar der Regelfall. Projektpläne seien Pläne und nicht die Realität. Ich bin irritiert, aber das könnte natürlich erklären, warum andere viele Dinge nicht so tierisch ernst nehmen. Anscheinend habe ich solche Pläne wie viele andere Dinge auch viel zu wörtlich genommen. Ich freue mich über die Druckentlastung, weiß aber jetzt nicht mehr so genau, wann ein fachliches Ziel als rechtzeitig und im Rahmen erreicht gilt und wann nicht. Alle Klarheiten der Projektpläne sind beseitigt. Es scheint egal zu sein.

Im September 2006 erfahre ich von einer tollen Möglichkeit, im Mai 2007 weitere viele tausend noch lückende Kilometer der legendären Seidenstraße zu schließen. Es gibt eine günstige Gelegenheit, die Strecke von Schiras im Iran via Isfahan und Teheran, durch Turkmenistan, via Chiwa und Buchara bis nach Samarkand in Usbekistan zu erleben. Eine Gelegenheit, die so nicht wiederkommen wird. Eine Gelegenheit, doppelten Urlaub zu bekommen. Von der Firma und von den Kindern, damit ich mich anschließend auf beides wieder freuen kann. Schon am nächsten Tag frage ich François, ob etwas dagegenspricht, für diese Zeit etwa vier Wochen Urlaub zu nehmen. Seine Antwort ist: »Grundsätzlich ist das in Ordnung. Wir wissen natürlich jetzt noch nicht, was nächstes Jahr ist.«

Damit betrachte ich den Urlaub als genehmigungsfähig, denn innerhalb des Teams bin ich der Erste, der für diesen Zeitraum eine Anfrage gestellt hat. Auch dringende betriebliche Belange werden nicht dagegensprechen, da ich konzeptionelle Projektarbeit mache, die kaum als dringender betrieblicher Belang mit existenzieller Bedrohung gelten wird.

Als ich die Reise so weit organisiert und gebucht habe, bitte ich per elektronischen Urlaubsantrag François um die aktenkundige Genehmigung des nunmehr genau feststehenden Reisezeitraums als Urlaub. Doch die Genehmigung, die nur einem Mausklick auf dem Formular bedeutet, trifft bis zum Abend des nächsten Tages nicht ein. Den ganzen Abend mache ich mir zu Hause Gedanken, was da wohl nicht in Ordnung sein könnte. Mein Gnubbelchen meint nur, da gebe es sicherlich wichtigere Dinge für François. Mag ja sein, aber es ist für ihn doch nur ein klitzekleiner Mausklick.

Ich kann nicht mehr ruhig schlafen, weil ich eine Reise in einem zwar zugesagten, aber noch offiziell ungenehmigten Zeitraum gebucht habe.

Wieder einmal kommt es zu einem kommunikativen Konflikt, der so unnötig ist. Denn auch in den nächsten Tagen trudelt keine Genehmigung ein. Auf nachfassende E-Mails reagiert François leider nicht, und telefonisch lässt er sich auch nicht erreichen. Warum kann der Typ nicht einfach diesen Urlaub genehmigen, denn es gibt einfach nichts, was dagegenspricht, das jetzt offiziell zu tun! Ich verstehe das alles nicht. Ein Kollege meint, das seien Machtspielchen. Das wären dann aber teure Machtspielchen. Denn es ist ja das, was ich ihm liefern soll, was durch diese Aktion jetzt liegen bleibt. Es würde ja auf ihn als Manager zurückfallen. Das wäre ein ganz großes Eigentor, mich demotiviert und vor allem in einer Vollblockade allein stecken zu lassen.

Ich kann aus welchen Gründen auch immer nicht parallel weiterarbeiten, während ich gelassen darauf warte, dass diese Genehmigung noch rechtzeitig eintrudeln könnte. Alle Kollegen behaupten, das würde der immer so machen und es habe noch nie ernste Probleme gegeben. Seit einer Woche bin ich nicht in der Lage zu arbeiten. Seit einer Woche dreht sich alles nur um diese Geschichte mit der Urlaubsgenehmigung. Ich schaffe es einfach nicht, meinen Kopf auf etwas anderes zu fokussieren, weil er nicht frei ist, weil das wie ein rauer, kantig-schwerer Betonklotz auf mir lastet.

Ich bin wie ein zu voller Arbeitsspeicher im PC. Ich werde immer langsamer und ineffektiver, bis ich mich schließlich festfresse, wie ein Computer, der sich aufhängt. Die ganze Zeit rattert es im Kopf auf der Suche nach Verteidigungsstrategien, weil ich mich in meinem Sein bedroht fühle. Das kostet Arbeitsspeicher und CPU-Leistung. Und geht so lange, bis ich mich auf gar nichts mehr konzentrieren kann. Dann gehe ich raus, setze mich auf die Bank am teichgrünen »pond of inspiration« und hoffe auf einen erfolgreichen Neustart der Hirnfunktionen durch das Einatmen frischer Luft.

Immerhin gelingt es mir endlich nach einem geistigen Neustartversuch, einem Reboot meines neuronalen Computers unter der Schädeldecke, François telefonisch zu erreichen. Am anderen Ende der Leitung sendet eine laute Stimme in mein Ohr: »Peter, das ist keine Art, mir einfach so eine elektronische Urlaubsanfrage ohne weitere Kommentare zu schicken. Das kann ich jetzt nicht genehmigen. Außerdem weiß ich ja gar nicht, was bis dahin passiert.«

»Sie haben das bereits mündlich für okay befunden. Ich habe da jetzt eine Reise nach Iran und Usbekistan gebucht und ich muss jetzt wissen und nicht erst nächstes Jahr, ob das okay ist, denn noch kann ich da kostenlos zurücktreten. Aber nur noch wenige Tage. Diese Strecke ist schwer zu organisieren und so eine Chance, auf diese schwierige Strecke zu gehen, kommt nicht gleich wieder. Das ist wie eine plötzlich auftauchende Brücke über einen Fluss, den ich sowieso queren wollte, wer weiß, ob und wann die nächste kommt. Daher würde ich diese Chance gerne jetzt nutzen!«

Da wird er immer frecher: »Gar nichts habe ich genehmigt! Und von Usbekistan haben Sie mir auch vorher nichts gesagt!«, und legt auf.

Mein Blick fällt auf einen Kalender mit Sprüchen. Als Büromotivation lese ich: »Mit Zorn und Hass reißt man alles nieder, mit Geduld und Liebe aber baut man aus nichts einen Tempel (aus Vietnam).« Es fällt mir schwer, ruhig zu bleiben. Ich könnte völlig ausrasten, um meinem Frust freien Lauf zu lassen, Druck abzubauen. Nachdem die Fingernägel alle klitzekurz sind, reiße ich auch an der Haut drum herum. Meine Art Blitzableiter.

So gelingt es mir, mich »runterzukochen«, Geduld und Liebe wiederzufinden. Auch im Konflikt. Da abwarten und Tee trinken auch nicht hilft, bleibt mir nur der Gang zum Betriebsrat und anschließend auch gleich noch zur Personalabteilung, um der Sache friedlich, aber bestimmt Nachdruck zu verleihen. Sowohl der Betriebsrat als auch die Personalabteilung geben mir dieselben Informationen, die sich allerdings merkwürdig widersprechen: Beide betonen einerseits, dass François mir schließlich den Urlaub genehmigen müsse, weil es nach Art der Arbeit und aktuell keine dringenden betrieblichen Belange gibt. Beide informieren mich aber andererseits mit Nachdruck darüber, dass ich den Urlaub nicht antreten könne, wenn er nicht ausdrücklich schriftlich oder elektronisch genehmigt worden sei. Das könnte zu einer Abmahnung oder gar zu einer Kündigung führen. Ich weiß nicht, warum mir beide Stellen nicht direkt helfen und dem Typen mein Problem erklären.

In meiner Verzweiflung erzähle ich auch Pascal, der ja auch der Chef von François ist, von diesem blöden Urlaubsproblem. Zu ihm habe ich ein sehr gutes Verhältnis, denn er ist nicht so kantig-starr, sondern ein offener Mensch und obendrein sogar genauso wie ich ein studierter Geowissenschaftler, der jetzt in einer Pharmafirma arbeitet. Eigentlich muss ich ihn damit natürlich nicht belästigen. Aber wenn der direkte Weg versperrt ist, sucht man sich eben andere Wege um die Barriere herum. Ich diskutiere mit ihm. Sowohl am Telefon auf Französisch als auch per Mail, damit es aktenkundig ist. Er sagt mir, dass er mir helfen werde. Dass ich mir da mal keine Sorgen zu machen bräuchte. Ich könne beruhigt nach Usbekistan fahren. Notfalls genehmige er das über François hinweg. Aber er würde erst mal mit ihm reden.

Schließlich vergehen neun Arbeitstage, bis mich François lautstimmig anruft: »Peter, ausnahmsweise genehmige ich Ihnen jetzt, dass Sie nach Usbekistan fahren können. Aber in Ordnung ist das nicht! Ich habe Ihnen das vorher nicht zugesagt, okay?«

Mir wird erneut klar, wie schwierig es für mich ist, bei Dingen, die mir nicht gleichgültig sind, Gelassenheit zu bewahren. Gelassenheit = Gleichgültigkeit?! Sind das nicht Synonyme für dasselbe Phänomen?

Doch anhand dieses Beispiels mit der Urlaubsgenehmigung wird mir der Unterschied klar. Und damit auch, dass Gleichgültigkeit nicht das ist, was François wirklich von mir haben wollte, als er mit mir »respect for delay« vereinbarte. Wie ich allerdings gelassen werden soll, wenn mir die Dinge nicht gleichgültig sind, weiß ich wirklich nicht.

Mein Sonderstatus als akzeptierter Alien per Pass scheint zu schwinden. Nun erwarten auch die Franzosen so langsam, dass ich verstehe, wie sie ticken. Anscheinend bin ich überall in der Welt so lange akzeptiert, wie eine Beziehung nur ein Gastdasein bedeutet. Ein befristeter

Aufenthalt als Tourist etwa oder auch eine befristete Abordnung ins Ausland. Aber sobald man irgendwo länger dabei ist, wird doch irgendwann erwartet, dass man versteht, wie die Menschen untereinander agieren. Das bedeutet, dass meine Mauer definitiv kein Problem ist, das nur in der Beziehung zu Deutschen auftritt. Die Mauer ist kulturunabhängig. Sie tritt immer dann in Erscheinung, wenn die Menschen eine Erwartungshaltung aufbauen, wie ich auf bestimmte unsichtbare, wortlose Signale zu reagieren habe, die dann wiederum bestimmen, wie ich mich in sozialen Situationen zu verhalten habe. Hier nimmt die Toleranz mit zunehmender zeitdauerlicher Zugehörigkeit als Fremdling zu einer Gruppe deutlich ab. Wenn das aber so ist, dann ist das Kommunikationswirrwarr mit einem französischen Chef irgendwann sogar noch konfuser als mit einem Deutschen.

How to work with Peter

Um aus der gegebenen Situation das Beste zu machen und damit mein Chef mit mir zukünftig ein wenig besser klarkommt, stelle ich eine Liste mit Rahmenbedingungen zusammen, die idealerweise gegeben sein sollten, damit man aus mir das Beste herausholen kann:

- Klare Anweisungen und Ziele; Wege dürfen empfohlen, aber nicht vorgegeben werden, eigene Strukturen zulassen.
- Gesichter kann ich mir nur schwer merken, kein Grüßen erwarten.
- Planbare Arbeitszeiten: Entweder kann ich mir meine Zeit eigenverantwortlich frei einteilen, oder alternativ sind immer feste Zeiten vorgegeben. Keine kurzfristigen Termine und unangekündigten Planänderungen. Vorgesehene Zeiten bei Meetings sind einzuhalten.
- Grundsätzlich sollte die Lösung der übertragenen Aufgaben ein Minimum an Kontakten mit Kollegen erfordern. Vermeiden von Small-Talk-Situationen.
- Klare Kommunikation. Keine »Spielchen«. Alle Erwartungen müssen verbal angesprochen werden.

- Das Büro muss als Rückzugsraum dienen können, darf nicht zu klein sein und muss ein Fenster haben. Keine störenden Reize wie grelles Licht oder unangenehme Töne.
- Regeln müssen einsichtig sein, dann befolge ich sie gerne. Wenn aber eine Regel in einer bestimmten Situation ihren Zweck verfehlt, müssen Ausnahmen zugelassen sein.
- Multitasking-Fähigkeiten sind limitiert. Informationsüberflutung und Aufgabenstau vermeiden.

Schließlich bastele ich eine Powerpoint-Präsentation mit dem Titel »How-to-work-with-Peter«. François meint dazu nur: »Peter, so funktioniert das Arbeitsleben in der Regel nicht. Vielleicht benötigen Sie da mal ein bisschen Training.«

Mit der Personalabteilung komme ich überein, dass eine Art von Schauspielunterricht, Unternehmenstheater, für mich eine Möglichkeit sein könnte, zu trainieren, mich in andere Menschen hineinzuversetzen. Doch ein entsprechendes Angebot, das zu mir passt, gibt es nicht. Stattdessen aber ein Seminar mit schauspielerischen Elementen, um meine Französischkenntnisse mal wieder aufzufrischen. Dort wird in einem abgelegenen Hotel nach der Suggestiv-Methode unterrichtet. Zum Beispiel müssen wir unter anderem Satzvokabeln wie »Mettre les pieds dans le plat« bildhaft darstellen. Auf diese Weise erkenne ich, dass es im Französischen noch viel mehr solcher bildhaften sprachlichen Gebilde gibt als im Deutschen. Und dass ich sie alle lernen und sehr gut in ihrer Bedeutung behalten kann, wenn ich sie mir einmal visualisiert habe. Um innerhalb kürzester Zeit möglichst viel zu lernen, müssen alle Teilnehmer am Schluss auch ein Theaterstück inszenieren: Im Stück »La pagaille complète« stehe ich schließlich als schwuler Partner vor dem Traualtar. Was für eine bizarre Situation. Ich erlebe erstmalig, dass das Schlüpfen in fremde Rollen spaßen kann. Voraussetzung ist aber, dass ich ein Grundinteresse haben muss, so eine Rolle auch einmal kennenzulernen. Auch im Arbeitsleben spiele ich ja letztendlich eine Rolle. Und was das angeht, bin ich anscheinend kein so schlechter Schauspieler.

Übung macht letztendlich den Meister. So wie ich ja auch jedes

Jahr beim JPMCCC-Lauf mitgemacht habe und dieses Jahr gar das für mich Unglaubliche schaffe: Für die 5,6 km lange Strecke des teamigen Firmenlaufs brauche ich nur gut 24 Minuten. Jedes Jahr machte ich Fortschritte auf einer Bühne, für die ich immer ungeeignet schien. Und nun schafft es der einst total steife Peter Schmidt sogar als einer der schnellsten Läufer der ganzen Company ins Ziel zu kommen. Alles ist möglich! Man muss nur an sich glauben.

Während ich hier sehr gut vorangekommen bin, stagniert allerdings meine Karriere. Ich studiere erneut interne Stellenausschreibungen. Diesmal bin ich gezielt auf der Suche nach einer richtigen Führungsposition. Ich möchte mich doch in diese Richtung weiterentwickeln. Ich finde auch eine potentiell geeignete Stelle. Als Leiter eines technischen Teams in der Forschung. Das Stellencasting ergibt, dass ich als einer von drei möglichen Kandidaten in die engere Wahl aufgenommen werde.

Da ich zwei Wochen lang nichts über den Vorgang erfahre, erkundige ich mich bei der Zielabteilung: »Herr Uhlmeyer, gibt es eigentlich schon Neuigkeiten über den Stand des Bewerbungsverfahrens?« Da erhalte ich eine mich erst irritierende und dann schockierende Antwort: »Herr Schmidt, das Verfahren ist noch nicht abgeschlossen, sonst hätten wir Ihnen natürlich Bescheid gegeben. Aber wenn Sie die Menschen, mit denen Sie gemeinsam im Vorstellungsgespräch saßen, in der Kantine nicht grüßen, dann können wir leider nicht von einem großen Interesse an der Position ausgehen. Wir haben die Stelle noch nicht besetzt, aber stehen mit einem anderen Kandidaten in Kontakt, dem wir den Vorzug geben würden, sofern er zusagt.«

Früher in der Schule habe ich den Ball auf das falsche Tor geschossen, weil ich nicht wusste, wer zur eigenen Mannschaft gehört. Und jetzt zeigt sich immer deutlicher, dass es diese blöde Gesichtererkennung zu sein scheint, die mir dann wohl auch noch andere Chancen verbaut hat und immer noch verbaut. Fachlich bin ich vielen Menschen meilenweit voraus, aber emotional scheine ich eine Aufholjagd machen zu müssen, die aber anscheinend ungewinnbar ist. So als wenn ein Krüppel den üblichen Wettkampfzeiten im 100-m-Lauf nachrennt. Was ist das bloß?

Bei einem Team-Meeting in Paris steht zum Abschluss ein schickes Mittagessen an. Mehrere große runde Tische sind festlich gedeckt. Wie in Frankreich üblich, gibt es nur Wein und Wasser. Noch deutlicher als in Deutschland wird hier, dass das Leben in der Firma sich immer zuerst um die Menschen dreht, in zweiter Linie um die Sache. Dass man sich der Sache annimmt, ist nur eine notwendige, aber keine hinreichende Bedingung für den Erfolg. Hinreichende Bedingung scheint allein zu sein, dass die Menschen funktionieren. Nicht die sachlichen Aufgaben, sondern die menschlichen Sehnsüchte beherrschen alles Streben auf der Welt. Auch meine. Nur Arbeit, die in der Lage ist, diese Sehnsüchte zu befriedigen, bringt Erfüllung. Und eine dieser Sehnsüchte ist Lebensfreude. Hier zu Tisch im Team ist derzeit die Stimmung so gut, dass ich irgendwann sogar anfange zu singen: »Chevaliers de la table ronde, goutons voir si le vin est bon!«

Ihr Ritter der Tafelrunde, lasst uns schauen, ob der Wein gut ist! Trotzdem fühle ich mich auch hier immer mehr, als ob ich als einziger Ritter irgendwie außerhalb der Runde stehe. Warum das so ist, bleibt mir wie stets unerklärlich, daher muss ich Pascal, meinen französischen, geowissenschaftlichen Chef, antwortlos zurücklassen, als er mich beim Abschied aus heiterem Himmel fragt:

»Peter, before you leave, by the way, why do you have such a bizarre behaviour?«

An der Pagode des Lichts

Peter, warum hast du eigentlich so ein bizarres Verhalten?

Völlig irritiert trete ich den Rückflug an. Zum einen, weil ich ihm die Frage nicht beantwortet habe und sich das anfühlt wie abgerissen, nicht sauber abgetrennt und damit nicht beendet. Und zum anderen weiß ich spätestens jetzt, dass ich etwas an mir habe, das mich von allen noch so unterschiedlichen Kulturen dieser Welt völlig gleichartig unterscheidet. Warum? All diese Warum-Fragen sind mit den Jahren zu einem stattlichen, alles verschattenden Warum-Baum gewachsen.

Beim Boarding des Flugzeugs in Paris empfange ich Schwingungen, die mir eine bald kommende, gravierende Änderung der Sicht auf mein Leben ankündigen. Vielleicht weil es einfach so nicht mehr weitergehen kann. Vielleicht weil ich endlich reif bin, etwas zu verstehen, was ich vorher sowieso nie an mich rangelassen hätte. Auf schmaler Straße windet sich mein Lebensweg ein Gebirge hinauf. Mit steilen, himmelwärtshohen Wänden zur Rechten und taltiefsten Abgründen zur Linken. Dann erreiche ich auf meiner Lebensstraße völlig überraschend eine Passhöhe mit enormer Fernsicht in die Vergangenheit, die mich die weit zurückliegenden Ebenen der Kindheit aus ganz neuer Perspektive sehen lässt. Eine Passhöhe, an der eine goldene Pagode steht. Die Pagode des Verstehens. Die Pagode der Erlösung. Die Pagode des Lichts.

Sie thront als goldener Meilenstein an der höchsten Stelle der steilen, serpentinigen Passstraße, die über das himmelhocheisige und taltiefverdschungelte Gebirge führt, dort, wo es mir möglich wird, durch Rückblick in weit vergangene Zeiten mein Leben in einer emotional unverstandenen Welt aus dem Kontext einer Metaebene zu begreifen. Wer nicht auf die hohen Berge steigt, kennt die Ebene nicht. Und wer das Meer gesehen hat, denkt anders über die kleinen Gewässer. Das sagten schon die Chinesen.

Diese Pagode des Lichts wird zum Grenzstein am Beginn des Weges zu meinem inneren Frieden. Meine Wahrnehmung werde ich kaum ändern können, aber zu wissen, was warum passiert, ermöglicht mir, neue, auf mein Sein und meine Rolle zugeschnittene Ziele zu definieren. Wobei auch hier stets der Weg das Ziel ist. Denn ein Ankommen wird es nie geben, weil alles Leben fließt.

Ich erlebe die Aufklärung um meine Natur wie eine Erleuchtung. Die gedankliche Pagode, die als Meilenstein auf der Passhöhe meiner synästhetischen Lebensstraße steht, lasse ich im echten Leben errichten. Von der Mau, meinem Gnubbelchen, meiner Frau. Inspiriert durch die Pagoden, die wir zusammen in Myanmar sahen, die dort wie golden glänzende Gottesantennen die Landschaft prägen. In liebevoller Arbeit entsteht auf dem Gipfel des »Vulkan-Hügel« genannten, kegelförmig erhobenen Blumenbeetes in Geolucia die goldene

Pagode. In stillem Gedenken an die Zeit der unbegriffenen Gefangenschaft im eigenen Ich.

Die befreiende Antwort auf die jüngst offengebliebene Warum-Frage von Pascal lautet:

»Weil du ein Autist bist!«

Serendipisch kommt die Erlösung per Schock. Am 6. Februar 2007, um genau 10:10 Uhr. Ich habe gerade im Dienst alle eingegangenen E-Mails nach »dringend« und »wichtig« sortiert und damit den anstehenden Tag strukturiert, als ich meine erste Kaffeepause mache. Und die Gelegenheit nutze, mal so beiläufig in Erfahrung zu bringen, was denn ein »Asperger-Syndrom« sein soll. Am Abend zuvor war es in einem Fernsehfilm mit fiktiven Charakteren und fiktiver Handlung, in dem ich das mir bis dahin unbekannte, seltsame Wort zum allerersten Mal hörte.

Ein erschreckendes Erdbeben der Stärke 10 erschüttert meine innersten Gefühle des Daseins. Schluchten und Spalten reißen auf, legen erschreckend erleichternde und erlösende Erkenntnisse frei, fällen den Warum-Baum.

Das Asperger-Syndrom soll eine Form von Autismus sein. Natürlich kannte ich das Wort »Autismus« aus meinem Duden, dem Fremdwörterbuch von 1974: »(krankhaft gesteigerte) Selbst- oder Ichbezogenheit, Kontaktunfähigkeit«, heißt es da. So nehmen mich also die anderen wahr. Aber ebenfalls nicht wissend, warum.

Es ist nicht dieses Wort Autismus an sich, was mich schockt, sondern das, was dahintersteht: vollständige Listen, die mich mit meinen Schwierigkeiten beschreiben, gegen die ich wacker gekämpft habe, all die Jahre. Besonders aber die finale Erkenntnis: Es lief alles so, wie es lief, weil du die nonverbale, emotional gefärbte Kommunikation nicht intuitiv erkennst und darüber hinaus auch keine wechselseitige Empathie empfindest. Demzufolge soziale Situationen aus der Sicht anderer nicht angemessen bewerten kannst. Und weil du immer an starren, aus der Sicht anderer merkwürdigen Ritualen und Stereotypien festhalten musst, um ruhig und gelassen bleiben zu können.

Monate später bestätigen mir auch Ärzte namhafter Uni-Kliniken, was mir mein Leben lang verborgen blieb: Ich sei tatsächlich mehr als

41 Jahre lang ein Autist mit einem so wörtlich »lehrbuchartig ausgeprägtem Asperger-Syndrom« gewesen, ohne davon zu wissen, und hätte es nicht nur meinem Umfeld, sondern besonders auch meinem Beharrungsvermögen und meiner Intelligenz zu verdanken, dass ich Wege fand, die viele andere vergebens suchten, die andere teilweise auch für unmöglich hielten.

Hinter verschlossenen Zimmertüren fließen weiterhin viele Tränen, die niemand sieht. Tränen, die den emotionalen Cocktail aus Frust, Wut und Verzweiflung aus mir rauswaschen. Allmählich begreife ich meine aktuelle Situation und Position als etwas Wunderbares. Ich verstehe nun, dass mich die ganz große Karriere nur unglücklich gemacht hätte. Sie gibt es nur zum Preis ewiger Kontakte mit Menschen, ewiger Überstunden, ewigen Stresses, der mich am Ende vielleicht noch mein Leben kosten würde. So eine Karriere wäre für mich wie ein goldener Käfig. Und ich halte es dann doch lieber nach dem chinesischen Sprichwort: »Ein einfacher Zweig ist dem Vogel lieber als ein goldener Käfig.«

In bin nun endlich in der Lage, Frieden nach einem lange währenden Kampf im Berufsleben zu schließen. Weil ich mich endlich wirklich im Kontext der anderen verstanden habe und nun sehe, was mir da im Weg steht. Weil ich den anderen sagen kann, was bei mir anders ist. Und warum ich anders funktioniere als sie.

Ich habe insbesondere verstanden, dass die allermeisten Probleme, auf die ich getroffen bin, nichts mit einem der Arbeitgeber zu tun haben, sondern immer im Kontext einer emotionalen Beziehung zwischen mir und Kollegen zu sehen sind. Ich kenne mittlerweile viele Menschen, die ähnliche Stärken haben wie ich, aber keinen Autismus. Und diese Menschen haben aus ihrem Leben karrieretechnisch noch viel mehr gemacht als ich. Und es tut jedes Mal weh, wenn man irgendwo lesen muss, dass ein Mitarbeiter wegen seiner Menschlichkeit ein sehr beliebter Kollege gewesen sei. Denn dieser Weg, der blieb, bleibt und wird mir ewig verschlossen bleiben.

Mich tröstet nach wie vor meine große Weltkarte, die wie eine Tapete die Bürowand ziert. Die mit roter Farbe zeigt, welche Gegenden, Inseln und vor allem lange Strecken auf den beiden riesigen

Landmassen Amerikas und Afreurasiens ich bereits auf dem Landweg erlebt habe. Der Blick auf die Karte entfacht das schwächelnde Feuer des Willens, Schwierigkeiten zu überwinden, um dazuzugehören, zu arbeiten, Geld zu verdienen, immer wieder neu. Denn das ist Voraussetzung, auch weiterhin interkontinentale Strecken, vulkanische Inseln und weite, wüstenhafte Gegenden kennenzulernen. Und daraus wieder Energie zu zehren. Es ist dieser ewig schwingende Mechanismus, der mich antreibt.

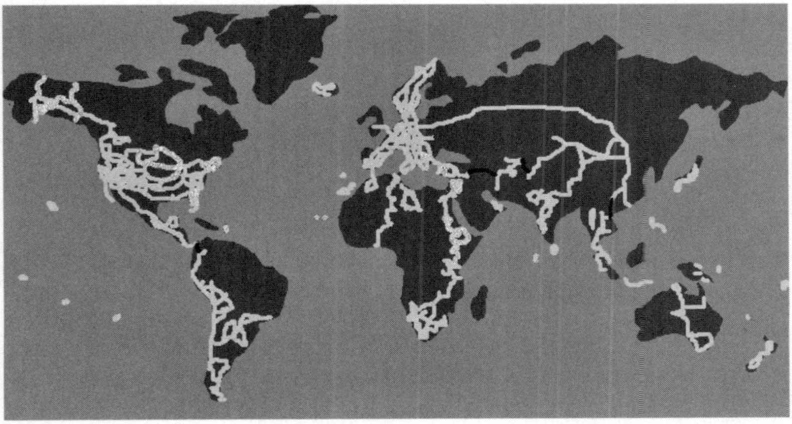

Antreibende Sehnsüchte: grobe Darstellung aller weltweit besuchten Inseln und auf dem Landweg bereits zurückgelegten Strecken, Stand 31.03.2014

Wie schon im »Japetusian Basic Law of Life« an exponierter Stelle paragrafisch erwähnt, ist die Gesundheit das Wichtigste, als Voraussetzung allen Seins. Damit diese möglichst lange erhalten bleibt, mache ich mit mir selbst einen Friedensvertrag, um auch weiterhin im Berufsleben noch möglichst lange bestehen zu können, ja vielleicht auch eines Tages so wie damals der braune Brummelbär noch das 25-jährige Betriebsjubiläum zu erleben. Meine Richtliniensammlung nenne ich das REGAL – Regeln, Erfahrungen, Gesetze, Aufforderungen und Lebensweisheiten. In diesem Regal liegen Lebensanweisungen für das weitere Berufsleben wie diese:

- Gaaaaaanz ruhig bleiben. Ignoriere alle Anspielungen und Bemerkungen. Reagiere nur auf klar kommunizierte Botschaften.
- Was dringend und was wichtig ist, entscheidest du ganz allein.
- Delegiere oder leite alles ab, was Blockaden auslöst und was für dich und dein Wesen ungesund ist.
- Vermeide alle Situationen, in denen es auf Small Talk ankommt, bei denen du Dinge erzählen könntest, die fehlverstanden deinem Ansehen schaden.
- Beteilige dich aber dennoch an allen Teamevents so gut du kannst.
- Frag dich bei Konflikten immer, wer letztendlich das Problem hat. Aussitzen, also zu schweigen, kann besser sein, als unverstanden zu reden.
- Mach dich so weit wie möglich unabhängig und nur so weit wie nötig abhängig von der Anerkennung durch andere. Dein Wohlbefinden entsteht ausschließlich in dir selbst.
- Finde die richtige Balance zwischen machbarer Anpassung und notwendiger Sonderbehandlung.
- Folge deiner Intuition, auch wenn die Ratio sich unsicher ist.
- Die Akzeptanz des Ist ist die Voraussetzung für die Veränderung.

Und abschließend nach einer chinesischen Weisheit, die allumfassende Regel:

- Wer kämpft, kann verlieren, wer nicht kämpft, hat schon verloren!

Der nicht ins Schema passt

Auf der Suche nach einer geeigneten Weiterentwicklungsmöglichkeit erhalte ich einen Coach. Eine Dame. Sie macht mir nach nur einer Sitzung klar, dass ich nicht ins moderne Schema vordefinierter Anforderungsprofile passe, weil mein Stärke-Schwächen-Profil extrem polarisiert sei.

So sei ich einerseits der ideale Lehrer, weil ich Menschen auch komplexe Vorgänge anschaulich und motivierend zu erklären vermag.

Aber ich müsse auch andererseits in der Lage sein, so eine Schulklasse emotional zu betreuen, Gesichter zu erkennen, um überhaupt mündliche Noten verteilen zu können.

Ich sei einerseits der ideale Manager, weil ich oft Lösungen finde, wenn Standardrezepte nicht mehr weiterhelfen, aber ich hätte andererseits leider kein Händchen dafür, Menschen einfühlsam zu führen.

Ich sei vielleicht der ideale Verkäufer, weil ich einem Eskimo einen Kühlschrank verkaufen könne, aber die für eine nachhaltige Kundenbeziehung vielleicht noch wichtigere Kundenpflege über Small Talk würde mit mir nicht funktionieren.

In einer späteren Sitzung stellt die Coaching-Dame fest, dass ich »sozial immun« sei, weil ich nicht auf soziale Anerkennung aus dem Kollegenkreis angewiesen sei. Zum Beispiel würde ich es ja gar nicht mitbekommen, wenn andere mich giftig ankucken. Ich sei auch nicht mit einschlägigen, in Führungsseminaren gelehrten emotionalen Methoden führbar, weil ich oft vollkommen anders als erwartet reagiere. Einerseits kommuniziere ich sehr klar und direkt, was von anderen als verletztend empfunden würde, andererseits bräuchte ich aber von anderen genau diese klare und direkte Kommunikation, um überhaupt zu verstehen. »So wie Sie sich anscheinend nicht in die Leute hineinversetzen können, können die anderen sich auch nicht in Sie hineinversetzen. Das macht Sie unkalkulierbar. Und so etwas macht Menschen Angst!«, fasst die Coaching-Dame zusammen.

Deshalb versuche man auch unbewusst, mir auszuweichen. Wenn man mit mir emotionale Spielchen treibt, würde man damit unter Umständen das Gegenteil von dem erreichen, was man eigentlich von und mit mir erreichen will.

Es gebe nur wenige Chefs, die ihre Mitarbeiter ohne stete indirekte Androhung von Sanktionen führen können. Mit denen käme ich vermutlich am besten klar.

»Herr Schmidt, Ihr Handicap könnte sich unter bestimmten Bedingungen auch als eine ganz große Stärke erweisen. Nämlich überall dort, wo emotionale Sichten den Blick auf das Wesentliche versperren. Wo es auf rein rationales Vorgehen ankommt. Aber die meisten Menschen haben mit Ihrer Art des Seins Probleme.

Deswegen sind Sie einerseits grundsätzlich nicht geeignet für jedwede Form von Beschäftigung gegen Entgelt, die eine persönliche und damit eine emotionale Abhängigkeit beinhaltet. Andererseits haben Sie ja hier jahrelang bewiesen, dass es doch gehen kann! Im Job sind Sie der klare Musterbrecher! Sie passen nicht ins Schema. Sie brauchen daher Kollegen, die Sie so akzeptieren, wie Sie sind, und besonders einen starken Chef.«

In meiner Vorstellung legte ich für jeden Tag im Arbeitsleben einen Kilometer zurück, gemessen ab Gadenstedt, wo alles begann. Mit jedem Arbeitstag liegt der Horizont einen Kilometer weiter entfernt. Ich habe mittlerweile endlich auch die USA erreicht, außerdem China, Indien und Ostafrika sowie den Äquator überquert. Damit habe ich in dieser Sichtweise auch alle Klimazonen der Erde kennengelernt. Soll heißen, viele Facetten von der Arbeitswelt gesehen. Mit dem Erscheinen dieses Buches liegen in Asien Mumbai, in Afrika die Serengeti und in Amerika Virginia innerhalb meines Erfahrungshorizontes.

Wenn ich es noch schaffen könnte, meinen Horizont bis hinter Kalifornien, Südafrika oder Thailand auszudehnen, dann wäre das ein ganz toller Erfolg für meine berufliche Laufbahn als Angestellter.

Obwohl ich ursprünglich ein Geophysik-Professor mit einer langen Liste wissenschaftlicher Veröffentlichungen werden wollte, arbeite ich nun seit mehr als 15 Jahren für die IT-Abteilung des Pharmakonzerns Sanofi und seine rechtlichen Vorgängerunternehmen. Denn es zeigte sich in meinem Leben, ohne dass ich zunächst verstand, warum, dass die Arbeitsbedingungen für mich viel wichtiger als die Inhalte sind. Weil man meiner Meinung nach alles lernen kann, aber sich nicht in seinem Wesen wesentlich ändern kann.

Ein erfülltes Leben und Arbeiten bedeutet für mich heute, neben meiner Tätigkeit für Sanofi aktiv für die menschliche Vielfalt unter besonderer Berücksichtigung autistisch veranlagter Menschen einzutreten.

Und in diesem Zusammenhang ging unerwartet ein uralter, frühkindlich geprägter Berufswunsch in Erfüllung. Aber völlig anders, als ich damals als kleiner Junge gedacht habe, als mich Omma Liesbeth vor ihrem goldrandig verschnörkelten Schlafzimmerspiegel fragte:

»Mein kleiner Junge, du bist ja schon richtig schlau, was willste denn mal werden?« – »Dolmetscher!«, antwortete ich stolz und bestimmt, weil ich gerade erst die Worte »bir, iki, üç« und viele andere türkische Zahlen gelernt hatte und ich doch meinen Papamamas helfen wollte, auch in der Türkei Freu(n)de zu finden. Ich wollte dazu beitragen, dass Türken und Deutsche einander besser verstehen.

Heute habe ich auch eine Aufgabe darin gefunden, meine Wahrnehmungen in die Sprache der Allgemeinheit zu übersetzen, das Erleben des Andersseins, speziell des autistischen Erlebens, für die Allgemeinheit möglichst verständlich aufzubereiten. Als Dolmetscher dafür zu sorgen, dass die Menschen auch und gerade dann, wenn sie völlig verschieden sind, einander verstehen.

Nur wer kämpft, kann gewinnen.

CLOSING COOL-DOWN

Nachwörternde Nimm-mits

Die Schwierigkeiten, mit denen autistische Menschen tagtäglich zu kämpfen haben, nehmen jenseits der Schulpforte nicht ab. Nicht nur auf den Autisten selbst, sondern auch auf seine Kollegen, Chefs, Kunden und Mitarbeiter warten neue Herausforderungen. Meine auf den ersten Blick glitzernd glänzende Fassade verbirgt den Kampf, der besonders in mir wie ein ewiger Sturm im Hintergrund tobt, um die eigenen Träume zu leben. Ich schaffte mir stets erst die Rahmenbedingungen, die ich brauchte, um durch das für mich unwegsame Gelände des Arbeitslebens zu finden.

Auch wenn ich aus Sicht vieler Menschen auf eine beachtliche Karriere zurückschauen kann, blieb ich bisher hinter meinen eigenen Ansprüchen zurück. Ich komme mir vor wie ein Techniker, der als Ingenieur sein Dasein im Maschinenraum fristen muss, obwohl er auf die Brücke des Schiffes gehört, weil er ein exzellenter Navigator wäre.

Das Arbeitsleben ist für Menschen wie mich schwieriger denn je geworden. Bereits beim Einstiegscasting führen die stereotyp auftauchenden Anforderungen einschlägiger Stellenausschreibungen wie Teamfähigkeit, Belastbarkeit und Flexibilität bereits dazu, dass man aussortiert wird, bevor man überhaupt eine Chance bekommt, zu zeigen, was man alles kann.

Denn autistische Menschen haben nicht selten ausgeprägte Stärken, die allerdings von den im Vordergrund stehenden emotionalen Schwächen wie Schmutz auf einer Scheibe verd(r)eckt werden. Auch wenn sie nicht Teil der klinischen Diagnose sein können, müssen diese

Stärken immer wieder betont werden, um diesen Menschen eine Wertschätzung zu geben. Denn nur über ihre Stärken können sie einen Nutzen für die Gesellschaft bringen.

Während Autisten heute immer mehr an den Rand der Gesellschaft gedrängt werden, hatten sie es früher oft einfacher, ihren Platz in der Gesellschaft zu finden. In einer Stammes- oder Dorfgemeinschaft, die einige tausend Menschen vielfältigster Natur umfassen kann, unterstützten sich die Mitglieder gegenseitig. Ein Autist, der anhand der richtigen Deutung von Detailbeobachtungen an den Wolken das kommende Wetter verlässlich bestimmen konnte und damit mögliche, überlebenswichtige Entscheidungen beeinflusste, war sicherlich ein akzeptierter, wenn auch sonderbarer Teil der Gemeinschaft. Und mehr noch, man nahm ihm sicherlich gerne die Alltagsarbeiten ab, mit denen er sich schwertat, die ihn damit am Ausüben seiner eigentlich für die Gruppe wichtigen Funktion hindern würden.

Dagegen findet derzeitig eine zunehmende Pathologisierung der Vielfalt in der Gesellschaft statt. Weil man heute Diagnosen braucht, um angemessene und gesunde Arbeitsbedingungen, Förderungen und sonstige Ausnahmen von der Regel zu erhalten, die früher normal waren und heute als Privileg gelten.

Diesem Trend möchte die UNO-Initiative mit der Inklusionskampagne entgegenwirken. Inklusion bedeutet aber, jeden einzelnen Menschen so anzunehmen, wie er ist, und Normen so zu erweitern, dass Vielfalt Platz findet. Inklusion heißt dagegen nicht, Menschen so lange umzuformen, bis sie in eine vorhandene Norm passen. Integration so weit wie möglich, Sonderbehandlung so weit wie nötig.

Arbeitgeber brauchen austauschbare Mitarbeiter, damit sie auf die Anforderungen, die der globale Wettbewerb mit sich bringt, flexibel reagieren können. Inklusion besonderer Bedürfnisse und Austauschbarkeit sind allerdings konkurrierende Ziele. Arbeitgeber haben zwar soziale Verantwortung, müssen aber auch Geld verdienen, um Arbeitsplätze anbieten zu können und umgekehrt. Da besteht eine Symbiose, in die man als Autist eingepuzzelt werden muss.

Der Erfolg autistischer Menschen steht dabei auf drei tragenden Säulen: auf eigenen Stärken, den Rahmenbedingungen am Arbeitsplatz und der Nachfrage der anderen. Wenn das, was andere wollen, auch das ist, was man anbieten kann und will, dann kann man erfolgreich werden. Fehlt aber eine dieser Säulen, dann können Menschen ohne Autismus immerhin noch durch das Beherrschen des Spiels mit den Emotionen einiges ausgleichen und so trotzdem erfolgreich sein.

Verschiedene Seminare haben mich eine hohe Selbstreflexion gelehrt. Durch unzählige analytische Feedbacks anderer Menschen im Berufsleben und natürlich durch meine Frau und Kinder lern(t)e ich, was warum wie auf die allermeisten anderen Menschen wirkt. Dabei ist mir Folgendes klar geworden: Einerseits behindern Emotionen sachliche Auseinandersetzungen. Andererseits sind es erst die Emotionen, die alle Menschen zu ihrem Handeln antreiben. Emotionen sind gewissermaßen der Mörtel zwischen den rationalen Steinen. Erst beides zusammen bildet eine stabile Mauer.

Danke dafür, dass ich meine Ziele erreichen durfte

Eine Vision ist Wirklichkeit geworden. Zusammen mit den bereits erschienenen, autobiografischen Werken »Der Junge vom Saturn – Wie ein autistisches Kind die Welt sieht« und »Ein Kaktus zum Valentinstag – Ein Autist und die Liebe« vollendet dieses Buch meine autobiografische Trilogie.

Ich bedanke mich bei allen Institutionen und Arbeitgebern, für die ich tätig werden durfte. Ich habe stets versucht, mich dort bestmöglich für das gemeinsame Ziel einzubringen. Ich danke allen Kolleginnen und Kollegen, die mit mir Lösungen suchten und nicht vorschnell Gründe fanden, warum etwas unmöglich sein soll.

Ich möchte mich ausdrücklich für alles entschuldigen, was insbesondere dienstlich geschah, vielleicht aktuell geschieht und was noch geschehen wird. Viele Dinge, die andere Menschen als unangenehm empfinden, sind so nicht gewollt, aber leider nicht immer zu vermeiden, weil mir nun einmal die andersseitige Sichtweise nicht intuitiv gegeben ist.

Besonders bedanke ich mich bei meiner Frau, die mir geholfen hat, den Text hinsichtlich der Wirkung auf Außenstehende zu optimieren, und natürlich bei Frau Hermann vom Patmos Verlag, die als Lektorin wieder viele wertvolle Anregungen beigesteuert hat.

Und dir, lieber Gott, Manitu, Allah oder wie du auch immer heißen magst, danke ich von ganzem Herzen, dass ich mein eigenes Reich gründen, meine eigene Familie finden und die ganze Welt kennenlernen durfte.